アメリカ「小さな政府」のゆくえ

トランプ、バイデンに継承される
オバマの決断

渋谷博史 [著]

勁草書房

序　21世紀的アメリカ自由主義と「小さな政府」

1. オバマからトランプ、バイデンへの変化と継承

　オバマが対テロ戦争の収束と「世界の警察官」の役割からの撤退を進めながら、国内では画期的な医療保障改革（オバマ・ケア）を実現したのは、21世紀的な世界構造の平準化とアメリカ国内の構造変化という状況への対応であった。トランプは、対テロ戦争の収束と「世界の警察官」の役割からの撤退という歴史的な転換を「アメリカ第一主義」と表現しながら、平準化する世界構造の中でアメリカ経済の回復を目的とするトランプ減税を実現した。バイデンの功績は、その「アメリカ第一主義」的な対外政策を継承して、ウクライナやガザの戦場にアメリカ軍を投入しなかったことである。しかし、オバマもトランプも、20世紀的な「世界の警察官」機能から撤退するにしても、最大の経済大国、軍事大国として世界秩序と混乱回避のための外交努力をしていた。

　他方、オバマ民主党政権の最大の成果である医療保障改革について、トランプ共和党政権が批判しながらも実際にはそれを維持したのは、オバマ・ケアの立法と制度設計の中に、アメリカ自由主義的な「小さな政府」の本質的な理念が織り込まれていたからである。逆からみれば、そのアメリカ自由主義的なオバマ・ケアでは無保障者を5千万人から2千万人に減少させるという驚異的な成果があったが、まだ2千万人の無保障者が取り残されていた。バイデン民主党政権は、その2千万人を救済するための医療保障改革を積極的に展開していない。すなわち、オバマ・ケアには、共和党保守派が妥協できる程度にアメリカ自由主義的な「小さな政府」の理念が織り込まれ、それ故に、トランプ共和党政権は受容したのであり、バイデン民主党政権もそれを継承して、リベラル左派の主張する社会保険的

な方向性を追求していない。

オバマ民主党政権（2009-16年）とトランプ共和党政権（2017-20年）とバイデン民主党政権（2020-2024年）の16年間は、21世紀初頭の9.11テロ事件や対テロ戦争、リーマン恐慌という歴史的なショックで思い知らされた時代の転換、20世紀的なパクス・アメリカーナとその基軸国としての役割から次の段階への模索が要請された時代であった。しかも、オバマ・ケアにアメリカ自由主義的な「小さな政府」が内蔵されることが象徴的に示すように、アメリカ国内の経済社会も、グローバル化された世界システムにおけるアメリカの位置取りと役割も、オバマとトランプとバイデンが共有するアメリカ自由主義を背骨とするものであった。

2. 本書の問題意識

小さな頭で精いっぱい風呂敷を広げてみたい。アダム・スミスもハイエクも「無政府主義」ではなく、「小さな政府」を自由主義的な資本主義社会にとって必要不可欠な仕組みとして積極的に位置づけている。20世紀後半のパクス・アメリカーナの中でアメリカは、世界編成の基軸国としての役割を担いながら、国内ではアメリカ自由主義的な「小さな政府」を基本とする資本主義経済と福祉国家のシステムを構築した。拙著『20世紀アメリカ財政史Ⅰ～Ⅲ』（全3巻、東京大学出版会、2005年）で詳しくみたように、アメリカは、20世紀的状況に整合する「小さな政府」を構築・維持していた。そして21世紀的状況への変化に伴って、それに整合するように「小さな政府」を再編することが要請されたなかで、オバマ的な模索があり、そして、トランプ的な模索があった。

すでに拙著『トランプ財政とアメリカ第一主義』（東京大学出版会、2023年）でみたように、トランプ的な模索では「速い変化」に少しブレーキをかけるために、国内の雇用や製造業を温存・防衛するベクトルが内蔵された。他方、オバマの模索では、むしろ、21世紀における「速い変化」に遅れまいとする方向のベクトルが読み取れる。

スミスやハイエクが自由主義的な資本主義社会にとって不可欠な社会的

2. 本書の問題意識

インフラと位置付ける政府の役割は、ポランニ的に言えば、「人間社会の防衛」の仕組み、メカニズムである。本書で最重要な分野として取り上げるオバマ・ケア（医療保障改革）は、21世紀的な経済社会への転換において「取り残される階層」にとっての生活基盤の確保である。周知のように、皆保険といわれる日本においても医療保障システムの狭間に「取り残される階層」が社会問題となっている。視野を広げると、21世紀的状況下における非正規雇用の累積問題であり、ポランニ的な「人間社会の防衛」メカニズムの欠如が、近年の少子化問題の根本的な原因であると指摘される。

他方世界状況では、アメリカの相対的な「力の衰退」の故に、オバマもトランプも同盟国や友好国による負担・責任を要請・要求している。アメリカ国内における21世紀的な「人間社会の防衛」メカニズムを拡充するためには、20世紀的な基軸国としての軍事大国の負担は無理というのである。軍事予算の次元だけではなく、ベトナムやアフガニスタンの作戦・戦闘における人的損害でアメリカ国民が、20世紀的な基軸国の役割の困難と無理を思い知るのである。オバマ時代に対テロ戦争からの撤退を開始し、トランプ時代に「アメリカ第一主義」が徹底され、バイデン時代にはウクライナに対して武器支援に留めてアメリカ軍を派遣していない。

21世紀におけるアメリカの「大砲とバター」の内実は、カミソリのような冷徹さを秘めた平和主義と、自立と自助を理念とする市場メカニズムを軸とするアメリカ型福祉国家の組み合わせなのかもしれない。スミスとハイエクとポランニの「小さな政府」的な「人間社会の防衛」メカニズムが、21世紀的な状況下ではオバマ的なアメリカ自由主義の形で表現されるのであろう。もしかすると、そのカミソリのような切れ味を少しだけ鈍らせるのが、ポピュリスト的なトランプの歴史的な役割なのかもしれない。

20世紀末にパクス・アメリカーナが地球の全体を覆ってしまうかに見えた後、21世紀に入って暗転する中で、基軸国アメリカの役割も、また、グローバル化の象徴であったアメリカ・モデルも大きな転換が求められるようになった。しかし、その転換にも、アメリカ・モデルの軸となるアメリカ自由主義の理念が内蔵されることになる。オバマあるいはオバマ民主

党政権の歴史的な位置づけは、21世紀的な状況下においてアメリカが模索する国内の再編や国際的な役割の調整を、本来的なアメリカ自由主義を内蔵する、あるいは実現できる方向で推進することであった。

もちろん、その模索の中で成功もあれば失敗もあろうが、本書では、2つの重要な分野に焦点を当てて考察する。すなわち、第1に医療保障改革を、アメリカ自由主義の「小さな政府」的なアメリカ型福祉国家の枠内で実現したこと、第2に「泥沼化」した対テロ戦争を収束させながら、軍事支出の抑制基調の下で、21世紀の世界構造に整合する軍事高度化を進めたことである。その力強い政策運営・実施を支えたのが、オバマ大統領のアメリカ自由主義であり、それ故に、国民的な支持とコンセンサスを得たと考えられる。

オバマのアメリカ自由主義は国民の暮らしや人生に根差しており、そこで実現すべきものである。それを実現する政策手段として、「小さな政府」の役割も積極的に位置づけられている（本書第1章の冒頭で引用するオバマ回顧録）。ハイエクやフリードマンやブキャナンの書物（拙著『20世紀アメリカ財政史』の第1巻第1章と第2巻第4章で検討している）における自由主義と「小さな政府」よりも理解しやすい。「大きな政府」の弊害や欠点を指摘しながら縮小・削減する方法を考えるのではなく、実際の自立的な暮らしや人生を維持するのに必要な社会的仕組みを、政府が積極的に構築するという論理の運びである。

3. アメリカ自由主義と Job と映画『夜の大捜査線』

アメリカ経済社会に根付いているアメリカ自由主義の展開プロセスを、アメリカ映画の最高傑作である『夜の大捜査線（In the Heat of the Night）』（1967年公開）を使って、考えてみたい[1]。ちなみに、主役のバージル・

---

1) 映画『夜の大捜査線』を使ってアメリカ自由主義の展開プロセスを説明する試みは、河﨑信樹・吉田健三・田村太一・渋谷博史（2018）の「コラム1：市場経済と法秩序」（12-13頁、渋谷博史執筆）の該当部分を、オバマ民主党政権のアメリカ自由主義を分析する問題意識に沿って拡大したものである。

ティッブス刑事を演じたシドニー・ポアチエという黒人の俳優は1968年のアカデミー賞の主演男優賞をもらえず、助演男優賞に該当すると思われるギレスピー警察署長を演じた白人俳優が主演男優賞を獲得したことも興味深いが、これは別の機会に考えよう。

1963年に「JobとFreedomを求めるワシントン大行進」でキング牧師が「I have a dream」と叫び、1968年にポアチエがアカデミー主演男優賞を逃してから半世紀近くが過ぎた2008年11月に、キング牧師のDreamを実現してオバマが大統領に当選した。

それを可能にしたのは、外部からの圧力ではなく、アメリカ国内の経済社会の変化である。その国内の変化は、公民権運動等の政治的な要因だけではなく、それを必然ならしめる経済的な要因が不可欠であったことを、映画『夜の大捜査線』が見事に描き出している。DVDの入った箱に書かれた解説[2]を引用したい。

　　偏見と差別の根強い南部、ミシシッピの田舎町で殺人事件が発生し、……（鉄道の乗り換えのために駅にいた：引用者）黒人青年バージルが身柄を拘束された。実は彼はフィラデルフィア（北部の大都市：引用者）の敏腕刑事で、……事件解決に手を貸すことになる。難航する捜査に苛立ちを募らせる地元の白人警察署長との対立。立ちはだかる人種偏見の壁。事件は無事解決するかのように思えたが――。鋭い人間描写と緊迫感に満ちた演出で描く犯罪映画の傑作。作品賞を始めとする5部門でアカデミー賞を獲得した。

第1に、「偏見と差別の根強い南部、ミシシッピの田舎町」と北部の大都市フィラデルフィアの対比があり、黒人でありながらもフィラデルフィア市警の殺人課の敏腕刑事であるバージル・ティッブス青年は、アメリカ国内における「20世紀的な南北戦争」の状況を象徴する存在である。

第2に「難航する捜査に苛立ちを募らせる地元の白人警察署長」の存在が興味深い。捜査を進めるには、「北部の敏腕刑事」の技術・能力が有効

---

2) 発売元は、20世紀フォックス・ホーム・エンターテイメント・ジャパン株式会社。

であり、その「田舎町」の秩序を回復・維持するためには、それを活用することが必要と気づいていた。

第3に、この「箱の解説」では省略されているが、殺人事件の被害者は、この田舎町で工場建設を予定する北部の企業の社長であった。そして、社長夫人が、「北部の敏腕刑事」の科学的捜査による事件解決がなければ、工場進出を中止すると抗議したことが、「南部の田舎町」にとって歴史的な決断を迫る圧力となり、「地元の白人警察署長」の社会秩序と法正義の論理が「根強い偏見と差別」を上回り始める。北部の資本主義的企業の進出がもたらす経済発展と雇用は、北部のアメリカ自由主義的な法秩序を不可欠な前提条件とするのである[3]。

さて、殺人事件の結末は映画を見ていただくとして、1963年のキング牧師のDreamを実現して、2008年選挙で大統領に当選したオバマは、アメリカ自由主義の「JobとFreedom」の理念を体現するアメリカ大統領であった。キング牧師のDreamは、「絵にかいた餅」のような自由ではなく、アメリカ国民のそれぞれの勤労（Job）を基盤とする自立的な自由を獲得することである。オバマは、白人だけのアメリカ自由主義ではなく、黒人もヒスパニックも含めたアメリカ国民全体のアメリカ自由主義を体現する大統領となった。逆からみれば、アメリカ国民全体が共有できるアメリカ自由主義を政策運営や制度設計の理念とすることを不可欠の前提条件として、オバマ大統領あるいはオバマ民主党政権が支持されたのである。

また、Freedomの絶対的な基盤となるJobを確保・維持するための経済政策の重要分野として、オバマ大統領は、発足当初のリーマン恐慌対策の時点から始まって最後の2017年大統領経済報告（2016年12月に執筆）に至るまで、常にエネルギー政策や高等教育や研究支援を力説している。財政全体の規模からみれば、それらの未来志向の政策分野は相対的に小さく、また、実績もそれほど大きくないように思える。しかし、2017年1月に発足したトランプ共和党政権が「アメリカ第一主義」の一環として

---

3)「資本主義的企業の進出がもたらす経済発展と雇用」と「アメリカ自由主義的な法秩序」の関係については次の文献を参照されたい。渋谷博史（2005）第2巻第4章。

20世紀型の製造業の回帰を主張するのに対抗して、民主党の側はオバマ民主党政権の遺言のような未来志向の政策システムを提示する。

　もし、2008年9月のリーマン恐慌の原因・発端がサブプライム・ローンという非未来志向の経済活動であったとすれば、そして、金融市場の本来の役割が、将来性のあるビジネスに社会的な規模で資金・資本を投入するために投資家がリスク・テイクする仕組みであるとすれば、そのリスク・テイクすべき将来性のあるビジネス機会を、オバマ民主党政権が示しているように思える。

　すなわち、金融市場の監視・規制メカニズムを再構築してウォール・ストリートを再建するにしても、その目的は、21世紀の金融市場の本来的な役割を意識して、地球環境問題や世界規模の人間安全保障システムを前提とするビジネスの可能性を示すことであると、主張しているように思える。

　オバマ民主党政権が発足してから1ヶ月後の2009年2月24日に発表された最初の施政方針演説[4]の中で、当時のリーマン恐慌による大混乱からアメリカ経済を再建するためには、金融・財政面の緊急対策だけではなく、「研究所や大学や農業や工場」における「企業家の創造性と勤労者のプライド」にかかっていると述べて、さらに具体的に、「永続的な繁栄のための新しい基盤」としてエネルギーや医療や教育の分野への投資を掲げている。同政権は、リーマン恐慌からのアメリカ経済の再建には、単純な有効需要の注入のための財政支出だけではなく、21世紀的な新段階のアメリカ経済の構造変化を促す方向性を織り込むというのである。

　1963年当時に「Freedom」の基盤となる「Job」は、GMに代表される重厚長大型産業に牽引される経済成長の中で確保・維持されるものであったが、オバマの時代には、「研究所や大学や農業や工場」における「企業家の創造性と勤労者のプライド」や、エネルギーや医療や教育の分野への投資に誘導される21世紀的な新段階のアメリカ経済の構造変化を内実とする経済成長の中で確保・維持されるという方向性が示される。

　さらに、21世紀の新時代に整合する構造転換の必要性を論じた上で、

　4）Obama（2009a）.

その歴史的な発展を担うのは民間企業であり、政府はその活動について
「触媒」[5]の働きをする（catalyze）と述べて、以下のように続けた。

> エネルギーと医療と教育の分野に重点化する。……エネルギー分野で
> は、2009 年 ARRA によって、これからの 3 年間で再生可能エネルギー
> の供給が 2 倍になる。……しかし、アメリカの経済の転換と安全保障の
> ために、そして、地球を気候変動の破壊から護るために、再生可能エネ
> ルギーを採算ベースに乗せる必要がある。……アメリカにおける再生可
> 能エネルギーを増やすために「炭素汚染に対する市場ベースの上限」を
> 設定する法律の制定を要請する。……(2010 年度予算案では：引用者) 風
> 力発電・太陽光発電やバイオ燃料や精炭（環境に悪影響を及ぼさない石炭
> 利用技術：引用者）や低燃費自動車の技術開発に 150 億ドルを計上する。

21 世紀の構造変化を主導するのは民間企業であり、その採算ベースの
確保のために「政府の触媒機能」を発揮するというのである。本書第 2 章
でみるように、全体の予算規模が 3 兆ドルを超えている中での 150 億ドル
はあまりにも規模が小さく、初年度の施政方針演説で大きく取り上げたの
は唐突なように思えるが、大きな視野の中で画期的かつ歴史的で未来志向
の企業行動・投資を誘導しようとしたのかもしれない。アメリカ経済社会
だけではなく世界を大混乱に陥れたウォール・ストリートを、制御可能な
形で再建した後に、その本来的かつ社会的な役割として、アメリカ経済社
会及び世界に貢献する未来志向の企業行動・投資のメカニズムとして機能
すべしという方向性を示しており、逆からみれば、未来志向の企業行動・
投資によってアメリカ経済社会と世界が発展できるはずであるという楽観
的な見通しをアピールしている。
　なお、オバマ民主党政権は同じ施政方針演説の中で、この未来志向の経
済戦略を歴史的な文脈に位置付けている（本書の第 1 章第 2 節）。

---

5) この連邦政府による「触媒」機能の考察については、片山泰輔（2006）における
民間支援の充実と政府部門の「触媒」機能の研究から大きな学問的刺激を受けてい
る。記して謝意を表したい。

3. アメリカ自由主義と Job と映画『夜の大捜査線』　　ix

　　混乱や転換の時期には、大胆な行動とアイデアをもって対応してきた。
（19世紀半ばの：引用者）南北戦争の時代には大陸横断鉄道を完成させて
商業と工業を促進した。産業革命（南北戦争後のアメリカの工業化を指し
ていると思われる：引用者）の混乱の中で、新時代に生きる技能を国民に
提供するために公立高校システムが構築された。……（20世紀に入って：
引用者）世界大戦や大恐慌を経て、退役軍人に大学費用を支援する仕組
みが広範なミドル・クラスの形成に寄与した。冷戦期の自由への戦いが、
全米ハイウエイ・システム、月面着陸、そして現在でも世界を形作って
いる技術の爆発的発展につながった。

　　回顧録や施政方針演説の魅力に惑わされてオバマを褒めすぎているのか
もしれないが、21世紀のグローバルな規模の構造変化の中で最強の経済
大国であり軍事大国であるアメリカの新しい役割と位置取りを模索する
プロセスで、オバマ民主党政権は、市場メカニズムや金融市場や新しい科学
技術を織り込んだビジネス感覚をもって、アメリカ経済社会の発展の構想
を提示しようとしたと解釈できる。
　　このようなオバマのビジネス・センスの視点から、名作映画『夜の大捜
査線』の第3の論点、「北部の資本主義的企業の進出がもたらす経済発展
と雇用は、北部のアメリカ自由主義的な法秩序を不可欠な前提条件とする
のである」の部分を解釈すると、19世紀的な黒人差別を基盤とする農園
経営から20世紀の資本主義的な企業と労使関係の経済社会への移行によ
って、人種に関わりなく職業上の能力や技能を基準とする労働編成システ
ムが広く展開して、それが人種差別を排除する法秩序を必然ならしめたと
いえよう。
　　そして、1960年代にキング牧師が夢見たアメリカ自由主義の普遍的な
実現を、21世紀にオバマが推進するためには、Job へのアクセスの初期条
件を確保するための重要かつ不可欠な生活インフラの構築・整備としてオ
バマ・ケアが位置付けられたとみることができる。

4.「もはや世界の警察官ではない」演説と「優先順位の変更」

第1章で紹介するように、オバマの2013年の「もはや世界の警察官ではない」演説で、「我々は世界の警察官」であるべきでなく、「私は、アメリカ国内の雇用促進や教育やミドル・クラスの拡大という政策に専念したい」として、アメリカにおける「優先順位の変更」を明確に示した。

本書では、オバマ民主党政権とトランプ共和党政権における対照性の背後にある連続性に着目する。すなわち、オバマ民主党政権期における対テロ戦争の収束とオバマ・ケア等の福祉拡充は、次のトランプ共和党政権期におけるアメリカ第一主義と連続しており、それは、21世紀的な世界状況とアメリカ経済社会の構造変化への政策システムの整合的な再編の模索と考えたい。1990年代からのグローバル化の中で、一方では、世界の平準化が進み、他方で、アメリカ国内ではミドル・クラスが流動化して「取り残される階層」が累積的に増加した。台頭する新興国等からの輸入増加に圧迫されて国内の製造業が縮小してサービス化が急激に進行する中で、労働編成においてもサービス部門の低技能・低所得の職種に「取り残される階層」が累積した。第1章で詳しくみるように、1990年代以降のJobの増加は、サービス部門の低技能・低所得の職種の比重を高める構成変化を内蔵していた。

その21世紀的な状況への整合的な政策再編として、「取り残される階層」にとって自立的に生活基盤を確保・維持するための最重要な政策分野が医療保障であり、オバマ民主党政権はオバマ・ケア（医療保障の拡充）を推進し、他方で、20世紀的なパクス・アメリカーナにおける「警察官」機能からの撤退を前提として軍縮と軍事再編を実施した。その「優先順位の変更」を明確に把握するために、第2章で連邦財政の構造を考察するが、財政支出の構成変化は、財政赤字の縮小策による抑制圧力の下で、「大砲とバター」（軍事と福祉）のバランスを変更するプロセスをとおして実現される。

終章で述べるように、第2次大戦後の20世紀的なパクス・アメリカーナの基軸国の役割の重要な一環として「世界の警察官」機能があったとす

れば、アメリカ国内の経済や福祉国家のシステムを貫徹するアメリカ自由主義とは本来的に矛盾するものであった。「世界の警察官」機能を確立したのはアイゼンハワー共和党政権期（1953-60 年）であったが、それは、同盟国や友好国が第 2 次大戦の戦禍から回復して自立的な経済社会と軍事力を構築するまでの期間に、戦禍を免れた経済大国アメリカが支援するというものであるべきであった。アメリカ国内における個人の自立的な自由を本質的な基盤とする経済社会システムと同様に、世界のそれぞれの国の自立性を本質的な基盤とする国際システムが形成されるまでの支援が、20 世紀半ばのアメリカが担う「世界の警察官」機能である。

　その無理と矛盾が露呈するのは 1960 年代から 1970 年代半ばのベトナム戦争であった。そのベトナム敗戦の記憶が薄れた 21 世紀初頭に再び対テロ戦争によって、20 世紀的な「世界の警察官」機能の無理と矛盾を思い知らされた。その結果、第 4 章でみるように、1970 年代半ばのベトナム戦争の敗北を起点とする軍事支出の相対的な縮小傾向を、オバマ民主党政権の軍縮及び軍事再編が加速した。他方で、アメリカ自由主義的な「小さな政府」の理念が貫徹するオバマ・ケアを通して、アメリカ型福祉国家におけるアメリカ自由主義的な「小さな政府」の基本構造を再確認したのである。

　このような歴史的な文脈に位置付けると、オバマ民主党政権とトランプ共和党政権の連続性を見出すことができよう。トランプ共和党政権はNATO を始めとする同盟国や友好国に責任の分担を求めるが、それは、オバマ民主党政権がアフガニスタンの収束作戦の中で不可欠な要素として組み込んでいた。同盟国や友好国への責任分担は、アメリカ国内のアメリカ自由主義的な福祉拡充の財政余力に必要であった。しかも、抑制的な圧力下の「小さな政府」的な福祉拡充であったので、次のトランプ共和党政権による保守的な圧力下においてもオバマ・ケアは維持されたのである。

　なお、21 世紀的なグローバル化の中で取り残される階層のための福祉拡充をオバマ・ケアで加速する役割をオバマ民主党政権が担ったが、それを、20 世紀からの歴史的な財政動向に位置付けて考えると、1930 年代の大恐慌時のニューディールや、1940 年代の第 2 次大戦という危機的な混

乱による「転位効果」で形成された個人所得税と法人所得税と社会保障税の税収基盤に支えられる連邦財政の中で、「大砲」から「バター」に比重をシフトさせる長期的な傾向を読み取ることができる。終章で考えてみたい。

5. 本書の構成

オバマ民主党政権が 21 世紀的なアメリカ自由主義を体現するという認識をベースとして、本書では主に、オバマの財政と医療保障改革と軍事再編を考察する。

第 1 章「アメリカの「小さな政府」の理念と 21 世紀的状況」では、オバマ民主党政権によるオバマ・ケア（医療保障改革）は、アメリカ自由主義を背骨として歴史的に形成されたアメリカ型福祉国家の基本構造を前提としており、また、対テロ戦争の収束や軍縮の分野についても、21 世紀的な世界構造に対応できる基軸国アメリカの役割と軍事力を模索するというスタンスを基本としていることを、オバマ回顧録や議会公聴会記録、そして名著『ヒルビリー・エレジー』及び『ノマド』を使って、多面的に考察する。21 世紀的状況とは、第 1 にグローバル化に伴うアメリカ経済社会の構造変化による低技能・低所得層の累積であり、第 2 にそのグローバル化による世界構造の平準化と複雑化である。それらに対応するために、オバマ的なアメリカ自由主義を理念として、オバマ・ケアと軍事再編が推進される。

第 2 章「アメリカ型福祉国家の再編成と「世界の警察官」からの撤退──オバマ財政の基本構造から読み解く」では、オバマ財政（2009-16 年度）を詳しく概観することによって、21 世紀の新しい世界構造とアメリカ経済社会に整合する形の政策・制度・軍事システムを模索するプロセスを追う。第 1 に 2009 年度に急増したリーマン恐慌対策費が経済回復に伴って縮小し、他方でその経済回復で税収が増加したが、その財政余力の枠内にオバマ・ケア等の支出増加を収めるという「抑制的な増加」を基調とした。さらに、第 2 に、連邦財政の主力である社会保障年金とメディケア（高齢

者の所得及び医療の基礎保障）は人口高齢化（特にベビーブーム世代の退職への移行）によって財政状況が悪化し始めていたので、上記の抑制的な圧力を強めていた。第3に、対テロ戦争の収束と軍縮下の軍事再編も、その抑制圧力の下で進められた。

第3章「「取り残される階層」の生活基盤の確保——オバマ・ケア（医療保障改革）の狙い」では、無保障率の大幅な低下（無保障者数の減少）という成果をもたらした、2010年ACA（Patient Protection and Affordable Care Act）の立法・実施のプロセスを詳細に検討する。第1に低所得層の勤労者における膨大な無保障状態について、議会公聴会記録やカイザー報告を使って把握する。オバマ・ケアが、勤労という自立的な自助努力にもかかわらず無保障・低保障の状態に置かれる国民・大衆への支援であり、国民的なコンセンサスであるアメリカ自由主義を逸脱しないことを含意している。第2に、オバマ民主党政権と民主党議員がアメリカ型福祉国家の基本構造（勤労をベースとする雇用主提供医療保険をアメリカ医療保障の主軸とする）を維持することを確認して、共和党側も協力するという立法プロセスを詳細に考察する。第3に、具体的な政策手段として、公設保険市場の設置や「メディケイド拡大」（新たに低所得層の健常な成人を適格とする）等が立法化され、また、立法後の違憲訴訟のプロセスを経て、アメリカ自由主義や分権の仕組みと調和的に調整され、アメリカ経済社会に定着した。しかし、第4に公設保険市場における保険料の高騰や、2千万人以上の無保障者が取り残されるという社会問題が残されており、今後の研究課題としたい。

第4章「軍事の高度化と再編——対テロ戦争と軍縮」では、オバマ民主党政権が、対テロ戦争を収束させながら、アメリカの軍事力全体の高度化を進めるプロセスを検討する。第1に、有名な2013年の「もはや世界の警察官ではない」という演説の前から、21世紀の複雑化した世界構造における新たな役割を模索しながら、アメリカの軍事力の再編を始めている。第2に、その新たな役割とは、それぞれの同盟国・友好国における自立的な国防努力を前提とする国際的な仕組み（自立・自助を理念とするアメリカ自由主義の援用）を支えるアメリカ軍事力という構想である。結果とし

て、第3に、1970年代のベトナム戦争の敗戦後から長期的に進行する軍事支出の相対的規模の縮小傾向を加速することになったのである。

　このような問題意識と構成で本書を刊行できたのは、勁草書房の黒田拓也氏が何度も原稿を読んで示唆に富む助言をしてくださった御蔭である。その問題意識と時代認識と歴史観を授けてくださったのは林健久先生と故加藤栄一先生である。1949年から現代史を観察するための時間と命を与えてくれたのは亡き両親と先祖である。それでも、拙著であるとするならば、その拙さは「今後の伸びしろ」と理解していただいて、御容赦願いたい。

渋谷博史

アメリカ「小さな政府」のゆくえ
トランプ、バイデンに継承されるオバマの決断

目 次

序　21世紀的アメリカ自由主義と「小さな政府」………………………i
1. オバマからトランプ、バイデンへの変化と継承　i
2. 本書の問題意識　ii
3. アメリカ自由主義とjobと映画『夜の大捜査線』　iv
4. 「もはや世界の警察官ではない」演説と「優先順位の変更」　x
5. 本書の構成　xii

第1章　アメリカの「小さな政府」の理念と21世紀的状況 …………1
1.1　オバマの原点　1
1.2　20世紀現代史の教訓　13
1.3　21世紀の構造変化　29
1.4　「市場の失敗」の克服と未来志向——オバマの自己総括　42
1.5　アメリカ連邦財政の長期的傾向への位置づけ　44

第2章　アメリカ型福祉国家の再編成と「世界の警察官」からの
　　　　撤退——オバマ財政の基本構造から読み解く ………………51
2.1　抑制基調と「優先順位の変更」——基本構造の概観（2009-16年度）　51
2.2　社会保障年金とメディケア——尊厳ある引退のための社会的仕組み　64
2.3　メディケイド　80
2.4　純利子と信託基金　87
2.5　軍縮と対テロ戦争のコスト——軍事支出と退役軍人支出　90
　　第2章補論　2011年予算コントロール法：財政規律と「小さな政府」
　　　　　　　政策　98
　　［コラム1　個人所得税と法人所得税の負担構造：2016年］　57

第3章　「取り残される階層」の生活基盤の確保 ………………………109
　　　　　　　　——オバマ・ケア（医療保障改革）の狙い
3.1　オバマの「小さな政府」的なアメリカ型福祉国家　109
3.2　無保障者問題　112
3.3　制度設計の議論　129
3.4　医療保障の拡充策——2010年ACAの主要規定　137

目 次　　　　　　xvii

3.5　無保障率の低下と保険料の上昇　144

3.6　高い医療費と再保険制度　157

第3章補論　アメリカの高い医療費の原因　160

［コラム2　公設保険市場の保険料税額控除］　139

［コラム3　カイザー財団による無保障者調査（2016年）］　150

第4章　軍事力の高度化と再編——対テロ戦争と軍縮 ……………………163

4.1　「世界の警察官」から「リーダーとしての最強国」へ　163

4.2　ミサイルと対テロ戦争　166

4.3　アフガニスタン増派の決断　175

4.4　対テロ戦争の戦費——イラク撤退とアフガニスタン増派　183

4.5　軍縮と軍事再編　185

4.6　軍事支出の抑制と構造変化　201

第4章補論　次期国防長官カーター氏の2013年2月の議会証言　208

付録　オバマ民主党政権の2016年度主要兵器購入及び技術開発費
　　　要求　211

［コラム4　アフガニスタン作戦の結末と死傷者推計］　180

終章　20世紀アメリカ財政史との接続の試み ………………………………215

あとがき——19世紀と21世紀のポピュリズム　221

参考文献　223

付記　228

索引　229

図表目次

第1章

表 1-1　労働編成の変化　31
表 1-2　職種別賃金水準（2015 年 5 月推計）　33
表 1-3　連邦財政の長期傾向　45

第2章

表 2-1　連邦財政の財政収支　52
表 2-2　連邦財政収入の構成　55
表 2-3　個人所得税の所得階層別の課税負担の推計（2016 年）　57
表 2-4　法人所得税の資産規模別の課税負担の推計（2016 年）　58
表 2-5　連邦財政支出の構成　60
表 2-6　連邦政府の個人移転支出　62
表 2-7　社会保障年金信託基金の財政構造　73
表 2-8　メディケア信託基金の財政構造と加入者（2016 年）　76
表 2-9　アメリカの医療保障の構造（2016 年）　82
表 2-10　アメリカの国民医療費の構成（2015 年）　83
表 2-11　メディケイドの登録者構成と一人当たり給付費（2016 年度）　84
表 2-12　連邦債の所有構造　88
表 2-13　連邦基金と信託基金　89
表 2-14　連邦債の利回り　90
表 2-15　国防省の予算権限額　93

第3章

表 3-1　2008 年時点の医療保障のインタビュー調査　114
表 3-2　病院費用のコスト転嫁の推計（2006 年）　125
表 3-3　病院費用と医師費用の転嫁の推計（2006 年）　125
表 3-4　公設保険市場の保険料負担上限（2015 年）　140
表 3-5　保険料税額控除とシルバー保険（2015 年）　140
表 3-6　オバマ・ケアによる医療保障構造の改善　145
表 3-7　主要州の医療保障の構造　146
表 3-8　人種別の無保障率　149

図表目次　　　　xix

第 4 章

表 4-1　イラク及びシリア作戦における兵力　176
表 4-2　アフガニスタン作戦における兵力　177
表 4-3　アフガニスタン作戦の死傷者　182
表 4-4　OCO ／ GWOT の歳出権限（Appropriation）　184
表 4-5　2016 年度軍事予算案の推移　201
表 4-6　軍事支出の歴史的推移　203
表 4-7　国防省支出の内訳　203
表 4-8　国防省内の陸海空軍別の支出　205
表 4-9　陸軍費の内訳　205
表 4-10　海軍費の内訳　205
表 4-11　空軍費の内訳　206

第 1 章　アメリカの「小さな政府」の理念と 21 世紀的状況

1.1　オバマの原点

オバマのアメリカ自由主義と「小さな政府」

　オバマの原点を知るために、その回顧録『約束の地』から、2004 年選挙でイリノイ州から連邦議会の上院議員に立候補した時の様子を引用したい[1]。

　　私の街頭演説は、自分の主張を並べるものから、……（遊説の中で聞いてきた：引用者）多種多様な声を伝えるものへと変わっていった。……「出身地や外見（人種や民族を指すと思われる：引用者）の違いにもかかわらず、ほとんどの人は同じものを求めています。何も大富豪になりたいわけじゃない。……自分でできることを他人にやってもらいたいわけでもありません」。

　　彼らが"本当に"望んでいるのは、働きたいと思ったら、せめて家族を養えるような仕事（Job：引用者）が見つかることです。病気になったからといって破産せずにすむことです。子どもたちによい教育を受けさせ、今日の経済情勢のもとでも暮らせるようにすることです。努力すれば大学の学費を賄えるようにしたいのです。犯罪者やテロリストから身を守りたいのです。そして、人生の大部分を勤労に費やしたあとは、尊厳と敬意（with dignity and respect：引用者）のなかで引退したいのです。

　　……すべてを政府に解決してもらおうなどとも思っていません。しかし、政府がほんの少しだけ優先順位を変えてくれればとても助かる、そ

---

1) オバマ（2020）上巻、88 頁。

のことをみんな骨身にしみてわかっています。

　オバマがアメリカ社会全体で共有するアメリカ自由主義の基盤として考えていることが、「家族を養えるような仕事（Job）」という言葉に凝縮されている。すなわち、自由の基盤あるいは根拠は自らの勤労による自立であり、「自分でできることを他人にやってもらいたいわけ」でもなく、「すべてを政府に解決」してもらいたいわけでもないというのである。

　そして、その勤労を基盤とするアメリカ自由主義の社会、人生、暮らしを可能にするために政府に望む政策分野として、「病気になったからといって破産せずにすむ」ための制度や、教育分野や、「犯罪者やテロリスト」に対する治安と国防や、「人生の大部分を勤労に費やしたあと」の年金及び医療の分野を挙げている。そのために、「政府がほんの少しだけ優先順位」を変えることが必要というのである。

　オバマ民主党政権が「少しだけ優先順位」を変えて、オバマ的なアメリカ自由主義を実現するために、2009年1月の政権発足時に「火中の栗」を拾うことからスタートした。第1はリーマン恐慌であり、第2は対テロ戦争である。それを乗り切るプロセスの中で、序章で記述した重点分野の中から医療分野を最優先に取り上げて、オバマ・ケア（医療保障改革）を推進した。なお、それらの3つの政策課題の背後で、「人生の大部分を勤労に費やしたあと」の引退時の「尊厳と敬意」を提供する制度である社会保障年金とメディケア（高齢者向けの基礎的医療保障の社会保険）が、長期的な人口高齢化によって着実に膨張しつつあったことも見逃してはならない。

　第2章で詳しく検討するように、人口高齢化、具体的には第2次大戦後のベビーブーム世代が高齢化して退職するのに伴って、連邦財政の中で社会保障年金とメディケアが膨張するだけではなく、それらの信託基金の積立金も減少するので、軍事支出や減税による財政赤字を賄うための連邦債を信託基金の積立金で吸収するというメカニズムが縮小した。そのような連邦財政におけるバッファー機能が低下する中で、リーマン恐慌の対策費や対テロ戦争の軍事支出を捻出し、さらに加えて、オバマ・ケア（医療保

障改革）という「大きな政府」政策を推進するというのである。上記の
「政府がほんの少しだけ優先順位」を変えるためには、増税と対テロ戦争
の収束と軍縮が必要になるはずである。

世界規模の責任感

　次の引用は、アメリカ大統領としての世界規模の責任の背景・歴史に関
するオバマの認識・理解である[2]。

　　第二次世界大戦後（の70年間において：引用者）……アメリカが先導し
　て数々の構想と条約と新組織が連動するシステムを確立し、国際秩序を
　効果的につくりかえ、安定した進路を切り開いてきた（具体的には、西
　欧再建のマーシャル・プラン、ソ連に対する防波堤としてのNATOと太平洋
　同盟、世界の金融と商業を統制するブレトンウッズ体制、IMF、世界銀行、
　関税と貿易に関する一般協定（GATT）など、国連と関連する多国間機関：
　引用者）。

そして、1991年のソ連崩壊によるパクス・アメリカーナの新段階につ
いて、以下のように述べている[3]。

　　その後の目の回るような10年足らずのあいだに、……旧東欧諸国が
　NATOとEUに次々加盟し、中国の資本主義が軌道に乗り、アジア、
　アフリカ、ラテンアメリカの多くの国が独裁政治から民主主義へと移行
　し、南アフリカのアパルトヘルトは終わりを迎える。……21世紀の夜
　明けには、アメリカは自分たちが築いてきた国際秩序と、自分たちが推
　進してきた原則、すなわち、"パクッス・アメリカーナ"が、何十億も
　の人々が以前よりも自由に、より安全に、より豊かになった世界を導き
　出したのだと、胸を張って主張することができた。

　2）オバマ（2020）上巻、513-514頁。
　3）オバマ（2020）上巻、515頁。

ところが、オバマが 2008 年 11 月の選挙に勝利し、2009 年 1 月に大統領に就任した時には、「21 世紀の夜明けに一層強化されたはずのパックス・アメリカーナ」が暗転して、以下の事態に陥っていた[4]。

（アメリカの：引用者）金融の指導者たちはその任務を怠り、……無軌道な資産バブルやウォール街における狂乱を容認していたのだから。……投資家は、上海からドバイまで、アメリカの規制当局がきちんと仕事をしていると信じていたからこそ、サブプライムローンやその他の米国資産に巨額の資金をつぎ込んでいたのだ。中国のような大輸出国も、レソト（アフリカ南部の小国：引用者）のような小輸出国も、アメリカ経済の安定的拡大を前提として自分たちの成長を当て込んでいた。言い換えれば、私たちは、世界がアメリカについてくるよう手招きしていた。……そして少なくともしばらくのあいだ、世界は深く考えることもなくその誘いに乗ったのだ。

　大統領になる前には、オバマは、アメリカ自由主義を背骨とするアメリカ型の「小さな政府」の枠内で国民の幸福を推進するというリベラル派の上院議員であったが、2009 年にオバマ民主党政権が発足した時期は、アメリカ国内の経済危機だけではなく、世界規模の危機に至るリスクが顕在化したタイミングである。しかも、1990 年代からのパクス・アメリカーナの楽観的な新段階を崩壊させるかもしれないという危機感と、それを防ぐのは、世界編成の基軸国であるアメリカの責任であると自覚していたと、オバマ回顧録から読み取れる。

オバマの拾った「火中の栗」

　オバマ民主党政権の本来的な課題は、本章の冒頭でみたように、「働きたいと思ったら、せめて家族を養えるような仕事が見つかる」というアメリカ自由主義の基盤を、強烈なグローバル化に伴う国内経済社会の構造変化による経済格差という条件悪化の中で、社会全体に広く実現・維持する

4）オバマ（2020）上巻、516 頁。

ことであった。そのために、眼前の2つの「火中の栗」であるリーマン恐慌と対テロ戦争を制御可能な状態にすることが必要であった。

第1のリーマン恐慌は、アメリカ国内の連鎖倒産や失業者の急増にとどまらず、それが世界中に広まるという、20世紀末からのグローバル化の負の側面を鋭く表している。20世紀前半にウォール・ストリートから世界恐慌に至る混乱から第2次大戦が始まったという歴史的記憶が蘇っていた。第2の対テロ戦争については、2001年の9.11テロ事件から始まるアフガニスタンとイラクにおける軍事介入が泥沼化し、早期の解決と撤退を求める圧力が高まっていた。そして、リーマン恐慌対策と対テロ戦争と並行して進められたのが、「病気になったからといって破産せずにすむこと」を目指す医療保障改革である。

後述のようにグローバル化とIT化による経済社会の構造変化の中で、アメリカの医療保障の主軸である雇用主提供医療保険のある職種が減少して、4千万人以上の無保障者が国内最大の社会問題となっていたので、経済格差と貧困の対策の中で医療保障改革が最優先の政策課題となったのである。

そして、第1のリーマン恐慌対策については、オバマ大統領は、政権発足前の2008年秋からブッシュ（子）共和党政権の景気対策の作成と実施に協力的なスタンスを示し、発足直後の2009年2月にその対策を拡充した。また、第2の対テロ戦争では、アフガニスタンへのアメリカ軍の増派を2009年12月に決定して2011年7月までに反タリバンの「現地政権」を強化した後にアメリカ軍を撤退するという作戦を始めた。そして第3に、2つの「火中の栗」を冷却しながら、オバマ・ケア（医療保障改革）に着手し、実現した。そのプロセスにおいても、民主党のリベラル左派による公的性格の強い制度設計案を排除して、アメリカ型福祉国家の基本構造（市場メカニズムを優先して公的扶助で補完する）を提示することでアメリカ国民のコンセンサスを形成した。

さらに、オバマ民主党政権は、軍事の分野ではアフガニスタンからの撤退だけではなく、20世紀からの「世界の警察官」という役割からの撤退も目指した。2013年に、有名な「もはやアメリカは世界の警察官ではな

い」という演説で、その構想が示されたが、実は、2012 年 1 月に発表した Defense Strategic Guidance（DSG）で、「世界の警察官」からの撤退と整合する形のアメリカ軍の再編を提示していた。そして、2009 年末に決定していた、アフガニスタンから撤退後の治安維持の「現地化」はこの世界戦略の転換の前提条件でもあった。

　周知のように、トランプ共和党政権は「世界の警察官」からの撤退と並行して、トランプ減税等による「小さな政府」政策で国内の「Job」創出を最優先する「アメリカ第一主義」政策を推進した[5]。オバマ財政とトランプ財政の関係について、対照性に着目すれば、オバマ民主党政権は、上記の 2 つの「火中の栗」を大急ぎで冷やしながら、国内経済社会の安定と繁栄を目的にオバマ・ケア等の「大きな政府」政策を積極的に展開したが、トランプ共和党政権はそれを否定して自助努力を柱とする「小さな政府」的な仕組みに戻そうとしたとみることができる。

　他方、連続性に着目すれば、オバマ民主党政権期（2009-16 年）においても、本書第 3 章で詳しくみるように、オバマ・ケアの立法過程でリベラル左派の公的性格の強い制度設計を排除して、市場メカニズムの活用を明確に織り込む制度設計で国民的なコンセンサスを形成したのであり、さらに、それが国民的コンセンサスの枠を越えないように調整する力が働き、州政府や個人に対する強制的な規定を緩和する方向で歯止めがかかったのである。オバマ・ケアが、国民的に共有されるアメリカ自由主義に基づくアメリカ型福祉国家の枠組みを逸脱しなかったので、次のトランプ共和党政権期にオバマ・ケア解体への政治的圧力が強まっても、実質的な解体には至らなかったのである。

オバマ大統領就任演説（2009 年 1 月）

　2009 年 1 月 21 日にオバマ大統領は就任した。その決意表明である就任演説[6]において、「アメリカは危機の中にあり、（一方で：引用者）暴力と憎悪のネットワークに対する戦争」があり、（他方で：引用者）「一部の強

　5）渋谷博史（2023）を参照されたい。
　6）Obama（2009b）.

欲と無責任が引き起こした経済的困難」があり、その困難に立ち向かうと誓った後に、「自由で平等で幸福を求める機会を持つという神の約束」を掲げた。そして、「アメリカ国民の偉大さは、与えられるものではなく、自分で作り出すものである」と述べて、以下のように続けた。

> （そのための：引用者）近道はなく、……（これまでの歴史においても：引用者）先人のリスク・テイクと実践と努力によって、繁栄と自由の道が構築されてきた。……我々は立ち止まって躊躇するのではなく、再び立ち上がって、アメリカを再構築する仕事に戻るときである。……（リーマン恐慌による困難に向かって：引用者）大胆かつ俊敏な対策が求められており、新しいJobの創出と経済成長の基盤を構築すべきである。

この「新しいJobの創出と経済成長の基盤」という表現からは、本章で詳しく検討するような世界構造とアメリカ経済社会の21世紀的な新段階に対応するというスタンスが感じられる。道路や橋の建設、ITインフラの構築、科学研究の促進、医療の改善、自然エネルギー開発、教育機会の拡大という具体策を掲げるが、それらは、上記の「新しいJobの創出と経済成長の基盤」という21世紀型への転換の文脈に位置付けられている。

> 現在の焦点は、「大きな政府」か「小さな政府」ではなく、政府が、適正な賃金のJob、適正な医療、尊厳ある老後のために機能するか否かである。……また、市場が善か悪かという問題ではなく、市場が富を生み出して自由を拡大する力が発揮できていないのである。今の経済危機によって、監視がなければ市場は制御できなくなることが再確認された。……経済的成功とは、GDPの規模だけではなく、繁栄がすべての意欲ある人々に機会を提供できることである。

すなわち、市場経済による繁栄を基盤とする自由社会という原則を確認した上で、市場メカニズムの暴走を監視・制御する仕組みで「繁栄がすべての意欲ある人々に機会を提供できること」を不可欠な条件としている。

その市場経済と自由社会の中で、「適正な賃金の Job、適正な医療、尊厳ある老後」を維持するという政策目標が明示される。

　しかし他方で、世界最大の強国として世界秩序に責任を負うアメリカの大統領として、「平和と人間の尊厳」のために展開する手段として軍事力だけではなく外交等の平和的手段の有用性も説くのである。

　　歴史を振り返ると、ファシズム（第2次大戦期：引用者）や共産主義（戦後の冷戦期：引用者）との戦いは、ミサイルや戦車だけではなく、堅固な同盟と不朽の信念によって進められた。……この教訓から、新しい脅威に対しても協力と相互理解の努力が必要である。

　その歴史的教訓から、オバマ大統領は、イラクからの撤退と統治の現地化、アフガニスタンにおける和平、ロシアとの核軍縮交渉を提言する。そして、その前提として、多様性を尊重することの重要性を取り上げる。

　　歴史的に形成された多様性は強さをもたらす。……アメリカはキリスト教徒、イスラム教徒、ユダヤ教徒、ヒンズー教徒さらには無神論者で構成され、世界中の言語と文化も内包している。……（それ故に対外的にも：引用者）アメリカは新時代（グローバル化によって世界が縮小する時に、お互いの影響の質も量も強まるとき：引用者）に自分の役割を果たすべきである。
　　イスラム世界に対しては相互の理解と敬意をもって対応したい。……貧困な国々には、農業開発や水源開発を支援し、食料援助もおこなう。……富裕国（アメリカも含む）は、他国への支援と資源節約策が求められる。……世界は変化しており、アメリカも変化すべきである。

　すなわち、オバマ大統領の就任演説では、「世界は変化しており、アメリカも変化すべきである」という主旋律の下で、その中核的な手段として、第1に国内の市場メカニズムを制御しながら、その成果が「すべての意欲ある人々」に及ぶような仕組みを推進・拡大し、第2にその外的環境とし

1.1 オバマの原点 9

て、対外的には世界の多様性を前提とする理解と協力による平和的な仕組みを維持することが明示されている。

オバマ大統領の最初の施政方針演説（2009 年 2 月）

上の就任演説から政策立案の 1 ヶ月を経て、オバマ大統領は 2 月 24 日に最初の施政方針演説[7]をした。今一番の心配事は経済状況であると述べて、以下のように続けた。

しかし、再建できる。アメリカは以前よりも強くなるであろう。……研究所や大学や農業や工場に解決策があり、企業家の創造性と勤労者のプライドにかかっている。……今は、大胆かつ賢明に行動する時である。経済を回復するだけではなく永続的な繁栄のための新しい基盤を構築することである。（具体的には：引用者）活性的な job の創出、エネルギーや医療や教育の分野への投資、財政赤字の抑制である。

オバマ民主党政権は、リーマン恐慌からのアメリカ経済の再建には、単純な有効需要の注入のための財政支出だけではなく、21 世紀的な新段階のアメリカ経済の構造変化を促す方向性を織り込むというのである。そして、アメリカの金融システムの信頼性を回復する重要性と、連邦資金を投入する金融機関再建策について詳しく述べた後、短期的な不況対策や金融安定化策は長期的な政策への準備であるとして、以下のように続けた。

アメリカの経済力の完全な復活には、新しい Job と産業と国際競争力を導き出す長期的な投資が唯一の方法である。石油依存と高い医療コストからの脱却が必要である。……（2010 年度の：引用者）予算案を準備しているが、……一方で 1 兆ドルの財政赤字、金融危機、巨額の不況対策（という現実：引用者）があるので、他方で優先順位をつけなければならない（必要性の低い財政支出を節減するという意味：引用者）。……
歴史から学ぶとすれば、混乱や転換の時期には、大胆な行動とアイデ

---

7) Obama（2009a）.

アをもって対応してきた。（19世紀半ばの：引用者）南北戦争の時代には大陸横断鉄道を完成させて商業と工業を促進した。産業革命（南北戦争後のアメリカの工業化を指していると思われる：引用者）の混乱の中で、新時代に生きる技能を国民に提供するために公立高校システムが構築された。……（20世紀に入って：引用者）世界大戦や大恐慌を経て、退役軍人に大学の費用を支援する仕組みが広範なミドル・クラスの形成に寄与した。冷戦期の自由への戦いが、全米ハイウェイ・システム、月面着陸、そして現在なお世界を形作る技術の爆発的発展につながった。

　すなわち、新年度予算案の話に膨大なアメリカの歴史のエッセンスを織り込んで、21世紀の新時代に整合する構造転換の必要性を論じている。
　次に、医療分野について、医療費の高騰で破産する家族が多く、過去8年間で医療保険料は賃金よりも4倍も速く増加しており、毎年1百万人以上のアメリカ人が医療保険を失っている（保険料を負担できないという意味であろう：引用者）と述べて、以下のように続けた。

　医療保障改革を先延ばしにはできない。……既に数日前に、フルタイム勤労者の子供の11百万人に対する医療保障を提供・維持する法律が成立した。また、2009年ARRA（同年2月に成立したリーマン恐慌対策：引用者）の中に、医療事故の減少とコスト削減とプライバシー保護と救命のための医療IT技術への投資を盛り込んでおり、同時にがん治療や予防医療にも資金を投入する。
　2010年度予算案には、これらの改革に加えて、さらに包括的な医療保障改革を盛り込んでいる。適切な費用で適正な医療サービスをすべてのアメリカ人に提供するという原則のための初期投資である（コスト抑制のために国民への医療サービスが「不適切な負担で不適切な内容」にならないという意味であろう：引用者）。

教育分野について、オバマ大統領は、「グローバル経済の中で最も価値があるスキルは知識であり、良質の教育は必要不可欠な前提条件」であり、

「増加する職種の4分の3は高校卒業以上の教育歴が必要」であるが、「ア
メリカは先進国の中で最も高校の中退率が高い国の一つ」と述べて、以下
のように続けた。

　　科学技術が遅れた国は国際競争力が弱くなるので、（教育分野を強化す
　るために：引用者）すべての子供が完全かつ競争力のある教育にアクセ
　スできることを保証することがこの政権の政策目標であり、これは経済
　対策の一環である。

　オバマ大統領は、上記の医療保障改革と同様に、教育政策についても、
アメリカ経済の国際競争力の切り口からその重要性を説いている。医療分
野における無保障者や教育分野における高校中退者を救済するための改革
や政策という切り口ではなく、アメリカ経済の国際競争力の強化策の一環
という切り口を強調するのは、「取り残されて困窮している」階層に向か
ってではなく、アメリカ経済の繁栄からの成果を享受できる国民・納税者
の全体に向かって、医療や教育の分野における改革・拡充がアメリカ経済
の発展に必要かつ重要な経済政策でもあるとして説得するスタンスである。
　さて、ここからは興味深い論理展開になる。この施政方針演説（2009
年2月24日）の前日に（おそらくホワイトハウス内の会議室で）開催さ
れた「fiscal summit」において、オバマ民主党政権の第1期（2013年1
月まで。第1期というからには第2期の意欲を見せている）の間に現在の
財政赤字の水準を半分にすることを誓ったと述べて、以下のように続けた。

　　2010年度予算案では、第1に、教育予算の中で効果のないプログラ
　ムや、不必要な農業補助金を終了させる。第2に、イラク作戦（民主党
　はアフガニスタン作戦を支持するが、イラク作戦には反対していた：引用者）
　における「入札なしの無駄な数十億ドルの契約」を破棄し、さらに、冷
　戦時代の兵器システムを（21世紀的な世界状況と技術水準に整合する形
　で：引用者）高度化する。第3にメディケア（高齢者向けの基礎的医療保
　障の社会保険：引用者）についても無駄や不正の対策を強化する。第4

に海外に工場を移転する企業への租税優遇措置を廃止する。第5にアメリカの上位2%の富裕層に対する租税優遇措置も廃止するが、250千ドル未満層には増税はない。ちなみに（既に成立している：引用者）2009年ARRAでは、勤労家族の95%に対する減税措置が講じられている。

　すなわち、オバマ大統領は、前日の2月23日の「fiscal summit」で赤字削減という大きな方針を決定し、そのために、軍事支出等における無駄な財政支出の削減と、富裕層への増税で財源を捻出するというのである。先に引用したように、上院議員の選挙運動の中でみたアメリカ自由主義的な「小さな政府」のための「少しの優先順位の変更」や、この2009年施政方針演説の中で長期的なアメリカ経済の再建・成長策のために財政の中で必要性の低い財政支出を節減すると述べた意味での「優先順位」について、その具体策を提起している。
　そして、財政赤字削減策の中で、対テロ戦争にも節約圧力をかけるというのであり、それは、財政の次元だけではなく、対テロ戦争の終結を目指すというメッセージと受け取れる。それ故に、オバマ大統領はすぐさまに以下のように付け加えている。

　　友好国や同盟国と協力して、アフガニスタンとパキスタンにおけるアルカイダ討伐の包括的戦略を新たに展開する（本書第4章で詳しくみるように統治及び治安維持の現地政権への移管：引用者）。……2010年度予算案ではアフガニスタンへの増派や、軍人給与や退役軍人医療費等の引き上げを織り込んでいる。

　オバマ民主党政権による財政赤字削減策は、本書の第2章補論でみるように、2011年予算コントロール法（Budget Control Act：BCA）という仕組みに結実し、その仕組みを通して軍事支出に対する強い節減圧力が発揮される[8]。その中期的な節減圧力を提起しながら、同時に、「2010年度予算案ではアフガニスタンへの増派」という矛盾する提案も行っている。しかも、医療や教育やエネルギーの分野では積極策を提案している。実に

意欲的な政策システムの提言といえよう。

　次節では、このようなオバマ民主党政権のグランド・デザインを展開する
るための前提条件となる、リーマン恐慌対策とパクス・アメリカーナの新
段階に関する議論をみておこう。

1.2　20世紀現代史の教訓

ニューディール政策の教訓

　2009年3月31日に上院の銀行・住宅・都市問題委員会の中の経済政策
小委員会で開催された、「ニューディール政策の教訓」というタイトルの
議会公聴会[9]を検討しよう。その小委員会のブラウン委員長（民主党、オ
ハイオ州選出）は開会演説で、ルーズベルト民主党政権のニューディール
政策によって「大恐慌」が克服されたという歴史認識を前提として、2009
年3月時点のオバマ民主党政権も同様の政策で、リーマン恐慌を契機とす
る「大恐慌」の再来を防止できるという筋立てを提示した。すなわち、自
分の選挙区であるオハイオ州の失業率の9.4%は25年間（1980年代のレー
ガン共和党政権期におけるボルカー・ショック以来という意味であろう：引用
者）で最悪の水準であり、州内のいくつかの郡では15%を超えており、
また同小委員会の共和党側の筆頭議員であるデミント上院議員の選挙区で
あるサウスカロライナ州では11%であると述べて、以下のように続けた[10]。

　（1930年代の：引用者）大恐慌以来の最悪の状況であるが、それよりはひ

8）2011年予算コントロール法による軍事支出への節減圧力については第2章及び
第4章で詳しく検討するが、中期的な財政赤字対策という枠組みを設定して、その
枠組みの下で軍事支出だけではなく福祉支出や増減税という選択肢から、連邦議会
における多様な議論を経て、連邦財政の構造を決定するというアメリカの財政民主
主義の仕組みとみることができる。

9）U.S. Senate Committee on Banking, Housing, and Urban Affairs, Subcommittee
on Economic Policy（2009）.

10）U.S. Senate Committee on Banking, Housing, and Urban Affairs, Subcommittee
on Economic Policy（2009）pp. 1-2.

14　第 1 章　アメリカの「小さな政府」の理念と 21 世紀的状況

どくはないとしても、オバマ民主党政権と連邦議会にとっての政策課題
は、1933 年 3 月にルーズベルト民主党政権が直面した状況に似てい
る。……本日の公聴会の目的は、ニューディール政策の教訓が現在のア
メリカ経済に有効か否か、の検討である。……すべてが完璧ではなかっ
たが、ニューディール政策は何百万人もの人々の貧困を防いだ。……ニ
ューディール政策の制度が現在も残っており、第 1 にインフラ投資はダ
イナミックなアメリカ経済をもたらし、公正労働基準法（Fair Labor
Standards Act）は適正な賃金及び労働環境を保証し、社会保障年金制
度は高齢世代に退職後所得を提供し、（金融証券分野では：引用者）証券
取引委員会や預金保険制度（FDIC）や銀行法が機能している。

　しかし、最近は、ニューディール政策は失敗であったという意見があ
り、大恐慌からの回復は第 2 次大戦の軍事支出によるものというのであ
る。……「民主主義の軍工廠（arsenal of democracy）」による経済効果
には異論はないが、それが、ニューディール政策の成果を否定すること
にはならない。

そして、オバマ民主党政権の大統領経済諮問委員会（Council of Eco-
nomic Advisers：CEA）のローマー委員長の証言が始まる。同委員長は、
確かに現在の不況は厳しいものであるが、1930 年代に我々の両親や祖父
母が経験したほどではなく、2009 年 2 月の失業率 8.1% は 1930 年代の最
大値の 25% よりかなり小さく、実質 GDP についても現在は 2% の下落で
あるが、1933 年には 25% 以上の下落であったと述べて、以下のように続
けた[11]。

（1930 年代の：引用者）「大恐慌」と現在の不況には共通の原因があるの
で、オバマ民主党政権の発足時から、1933 年のルーズベルト民主党政
権と同じような経済回復策を実施し始めた。
　……（ニューディール政策の教訓は有効であり：引用者）第 1 の教訓は、

---

11) U. S. Senate Committee on Banking, Housing, and Urban Affairs, Subcommittee
on Economic Policy (2009) pp. 3-4.

財政拡大の規模が小さいと小さな効果しか生まないことである。……重要な事実は、ニューディール政策におけるルーズベルト民主党政権の財政政策は過去（の財政政策における財政均衡原則：引用者）からの大胆な離脱であったが、対応すべき問題（1930 年代の「大不況」：引用者）に比べると規模が小さかったことである。

　そして、ローマー委員長は、その財政政策の規模が小さかったことの原因として、第 1 に、1933 年にルーズベルト民主党政権が発足する直前にフーバー共和党政権によって増税が成立していたこと、第 2 に、州憲法等に規定される財政均衡原則の故に、州・地方政府は不況下では緊縮財政が強いられた（オバマ民主党政権期にも同様の問題が生じている）ので、（連邦政府と州・地方政府を合計した）全政府部門の財政拡大は比較的小さなものになったことを指摘した。

　ローマー委員長は、「これが（ニューディール政策の：引用者）教訓である」として、それ故に、オバマ民主党政権の発足から 1 ヶ月以内に成立した 2009 年 ARRA（American Recovery and Reinvestment Act of 2009）は、アメリカの歴史の中で、最も大規模かつ大胆な景気対策を実施したと主張した[12]。

　　8000 億ドル近い財政刺激策は減税と政府投資と州政府及び個人への救済策で構成されている。……14 ヶ月前からの不況による 4.4 百万人の失業増加への対策として極めて重要だと考えられる。

　すなわち、大統領経済諮問委員会のローマー委員長は、1930 年代のニューディール政策からの第 1 の教訓として、財政赤字を伴う財政支出の拡大策は大規模に実施すべしということであり、実際にオバマ民主党政権は 8000 億ドル近い財政刺激策を展開し始めているというのである。おそらく、後述のように共和党に限らず民主党内の保守派からも財政規律の面から批

12）U.S. Senate Committee on Banking, Housing, and Urban Affairs, Subcommittee on Economic Policy（2009）pp. 4-5.

判が出ることを予想して、この「ニューディール政策の教訓」という議会公聴会で、このような議論を展開しているのであろう。

ところで、当時の連邦準備制度理事会のバーナンキ議長が退職後の2022 年に刊行した著書『21 世紀の金融政策』の中で以下のように回顧している[13]。

　……一部のエコノミストやオバマ政権の大統領経済諮問委員会（CEA）委員長のクリスティナ・ローマーが懸念していたように、財政パッケージの規模は経済が必要とするよりも小さかった。法案が通過した時点では、谷がいかに深いか全貌が把握できておらず、議会は財政赤字（の大幅化：引用者）の懸念を理由に、規模の拡大に反対していた。もう一つの問題は、ほぼすべての州や地方自治体は均衡予算要件（州憲法等による厳格な規定：引用者）を満たさなくてはならないため、景気後退で財源不足が深刻になり増税や歳出削減を実施したことだ。州や地方自治体レベルで矛盾した政策がとられたことから、全体として財政刺激の効果が弱まった。

バーナンキ議長もローマー委員長も、ニューディール政策から同じ教訓を得ており、それ故にローマー委員長は 2009 年 3 月時点に、オバマ民主党政権はアメリカ史上最大の財政刺激策を展開すると主張し、他方、バーナンキ議長は 13 年後の 2022 年に出版した著書で、「財政パッケージの規模は経済が必要とするよりも小さかった」と回顧している。おそらく、バーナンキ議長が指摘する「議会は財政赤字の懸念を理由に、規模の拡大に反対」するという保守的な政治ベクトルが、オバマ民主党政権の政策運営を拘束したのであろう。

なお、2020 年初頭からのコロナ危機対策でトランプ共和党政権が、オバマ民主党政権の 2009 年 ARRA よりも大規模な財政刺激策を実施して、「2017 年トランプ減税による成長軌道への回帰」という出口戦略を明示するという政策システム[14]を展開したのは、2009 年のオバマ民主党政権の

_____
13）バーナンキ（2022）184 頁。

財政政策が「アメリカ史上最大である」が、「経済が必要とするよりも小さかった」ことを教訓としたのかもしれない。

次に、ローマー委員長は「ニューディール政策の第2の教訓」として、金融分野の回復は実体経済の回復と同時進行の形となると述べている[15]。（1930年代のニューディールにおいて）ルーズベルト民主党政権が発足した時に、崩壊しつつあった金融システムの安定化策（全米の銀行を閉鎖して帳簿のチェック、金本位制度を停止して金準備に束縛されないマネーサプライの供給）を即座に実施したが、「実質的な経済回復が定着してから金融分野の回復も達成されること」を強調した。

そして、この第2の教訓を念頭に置いて、オバマ民主党政権は包括的な金融セクター回復プログラムとして、Financial Stabilization Plan（2009年2月10日に発表）を作成して実施した。第1に住宅価格の安定化と住宅所有者の抵当流れの救済、第2に連邦準備制度と協力して信用市場の再建、第3に小規模企業への貸出増加、第4に大規模銀行の財務状況監査と財務構造の改善のための資本投入、第5に、連邦預金保険公社と連邦準備制度と民間投資家とが協力した銀行の「不良」資産の除去策、である。

このローマー委員長の「第2の教訓」の部分は、リーマン恐慌時における金融システムの機能回復・維持策が効果的に実施できたことを強調しており、かりに財政刺激策が不十分な規模であっても、有効な相乗効果は期待できるという文脈であろう。そして、同委員長は、第3の教訓として、経済危機への緊急対策とともに、将来の危機の再来を防止するための金融規制改革が重要であると述べた[16]。

ローマー委員長は、上述のように、大規模な財政刺激策の根拠をニューディール政策の第1の教訓、すなわち、財政刺激策の規模が充分に大きくないと効果が期待できないということに求めたが、第2及び第3の教訓で

---

14) 渋谷博史（2023）の第5章「コロナ危機対策：成長軌道回帰への臨時的救済策」を参照されたい。

15) U. S. Senate Committee on Banking, Housing, and Urban Affairs, Subcommittee on Economic Policy（2009）pp. 5-6.

16) U. S. Senate Committee on Banking, Housing, and Urban Affairs, Subcommittee on Economic Policy（2009）p. 6.

は、包括的な金融安定プログラムにおける資本投入を正当化するとともに、今後の金融規制強化を改革の必要性の根拠としている。緊急手段として連邦政府の資本投入や、連邦政府の規制の強化について論じたのは、共和党の「小さな政府」的な観点から批判が予想されたが故であろう。

なお、このローマー委員長の証言に続けて、経済政策小委員会のブラウン委員長が、通常の不況対策では金融分野の緩和策が有効であると思われているが、今回はなぜ大規模な財政刺激策が必要なのかと質問した。

それに対して、ローマー委員長は、第2次大戦後の景気循環において不況は、インフレを警戒する連邦準備制度理事会の引締策が原因であったので緩和策に転じることで足りていたが、今回は、既に金利水準は十分に低下しており、金融政策の余地は小さいので、財政刺激策が必要になっており、今回の不況は通常のものより大きいので財政刺激策も必要になったと答えている[17]。

続く民主党のマークリー議員（オレゴン州選出）の質問は、緊急対策ではなく教育や医療の分野における基本的な意味を問うものであった。おそらく、それは「空気を読まない理想論」ではなく、2009年という緊急事態において、上述のようにオバマ民主党政権が就任演説や施政方針演説で提起した、アメリカ経済社会の基本構造あるいは長期的な構造変化を視野に入れた総合的な政策システムを意識しての質問であろう。具体的には、同議員は債務の対GDP比率や、外国人のアメリカ債券所有や、財政刺激策に含まれるエネルギー分野などについて幅広い質問をした後に、アメリカ経済の中で製造業の雇用が減少する長期傾向に議論を転じたのに対して、ローマー委員長は以下のように答えた[18]。

その傾向は顕著であり、……オバマ民主党政権にとっての優先課題であり、（1980年代までさかのぼって：引用者）大統領経済諮問委員会も調

---

17) U.S. Senate Committee on Banking, Housing, and Urban Affairs, Subcommittee on Economic Policy（2009）pp. 8-9.

18) U.S. Senate Committee on Banking, Housing, and Urban Affairs, Subcommittee on Economic Policy（2009）pp. 11-14.

査している。

……ミシガン州やオハイオ州やインディアナ州（自動車産業を軸とする
20世紀型の重厚長大産業の集積地：引用者）において（製造業の雇用の長期
的減少の傾向が：引用者）みられる。そこでは、現在の厳しい不況の影
響だけではなく、この長期的な製造業の雇用の減少傾向が重なっている。

オバマ民主党政権の大統領経済諮問委員会のローマー委員長と民主党の
マークリー議員は、どうやら、同じ方向に向かって議論を進めようとして
いる。同議員が「アメリカのミドル・クラスの維持あるいは拡大は製造業
にかかっているのか、それ以外にアメリカ人の多くをミドル・クラスにと
どまらせる戦略はあるのか」と質問したのに対して、ローマー委員長は以
下のように答えた[19]。

再び、凄い質問である。製造業には何か特別の意味があるかもしれな
いが、……（経済学者としては：引用者）製造業の雇用は好条件で高賃金
のJobであり、製造業分野の成長がミドル・クラスの維持・拡大につな
がるといえる。もし、その戦略が機能しないとすれば、同様のJobを創
出する分野が絶対的に必要となる。

ローマー委員長の最後の言葉は極めて示唆的である。「ミドル・クラス
の維持・拡大」のための「製造業分野の成長」あるいは回復という戦略が
機能しないのであれば、「同様（好条件で高賃金）のJobを創出」するた
めの新戦略が必要というのである[20]。そこからは、「長期的な製造業の雇

---

19) U. S. Senate Committee on Banking, Housing, and Urban Affairs, Subcommittee
on Economic Policy（2009）p. 13.

20) オバマ民主党政権は、リーマン恐慌対策の一環として公的資金を投入して自動車
産業の救済策も実施しているが、決して、GM社等における雇用を温存するという
スタンスではなく、生産性の低い工場の閉鎖や人員整理を徹底した上で、採算の取
れる形の企業再生を求めるという厳しい内容であった。具体的な合理化については、
次の文献を参照されたい。渋谷博史（2023）［column1：GM社の破綻と再生］
（17-19頁）。

20　　　第 1 章　アメリカの「小さな政府」の理念と 21 世紀的状況

用の減少傾向」という歴史的かつ不可逆的に進行する構造変化を前提として、2009 年の緊急事態からの脱出策を構築するという論理が読み取れる。

そして、民主党のマークリー議員は教育分野に議論を誘導するために、世界の統計をみて教育投資が経済的成功をもたらすと考えて良いかと質問したのに対して、ローマー委員長は以下のように答えている[21]。

　　人的資本形成（human capital formation）すなわち教育は　経済の成功にとって極めて重要な要因である。教育の利益に関する先行研究によれば、豊かな国ほど教育により多くを投資する傾向があるので、その利益を正確に示すのは困難であるが、しかし私自身の理解では、これらは教育投資と経済競争力や生産性、高い賃金に強い相関性を示している。
　　……一般的に、すべてのタイプの教育が良い結果をもたらし、多くの教育が多くの成果につながり、特に職業訓練は大きな成果をもたらす。

すなわち、「長期的な製造業の雇用の減少傾向」という構造変化を前提としてリーマン恐慌対策を構築するという文脈の中で、人的資本形成のための教育投資や職業訓練を取り上げることからは、2009 年時点の高失業をリーマン恐慌と長期的構造変化の重複によると認識して、21 世紀的な産業構造の転換を後押しする戦略の一環として教育や職業訓練の分野を重視するという論理を読み取れる。

さらに、マークリー議員は医療分野についても質問をしている[22]。

　　アメリカでは経済の 18% を医療に使っているが、ヨーロッパ諸国やカナダのような経済先進国では医療費（の対 GDP 比率：引用者）はもっと小さい。……アメリカの医療システムは国際競争における不利をもたらすのか？　国民の生活の質を向上させながら、国際競争力を強化する

21）U. S. Senate Committee on Banking, Housing, and Urban Affairs, Subcommittee on Economic Policy（2009）pp. 13-14.

22）U. S. Senate Committee on Banking, Housing, and Urban Affairs, Subcommittee on Economic Policy（2009）p. 14.

ための包括的な医療改革をすべきですか？

このマークリー議員の誘導的な質問に対して、ローマー委員長は、「現在の経済状況がいかに困難であろうと、オバマ民主党政権にとって先延ばしにできない最優先課題が医療システム改革」であり、「アメリカの医療コストがGDPや他のコストよりも急速に上昇したことが、企業破綻にも関係している」と答えている[23]。

すなわち、オバマ民主党政権が発足した2009年時点におけるアメリカ経済の危機は、直接的にはリーマン恐慌を契機とする金融市場の崩壊が原因であるが、その背後では本質的にアメリカ経済の全体において成長力や国際競争力が衰退していたことがあって、その原因の一つが医療システムという認識を示している。したがって、同政権が経済の回復のための政策システムを構築する時に、「国民の生活の質を向上させながら、国際競争力を強化するための包括的な医療改革」が重要な課題として盛り込まれるというのであろう。

「パクス・アメリカーナの教訓」（議会公聴会、2015年1月29日）

ここで取り上げるのは、2015年1月29日に上院軍事委員会で開催された「世界的な課題とアメリカの安全保障戦略」というタイトルの公聴会[24]である。2009年1月に発足したオバマ民主党政権にとっての緊急課題であるリーマン恐慌対策やアフガニスタン撤退作戦においてかなりの進捗がみられ、しかも、2013年にオバマ大統領が「もはやアメリカは世界の警察官ではない」と宣言して、新しい世界構造におけるアメリカの役割と位置取りを模索しているタイミングである。

1番目の証言者のオルブライト氏は、冷戦終結後の1990年代にアメリカ自由主義をグローバル・スタンダードとするグローバル化を推進したクリントン民主党政権の国務長官（日本の外務大臣に相当する）であり、2番

---

23) U. S. Senate Committee on Banking, Housing, and Urban Affairs, Subcommittee on Economic Policy（2009）p. 14.

24) U. S. Senate Committee on Armed Services（2015b）.

目の証言者のシュルツ氏は、1980年代における「強いアメリカ」の再建と強固で厳しい対ソ連の交渉というプロセスを進めたレーガン共和党政権の国務長官であり、3番目の証言者のキッシンジャー氏は、1970年代における中国の台頭やベトナム敗戦に現れる「米ソ対立の冷戦」の構造変化のプロセスを担ったニクソン共和党政権の国家安全保障担当補佐官、フォード共和党政権の国務長官である。

　もし、1990年代におけるアメリカ自由主義をグローバル・スタンダードとするグローバル化の推進が行き過ぎたことによって、「アラブ世界の反発」から、21世紀初頭における9.11テロ事件とアメリカの中東介入の泥沼化に至ったとするならば、原点に立ち戻るために、1990年代のオルブライト国務長官や1980年代のシュルツ国務長官、1970年代のキッシンジャー国務長官から現状分析や助言を求めるための公聴会である。

　この議会公聴会を検討するための問題意識を述べておきたい。

　おそらくアメリカ自由主義のメカニズムを、アメリカ国内と同じ形で世界展開しようとすれば、アメリカよりもはるかに長い歴史を有する世界の諸国における社会的な規範や構造から本質的な反動・反発を誘発すると思われるので、アメリカ自由主義をグローバルな規範とする場合には、「アメリカ自由主義のグローバル規範バージョン」に薄める必要があるのかもしれない。

　実は、アメリカ国内においても、アメリカ自由主義という理念を経済社会の実際の制度や構造に織り込むためには、さまざまな規制や福祉国家システムという補整的な仕組みを組み合わせることが不可欠である。逆からみれば、アメリカ自由主義を体現する「自由市場」についても、適切な規制や補整の仕組みがなければ、多くの人々にとっての「痛み」や「辛さ」が人間的な限界を超えるリスクは極めて高い。その規制・補整の仕組みのひとつが、本書第3章で詳しく考察するオバマ・ケア（医療保障改革）である。

　したがって、「アメリカ自由主義のグローバル規範バージョン」の場合にも、その規制・補整の仕組みは、それぞれの国における社会的な伝統や規範を織り込むような設計になるべきである。逆からみれば、「アメリカ

自由主義のグローバル規範バージョン」に自国の社会的な伝統や規範を織り込んで活用できる力量がなければ、その国は国内の大混乱を選ぶか、アメリカへの反発を示すことになる。もしかすると、アルカイダの9.11テロ事件と、その後のアメリカの介入と傀儡政権の擁立という作戦が失敗したのは、その典型的な事例かもしれない。

　その失敗をアメリカが自覚した2015年の時点、すなわちオバマ民主党政権の末期であり、次のトランプ共和党政権に向かう予兆が出始めた時期に、この公聴会が共和党のマケイン軍事委員長（アリゾナ州選出）の下で開催されるのである。

　まず、マケイン委員長の開会演説を聴こう[25]。同委員長は、本日の公聴会のテーマは「世界的な課題とアメリカの国家安全保障戦略」であり、……（2011年BCAによる軍事支出の：引用者）強制削減規定を廃止すべきであり、また、（戦況とかかわりなく：引用者）アフガニスタン撤退の期限を設定してはならない」と述べた後、3人の元国務長官の証言者を紹介したが、その中で特にキッシンジャー氏については、特別のエピソードを紹介した[26]。

　　当時のキッシンジャー国務長官がベトナム戦争の終結の協定を結ぶためにハノイを訪問した時に、ベトナム国の側がマケイン氏（海軍のパイロットであったが撃墜されて捕虜になっていた：引用者）を連れて帰るかと打診したが、同長官は「マケイン隊員は仲間と同じ待遇で帰還するだろう」と言って、断ってくれた。同長官は、マケインの早期の釈放はえこひいきになり、（海軍の：引用者）行動規範の違反になることを知っていた。……私の名誉を救ってくれた。

　この1970年代のベトナム戦争にかかわるエピソードは、マケイン委員長の自慢話ではなく、アメリカ社会におけるアメリカ軍の役割と気概を示すとともに、この2015年の上院軍事委員会に登場した「歴史上の人物」

---

25) U.S. Senate Committee on Armed Services (2015b) pp. 105-106.

26) U.S. Senate Committee on Armed Services (2015b) p. 106.

24 第 1 章 アメリカの「小さな政府」の理念と 21 世紀的状況

によるアメリカの世界戦略についての議会証言の重みを示すといえよう。

　続いて民主党側の筆頭議員のリード議員（ロードアイランド州選出）の開会演説である。同議員は、「アメリカの歴史を形成してきた人」から……現在のアメリカが直面する多くの複雑な問題に対する戦略について聴くことができる機会として、この公聴会があると述べて、以下のように続けた[27]。

　証言者の皆さんは、国力のすべての手段、すなわち、軍事力に限らず外交や経済力を使って、アメリカが直面する諸問題に取り組むべし、と強調されている。……現在の深刻かつ複雑な課題について……皆さんから、アメリカの安全保障戦略の原則と指針につながるような観点や展望を聴けることを期待している。

　そして、民主党のリード議員はオバマ民主党政権が、文字通り、直面している諸問題を列挙して、もはや「歴史的人物」といえる国務長官経験者たちのアドバイスを求めるのである。例えば、イランについては核兵器問題の交渉のために経済制裁の追加を保留するか否か、中東全体については軍事戦略を規定する政治目的の明確化という論点が、先週の議会公聴会で議論されたと述べて、以下のように続けた[28]。

　（1 月 27 日の公聴会で、中東地域における軍事作戦の経験が豊富な：引用者）マチス将軍が、軍事的な解決手段のみでは大きなコストがかかるので、政治目的の明確化（外交等による交渉を指すと思われる：引用者）の必要を強調している。また、（1 月 21 日の公聴会では：引用者）スコウクロフト将軍（空軍出身、フォードとブッシュ（父）共和党政権の国家安全保障問題担当大統領補佐官：引用者）とブレジンスキー博士（1970 年代のカーター民主党政権の国家安全保障問題担当大統領補佐官：引用者）は、中東地域の重要性は認めた上で、「アメリカが支配する」ことには反対して、慎

---

27) U. S. Senate Committee on Armed Services（2015b）pp. 106-107.

28) U. S. Senate Committee on Armed Services（2015b）p. 107.

重に前進することを助言した。

　それ以外にも、ロシアのクリミア侵攻（2014 年：引用者）やサイバー攻撃等の多くの問題に直面している。

　この公聴会では、一方で、ベトナム戦争の伝説的な英雄であるマケイン委員長（共和党）が、2011 年予算コントロール法の下でオバマ民主党政権が進める軍縮や、アフガニスタン介入の縮小に象徴される「世界の警察官」機能からの撤退に反対する強気の軍事スタンスを示すが、他方で、民主党のリード議員は、そのオバマ民主党政権の世界戦略や軍縮に向かう軍事再編のスタンスで、3 人の長老の助言に期待するという構図である。

　上述のように、第 2 次大戦後の 20 世紀後半の世界の歴史に登場した 3 人の代表的な国務長官を公聴会に招いて、21 世紀初頭における 9.11 テロ事件に始まる中東介入・紛争の泥沼化の中で、オバマ民主党政権による「世界の警察官」機能の縮小という消極的なスタンスが示されている 2015 年当時の世界状況の分析と今後の指針の助言を聴こうというのが、この議会公聴会の目的である。なお、ここでの分析や助言がすぐさまアメリカの軍事・外交戦略に反映するとは思えないが、当時のワシントンあるいはアメリカ社会における世界状況の理解を知るためには、きわめて興味深く有用な歴史資料である。

　最初の証言者はオルブライト氏（1990 年代のクリントン民主党政権の国務長官）である。その証言の要旨は以下の通りである[29]。第 1 に、1990 年代のクリントン民主党政権と当時の野党である共和党は、「アメリカが世界に果たすべき独特の役割」についての信念を共有したが、その世界観をもって本日の証言を行う。第 2 に、現在の「グローバル化」の中で世界は相互に関連付けられており、また、政治的な複雑性を増している。第 3 に、新しいテクノロジーによって世界中で人々は恩恵を得ているが、同時に、不満を増幅して犯罪やテロのネットワークを拡大する。

　しかし、第 4 に、オルブライト氏は、「アメリカが世界最大の経済力と軍事力を有するが故に、アメリカ国民は疲れているかもしれないが、この

---

29) U.S. Senate Committee on Armed Services（2015b）pp. 107-109.

新時代に潜む危険を回避する役割を担うべき」であり、「オバマ大統領が言うように、アメリカが世界を導くべきか否かではなく、いかに導くかが問われている」と述べる[30]。

そして、第5に、「同盟や友好関係はアメリカの力を強化するため、また、アメリカの行動を正当化するために必要」であり、「現在の脅威は流動的な性質を持つので、アメリカの国益を護るためには、冷静な外交から軍事力に至るまでの多様・多岐な政策手段から適正に選択して活用すべきである」と述べた。

すなわち、民主党側の証言者であるオルブライト氏は、世界のリーダーとしてアメリカは同盟国や友好国と協力して中東問題と対ロシア問題に立ち向かうべきであるが、できるだけ軍事的な手段は回避すべしというスタンスを示した。上述の民主党リード議員の開会演説における中東政策の方向性と整合しており、さらに、ヨーロッパとロシアとウクライナの問題についてもアメリカの直接的な軍事行動ではなく、NATO の同盟国と協力しながらの支援という方針の維持を訴えている。

次の証言者はシュルツ氏（1980 年代のレーガン共和党政権の国務長官）である。同氏は、強いスタンスでアメリカの軍事力を維持すべしとして、マケイン委員長が開会演説で明示した方向性を応援した[31]。最長老のシュルツ氏の発言は少し難解であるが、引用しよう[32]。

第2次大戦の初期に、私は海兵隊の新兵訓練所で……軍曹からライフル銃を渡されて、「引き金を引く気がないのなら誰にも向けるな」と言われた。（現在の世界情勢においても：引用者）同様の行動が他人の信頼を生む。……敵対者と向き合うことを恐れないで、自分の基本方針を貫くために自分の力（軍事力を指すが直接的な軍事行動とは限らないと思われる：引用者）を使いなさい。

30）U. S. Senate Committee on Armed Services（2015b）p. 108.
31）U. S. Senate Committee on Armed Services（2015b）pp. 112-116.
32）U. S. Senate Committee on Armed Services（2015b）p. 113.

すなわち、1980年代のレーガン共和党政権期の軍拡は、同政権による強い外交交渉の不可欠な前提条件を構築するものであったという意味であろう。そして、同氏は具体的に対イラン対策について以下のように述べている[33]。

　イランはテロリズムの主導的な支援国である。イランは直接的に行動し、またヒズボラを通してシリアのアサド政権を支えている。さらに、イランは弾道ミサイルを開発しており、核兵器の開発も試みている。国内では政治的な処刑を行っている（民主的な法治国家ではないという意味であろう：引用者）。……イランはうまく制裁をかわしている。……もっと強い制裁の可能性を示すべきである。

　以上のシュルツ証言は、本筋では、上述のオルブライト証言と共通する現状認識の部分が多いという印象、すなわち、アメリカの「力」を表現する軍事力を背景にして、外交的交渉や制裁という多様な手段を活用して、「世界のリーダー」の役割を担うことを原則とするのであるが、相違点としては、第1にオルブライト証言では同盟国及び友好国との協力、共同行動が強調されたが、シュルツ証言では否定はしないが積極的に論じられることはなかった。第2に、シュルツ証言では同盟国及び友好国との協力、共同行動を支えるためにアメリカの軍事力を維持すべきという方向性が明示されたが、オルブライト証言では論じられなかった。

　すなわち、民主党の側のオルブライト氏は、オバマ民主党政権による軍縮とNATO等による費用分担という軍事政策を支持した上で、外交等の非軍事的な手段を重視するスタンスを示したが、他方、共和党の側のシュルツ氏は、外交等の非軍事的な手段を効果的に活用するには「強いアメリカ」を表現できる程度の軍事力が必要というスタンスを示して、マケイン委員長を応援したという構図である。

　3番目の証言者はキッシンジャー氏（1970年代のニクソン及びフォード共和党政権の安全保障担当補佐官、国務長官）である。証言の要点は以下

33）U. S. Senate Committee on Armed Services（2015b）pp. 114-115.

の通りである。第1に、アメリカは第2次大戦後において最も多様で複雑な危機に直面しており、それは、客観的な力を軸とする戦略から心理的な戦いや非対称的な戦闘も含む戦略にシフトしたからであり、それ故に現在の国際秩序は再編されつつある。第2に、世界の各地域において旧秩序が流動化、不確実化しているという21世紀的な状況の中で、「アメリカの役割は極めて重要であり続けるのであり、地球規模の混乱の中でアメリカが関与しないと、その混乱が拡大して一層大規模な介入が必要になる」ので、「アメリカの軍事力は、有利な国際バランスの維持と、不安定要因であるライバルの抑制と、経済成長及び国際貿易の防衛のために重要な役割を果たし続けるべきである」と述べた[34]。

さらに、キッシンジャー氏は、「アメリカは、予算政策（2011年予算コントロール法による強制削減規定：引用者）に束縛される世界戦略を作成すべきではなく、世界戦略に規定される予算を作成すべきである」と述べた[35]。後述のようにオバマ民主党政権は、アフガニスタン撤退策を推進すると同時に、もはや「アメリカは世界の警察官ではない」と宣言して、軍縮基調を明示していたが、この公聴会の冒頭で共和党のマケイン委員長が軍事予算は軍事戦略に裏打ちされるべきであると反発しており、共和党の側の証言者であるキッシンジャー氏も、それを後押しするという構図である。

ただし、キッシンジャー氏の軍事戦略は、20世紀末に頂点に達したパクス・アメリカーナの基軸国としての最大限の役割から後退するという路線（それぞれの地域における同盟国や友好国の軍事的な防衛強化）とも整合している。逆からみれば、オバマ民主党政権による「世界の警察官」機能からの撤退と軍縮という政策選択に対して、アメリカは新たな世界秩序を維持する役割を担うべきという理由から、撤退と軍縮の下限を設定するものでもある。

以上みてきたように、2015年に上院軍事委員会で開催された公聴会における3人の「歴史的な賢人」は、第1に、既に世界構造とアメリカの位

34）U. S. Senate Committee on Armed Services（2015b）pp. 131-134.

35）U. S. Senate Committee on Armed Services（2015b）p. 133.

置取りが大きく変化しているので20世紀後半のパクス・アメリカーナにおける基軸国としての役割から、21世紀的な世界構造における役割を模索するという理解は共有している。第2に、同盟国との協力や外交手段を重視すべきであるが、その背後にアメリカの軍事力が強固に維持されることの重要性も強調している。第3に、オバマ民主党政権による軍事支出を抑制する仕組みについては、意見が異なるようである。しかし、具体的には、キッシンジャー氏のいう新たな軍事戦略、軍事力の再編と高度化という方向性は共有した上で、その戦略転換のスピードの違いであるようにも思われる。

1.3　21世紀の構造変化

Jobの増加と構成変化

　議会公聴会「ニューディールの教訓」の中で、オバマ民主党政権の大統領経済諮問委員会のローマー委員長と、民主党リベラル派のマークリー議員の議論から、医療保障改革をアメリカ経済の再建と成長という大きな政策システムの中に位置付ける政策論理を読み取ることができたが、本節では、貧困対策という切り口からの要請をもたらす経済社会の構造変化について検討しておこう。

　オバマ民主党政権が、発足当時に拾った2つの「火中の栗」（リーマン恐慌対策と対テロ戦争）を制御した上で最優先に取り組もうとしたのは、アメリカ国内の貧困を最も鋭くあらわしていた、当時の「無保障者（the Uninsured：医療保障を有しない人々）」問題である。当時、「無保障者」は病気がひどくなるまで我慢してから救急車を呼んで、ER（Emergency Room）に駆け込むことで「無料の医療サービス」（第3章でみるように民間保険への費用の転嫁がある）を受けることも多く、また、妊娠・出産の場合にも破水に至るまで我慢してからERに駆け込むこともあると言われていた。

　2009年1月に発足したオバマ民主党政権は、多様な貧困対策のメニュ

ーの中から、特に、無保障者に対する医療保障提供を主目的とするオバマ
医療保障改革を最優先課題として、政権発足前から準備を始めていたので
あり、本書第3章で詳しく検討する。そのための基礎知識として、本節で
はアメリカの低所得層の生活についての実感的な理解のために、2冊のベ
ストセラー、『ヒルビリー・エレジー』と『ノマド』を紹介するが、その
前に、構造的な貧困や無保障問題の累積をもたらす原因として、アメリカ
経済社会の労働編成について概観しておこう。

　表1-1で、2000年と2008年と2016年とを比較すると、本章第2節で
取り上げた議会公聴会「ニューディールの教訓」における大統領経済諮問
委員会のローマー委員長と民主党マークリー議員の問答の中でキー概念と
して登場した、「長期的な製造業の雇用の減少傾向」という歴史的かつ不
可逆的な構造変化を見出すことができる。

　第1に、20世紀末の1990-2000年の期間の変化をみると、非農業部門
の被用者合計が1990年の1億0953万人から2000年の1億3202万人へと
2250万人（千の位の数値を四捨五入：以下も同様）も増加する中で、民間部
門の財生産部門が2372万人から2465万人へと93万人の微増であるのに
対して、サービス部門は6739万人から8659万人へと1920万人の大幅な
増加であり、その増加寄与率を算出すると85%である。その財生産部門
の増加93万人は、政府部門の増加238万人（1842万人から2079万人へ）
よりも小さく、また、財生産部門の主軸である製造業は1770万人から
1726万人へと44万人の減少である。

　第2に、2000-08年の期間（ブッシュ（子）共和党政権期）の変化をみ
ると、非農業部門の被用者合計が2000年の1億3202万人から2008年の
1億3724万人へと522万人も増加する中で、民間部門の財生産部門が
2465万人から2134万人へと331万人の減少であり、それに対してサービ
ス部門は8659万人から9340万人へと681万人の増加であり、増加寄与率
を算出すると財生産部門がマイナス64%、サービス部門が131%、政府部
門（増加172万人）が37%である。さらに製造業をみると1726万人から
1341万人へと386万人の大幅な減少である。

　すなわち、ブッシュ（子）共和党政権期には、製造業を中心として財生

31

表 1-1 労働編成の変化

(千人)

	非農業部門	民間部門						
		民間合計	財生産部門					
			計	鉱業・木材	建設	製造業		
						小計	耐久財	消費財
1990	109,527	91,112	23,723	765	5,263	17,695	10,737	6,958
2000	132,024	111,235	24,649	599	6,787	17,263	10,877	6,386
2008	137,241	114,732	21,335	767	7,162	13,406	8,463	4,943
2009	131,313	108,758	18,558	694	6,016	11,847	7,284	4,564
2016	144,352	122,128	19,750	668	6,728	12,354	7,714	4,640

	民間部門								政府部門			
	サービス部門											
	計	商業・運輸・公益事業		情報	金融等	専門サービス等	教育・保健	飲食・宿泊等	その他	計	連邦政府	州政府	地方政府
		小計	小売業										
1990	67,389	22,634	13,186	2,688	6,614	10,881	11,024	9,288	4,261	18,415	3,196	4,305	10,914
2000	86,585	26,187	15,284	3,630	7,783	16,704	15,252	11,862	5,168	20,790	2,865	4,786	13,139
2008	93,398	26,236	15,289	2,984	8,206	17,792	19,228	13,436	5,515	22,509	2,762	5,177	14,571
2009	90,201	24,850	14,528	2,804	7,838	16,634	19,630	13,077	5,367	22,555	2,832	5,169	14,554
2016	102,379	27,195	15,832	2,794	8,287	20,114	22,639	15,660	5,691	22,224	2,795	5,110	14,319

出所：Council of Economic Advisers (2020) の TABLE B-29 より作成。

産部門が大きく減少したのに対して、その減少分を埋め合わせる以上の勢いでサービス部門が増加して、全体の雇用の増加をもたらしたといえよう。

第3に、2008-16年の期間（オバマ民主党政権期）の変化をみると、非農業部門の被用者合計が2008年の1億3724万人から2016年の1億4435万人へと711万人も増加する中で、民間部門の財生産部門が2134万人から1975万人へと159万人の減少であり、それに対して、サービス部門は9340万人から1億0238万人へと898万人の大幅な増加であり、増加寄与率を算出すると財生産部門がマイナス22％、サービス部門が126％、政府部門（減少29万人）がマイナス4％である。さらに製造業をみると1341万人から1235万人へと106万人の減少である。オバマ民主党政権期にも財生産部門の減少分を上回ってサービス部門が増加して、全体の雇用の増加をもたらしたといえよう。

以上みたように、1990年代からのグローバル化が進展する中で、中国等からの財の輸入が増大したのに伴って、アメリカ国内の製造業の衰退とサービス業の拡大という構造変化を内蔵しながら、全体の雇用規模はかなりの速度で増大するという長期的傾向が進んだのである。これだけであれば、アメリカ経済におけるサービス化に重心を置く形で高度化が進行し、全体の雇用規模も増大するという「明るい未来」を期待できるかもしれないが、実際は、サービス化の中で低技能・低所得の職種が増加して、その職種では賃金水準が低いだけではなく、付加的な給付である雇用主提供医療保険がない場合も多く、その結果、「無保障者」が累積して大きな社会問題となり、オバマ民主党政権にとっての最重要な政策課題となるのである。

次に、低技能・低所得の階層に立ち入ってみるために、表1-2を検討しよう。

第1に、2015年5月時点の推計では、就業者の合計は1億3790万人であり、平均年収は48.3千ドルである[36]。

第2に、その全体の平均年収の48.3千ドルをかなり下回る職種を、就

36）ちなみに、推計方法が異なるために、この就業者数と表1-1の被用者数は一致していない。

表 1-2 職種別賃金水準（2015 年 5 月推計）

	就業者（人）	平均年収（ドル）
全職種	137,896,660	48,320
経営・管理	6,936,990	115,020
ビジネス・金融業務	7,032,560	73,800
コンピューター業務	4,005,250	86,170
技術業務	2,475,390	82,980
科学研究	1,146,110	71,220
コミュニティ・社会サービス	1,972,140	46,160
法務	1,062,370	103,460
教育・職業訓練・図書館	8,542,670	53,000
芸術・娯楽・スポーツ・メディア	1,843,600	56,980
医療	8,021,800	77,800
診断・治療の医師	4,960,900	97,030
医療技師	2,909,230	45,850
その他	151,680	61,820
医療補助	3,989,910	29,520
警察・消防等	3,351,620	44,610
飲食等	12,981,720	23,850
建物管理等	4,407,050	27,080
介護サービス等	4,307,500	25,650
販売業務	14,462,120	39,320
庶務サービス	21,846,420	36,330
農林漁業	454,230	26,360
建設・鉱業	5,477,820	47,580
設備・修理	5,374,150	45,990
製造現場	9,073,290	36,220
輸送	9,536,610	35,160

出所：Bureau of Labor Statistics（2016）より作成。

業者数の多い順に並べると、第 1 位が庶務サービス（21.8 百万人、平均年収 36.3 千ドル）、第 2 位が販売業務（14.5 百万人、39.3 千ドル）、第 3 位が飲食等（13.0 百万人、23.9 千ドル）、第 4 位が輸送（9.5 百万人、35.2 千ドル）、第 5 位が製造現場（9.1 百万人、36.2 千ドル）であり、それ以外で低い年収水準が目立っているのは、建物管理等（4.4 百万人、27.1 千ドル）や介護サービス等（4.3 百万人、25.7 千ドル）や医療補助（3.9 百万人、29.5 千ドル）もある。

　第 3 に、表 1-2 の元資料でそれらの低所得の職種の内容に立ち入ると、第 1 位の庶務サービス（Office and administrative support occupations）

では、一般事務、倉庫管理、秘書、顧客対応、経理事務等がある。第2位の販売業務（Sales and related occupations）では、小売販売やレジ係、営業職（製造業や卸売業）等があり、第3位の飲食等（Food preparation and serving related occupations）ではファーストフード店員やウェーター及びウェイトレスや調理人等があり、第4位の輸送（Transportation and material moving occupations）ではトラック運転手や運搬係（工場・倉庫内）があり、第5位の製造現場（Production occupations）では組立工や溶接工、洗濯作業、裁縫（ミシン操作）、機械調整、製品検査等があり、また、建物管理（Building and grounds cleaning and maintenance occupations）ではビル清掃やビル管理人、造園等があり、介護サービス等（Personal care and service）では散髪・美容院、遊興場、子守や家事・介護があり、医療補助（Healthcare support occupations）では看護助手や歯科助手がある。

　他方、第4に、高い年収で目立つのは経営・管理（6.9百万人、115.0千ドル）や法務（1.1百万人、103.5千ドル）、診断・治療の医師（5.0百万人、97.0千ドル）、コンピューター業務（4.0百万人、86.2千ドル）、技術業務（電機・産業機器・医療機器、建設・土木設計、2.5百万人、83.0千ドル）、ビジネス・金融業務（7.0百万人、73.8千ドル）である。

　第5に、上記の低年収職種と高年収職種の就業者を合計すると、低年収職種が80.6百万人、高年収職種が26.5百万人である。全体の就業者137.9百万人から両者を差し引くと30.8百万人となるのでその部分を中年収職種として、全体に占める比重を算出すると、低年収職種が58.4%、中年収職種が22.3%、高年収職種が19.2%になる[37]。

　以上の検討から、1990年代からの長期的な労働編成の変化の中で低技能・低所得のサービス業が比重を増しながら、アメリカ全体の雇用（Job）が増加したといえる。さらに本書の問題意識からいえば、オバマ・ケア（医療保障改革）は、主として、その階層における「人間的な暮らしと安心」を確保・維持することを目的とするのである。それは、本章第1節で

---

[37] 低所得層における雇用主提供医療保険の「空洞化」については次の文献を参照されたい。長谷川千春（2010）の第4章と第5章。

みたオバマの原点にある、「働きたいと思ったら、せめて家族を養えるような仕事が見つかること」や、「病気になったからといって破産せずにすむこと」を社会全体に広く実現・維持するものである。

低所得層と底辺層の実像——『ヒルビリー・エレジー』と『ノマド』

J. D. ヴァンス『ヒルビリー・エレジー』

　前項では、労働編成の検討からアメリカ経済社会の構造変化、すなわち、製造業の Job の長期的な減少によって構造的にサービス業に低技能・低所得の階層が累積する長期的な傾向をみたが、ここでは、そのアメリカの低所得層及び底辺層の実情を知るために、ベストセラーになった 2 冊の書物を紹介したい。

　最初に取り上げるのは『ヒルビリー・エレジー』という書物[38]であり、同書の原著は 2016 年（オバマ民主党政権の最終年、トランプが当選した大統領選挙の年）に出版されたものであり、当時の「アメリカの貧困」の典型的な事例を紹介している。

　著者のヴァンス氏の祖父母の出身地である、ケンタッキー州のジャクソンでは、21 世紀になっても「医師の処方がなければ購入できない薬を違法に手に入れ、薬物依存に陥る人があとを」絶たず、「公立学校はあまりに荒れ果て、最近になってケンタッキー州が直接、学校の管理運営に乗り出した」という状態である[39]。

　2009 年に ABC ニュースがアパラチア地域（ケンタッキー州を含む、アパラチア山脈周辺の地域：引用者）の「マウンテンデュー・マウス」という現象について放送したが、それは「小さな子どもたちに見られる、痛ましい歯の問題」であり、「炭酸飲料（マウンテンデューなど）の過剰摂取が原因」と考えられている[40]。

　ところで、著者の祖父母は第 2 次大戦後の 1950 年代に貧困地域のケン

---

38) ヴァンス（2016）。以下引用文は、左記文献の翻訳文庫版（2022）からで、頁数は文庫版のものとなる。

39) ヴァンス（2016）43 頁。

40) ヴァンス（2016）44 頁。

タッキー州からオハイオ州の工業地帯に移動した。「私の母は、中西部の工業地帯で育った」ので、「祖父母にとっての目標は、……子どもたちに少しでも有利な教育を」受けさせることであった[41]。

「私の心の故郷は、昔も今もケンタッキー州ジャクソン」であるが、ほとんどの時間を過ごしたのは、オハイオ州ミドルタウンであり、「製造業を中心とするラストベルトの経済発展を、まさに象徴する町」であり、第2次大戦前から操業するアームコ社が最大の雇用主であった[42]。

しかし、1989年にアームコ社は川崎製鉄（現 JFE スチール）と合併して AK スチール社になる（おそらく川崎製鉄の傘下に入って社名変更したと思われる：引用者）。「カワサキとの合併は、不都合な真実を象徴する出来事」であり、「アメリカの製造業は厳しい状況下」に陥りはじめたという真実である[43]。ただし、もっと正確にいえば、後述のように、グローバル化の下でアメリカの製造業の地盤沈下が進むが、代わって知識集約的な IT 産業等の急成長があるので、アメリカ国内の産業構造と労働編成の変化と理解すべきであろう。

そして、（21世紀のオバマ民主党政権期の頃には：引用者）「世界のアームコ（既にカワサキ傘下の AK スチール社：引用者）が衰退することで職を失い、いまの世の中で必要とされるスキルを持っていないことから、パートタイムの仕事しか見つからない人もたくさんいる」という状態になった[44]。本書第3章の医療保障改革との関連でいえば、アームコ社からサービス業等のパートタイム職に転じた人々は、アメリカ型福祉国家の主軸の一つである雇用主提供医療保険という医療保障の仕組みから離脱することになった。

視野を当時の全米に広げると、「南部や中西部の工業都市は、それぞれ地理的には隔たっていて、地域経済の構造も異なるものの、結局のところいずれの都市も、外見や行動もうちの家族とあまり変わらない人たちの住

---

41) ヴァンス（2016）73頁。
42) ヴァンス（2016）91-92頁。
43) ヴァンス（2016）102頁。
44) ヴァンス（2016）108頁。

む土地」であり、祖父母をケンタッキー州東部からオハイオ州西部へと連れて行った「ヒルビリー・ハイウェイにある都市」である[45]。すなわち、第2次大戦後のアメリカ経済全体の工業化と都市化という歴史的な構造変化による「豊かな社会」が、グローバル化と脱工業化という次の段階に進む歴史的な転換の中で大量の「取り残される人々」を描写しており、「ヒルビリー・ハイウェイ」は20世紀の構造変化を象徴する道路であり、言葉である。

さて場面は変わって、著者の所属していた海兵隊の部隊が、2005年1月にイラクに派遣されることになった。現地では民事部隊として地域住民との連携を図る任務に携わったが、そこでみたのは、「戦争に引き裂かれた国に暮らす子どもたちや、水が出ない学校や、あんなにささいなプレゼントに大喜びする男の子」であった[46]。すなわち、9.11テロ事件に始まる、アメリカの「対テロ戦争」で破壊されたイラクの地域社会をみることで、著者はアメリカの「豊かな社会」を実感し、世界中の「本当に危険で貧乏な国」から、アメリカに流入する移民・難民の事情を知ったのであろう。

著者は海兵隊における経験で大きく成長した後、「復員兵援護法によって学費のかなりの部分をカバーできるし、オハイオ州民なら（オハイオ州立：引用者）大学の学費も比較的安く済む」のでオハイオ州立大学に入学し、さらにイェール大学法科大学院に進み、弁護士になり、この書物を執筆できるようになったのである。

さて、著者のヴァンスは、「はじめに」の中で、自分が「貧しい子供時代」を送った、「ラストベルト（さびついた工業地帯）」のオハイオ州の鉄鋼業の街について、「貧困層の社会的地位が上昇する勢いは1970年代に衰え、それ以降は本当の意味で回復して」おらず、それは、「アメリカ社会全体に共通してみられる」と述べている。そして、「仕事がなければストレス」がたまり、「生活費もままならない状況であればなおさら」であり、「アメリカの中西部工業地帯の製造業が衰退するにつれて、白人労働者階層は、経済的安定も、揺るぎない家庭も、家族生活も失ってしまった」と

45）ヴァンス（2016）143頁。
46）ヴァンス（2016）292-293頁。

いうのである[47]。ちなみに、『ヒルビリー・エレジー』の副題は、「アメリカの繁栄から取り残された白人たち」である。

J. ブルーダー『ノマド』

　次に、『ノマド』[48]という書物を紹介したい。

　著者のブルーダーは、「2000 年代に入って……まさか自分が放浪生活をすることになるとは思いもしなかった人々が、続々と路上に出て」おり、「家やアパートに住むことを諦めて、「車上生活」に移り住んだ、現代のノマド（放浪の民）」であると、取材対象を紹介している[49]。

　その原因である「厳しい現実」として、「賃金の上昇率と住宅費の上昇率があまりに乖離した結果、中流クラスの生活をしたいという夢をかなえるなんて逆立ちしても無理になってしまった人が、続々と増えている」ことを挙げている[50]。

　その「現代のノマド」の一人であるリンダ（仮名）のかつての居住地であったネバダ州のエンパイアという町は、人口 300 人の工場町で石膏ボード「シートロック」を製造する US ジプサム社の企業城下町であった。2010 年 12 月 2 日に被用者全員の解雇が言い渡された。その原因は、「エンパイアにおける（石膏ボードの：引用者）生産量に見合う需要が、もはやなくなった」ことであり、「建設業界では、住宅市場の崩壊による不景気が、あまりにも長く続いた」ことであった[51]。

　そして、その城下町の解体と表裏の現象として、対照的な事実を指摘する。エンパイアから南に 100 キロ離れた場所で「まったく異種の新たな企業城下町が栄えだした」が、その被用者は低賃金の臨時雇いで働く「プレカリアート」と呼ばれる不安定層であり、具体的には、「移動労働者で、キャンピングカーやトレーラー、ヴァンに住んでいる」というのである。その雇用主はアマゾン・ドット・コムであり、「勤務はシフト制で、最低

47）ヴァンス（2016）5-16 頁。

48）ブルーダー（2017）。

49）ブルーダー（2017）10-11 頁。

50）ブルーダー（2017）22 頁。

51）ブルーダー（2017）68 頁。

でも 10 時間は通して働く。その間ずっと、コンクリートの固い床の上を歩き回り、屈んだりしゃがんだり背伸びしたり階段を上ったりしながら、商品のバーコードをスキャンし、商品を仕分けし、箱詰めする」という重労働である[52]。

この事例は、21 世紀のアメリカ経済社会における歴史的な構造変化を象徴的に表しており、また、資本主義的企業と労働者の関係を典型的に示しているといえよう。企業城下町で中長期的に安定した雇用関係が構築されていたが、グローバル化の下で強烈に進行する構造変化が圧力となって、企業も労働編成も流動化し、世界規模に発展しようとする新興の業種と企業が、その流動化した労働資源の中から、最適な部分（上記の車上生活の移動労働者）を自らの流通センターで最適な形に編成するのである。

さて、『ノマド』に戻って、著者はそれまでの「ノマド」に関する報道は、「ワーキャンパーという生き方を、楽しく明るいライフスタイルか、変わった趣味ででもあるかのように」報じており、「アメリカ人がやっとのことで生活賃金（最低限の生活水準を維持しうる賃金のレベル）を稼ぎ、伝統的な住宅から閉め出されつつある、そんな時代を生き延びるためのぎりぎりの戦略だと報じる記事は、ほとんど見あたらなかった」と批判している[53]。

たしかに、本章第 3 節で取り上げた議会公聴会「ニューディールの教訓」でみたように、リーマン恐慌等を契機とする「大不況（Great Recession）」は、1930 年代の「大恐慌（Great Depression）」の再来と危惧されるほどの経済危機をもたらしたので、その中で、底辺層に落ち込んだ人々が 21 世紀の「ノマド」となり、移動労働者として暮らす姿は、小説『怒りの葡萄』（スタインベック）で描かれる「農場を差し押さえられてカルフォルニア州に移動する農民の群れ」を連想させるものである。

最後に、著者であるブルーダーによる結論の部分を引用しておこう[54]。

52）ブルーダー（2017）71-72 頁。

53）ブルーダー（2017）231 頁。

54）ブルーダー（2017）339-340 頁。

伝統的な意味での中流の生活ができずに苦しんでいるアメリカ人の数は、いまや数百万人にのぼるのだ。国内のいたるところで、多くの家族が、未払いの請求書の散らばったテーブルを前に座っている。テーブルの明かりは夜遅くまで灯ったままだ。何度も何度も同じ計算をくり返すうちに家族は疲れ果て、ときに涙を流す。給料から出ていくのは、食費。医療費。クレジットカードの請求分。水道・光熱費。学生ローンと車のローンの分割払い。そして、一番大きな出費は家賃だ。……「生き延びるために諦めるとしたら、生活のどの部分だろう？」（なお、この『ノマド』の結論部分で登場した「テーブル」は、第3章でオバマ・ケアを検討する際にも再登場する。：引用者）

　こんなジレンマに陥っても、大半の人は車上生活をする羽目にはならない。車上生活者は生物学でいう「指標種」のようなものなのだ。指標種とは、他の生物よりも環境の変化に敏感で、生態系全体の大きな変化をさきがけて予言する、そんな生物のことだ。……

　このような惨めな状況は、重大な問題を浮き彫りにする。人は、そして社会は、いつまでこうした不可能な選択に耐えられるのだろう？

『ノマド』は、オバマ民主党政権が向き合うアメリカ国内の社会状況の底辺層に関するジャーナリストの考察である。21世紀のアメリカにとって、生物学でいう「指標種」の観察である。この見方を、上述の『ヒルビリー・エレジー』に援用すれば、1970年代から衰える「ラストベルトの鉄鋼業」はアメリカの製造業の「指標種」であり、製造業の衰退に伴う「貧困層の社会的地位の上昇の勢い」の喪失はその後も拡大・深化し続けたのであり、本書の第3章第1節で詳しくみるように、その象徴的な「症状」が医療の無保障者問題である。

　本節では、アメリカにおける広範かつ拡大し続ける低所得層と底辺層について、グローバル化と産業・労働編成の歴史的な構造変化という大きな視野で検討し、それを前提として、2冊の名著（『ヒルズビー・エレジー』と『ノマド』）を使って、その実情をみた。本書の問題意識に立ち戻ると、

第3章で詳細に考察するオバマ民主党政権の医療保障改革は、その「広範かつ拡大し続ける低所得層と底辺層」に医療保障を提供する仕組みを構築するものである。ただし、第3章の検討の結果を少しだけ先取りすると、同政権は全米一律の制度設計と運営を目指し、連邦議会のコンセンサスの下で受容される形で立法化するが、その後の違憲訴訟で連邦最高裁がそれぞれの州による主体的な制度設計と運営を尊重する判決を下したので、メディケイド（医療扶助）を拡大する州では「低所得層の成人」までカバーするが、拡大しないことを選択する州では「底辺層の成人」だけをカバーして「低所得層の成人」は無保障者の状態にとどまるという「まだら模様」の改革の実施となった。

　21世紀的な状況から要請される改革や制度再編を実現するには、アメリカの伝統的な分権性・多様性と整合、調和させる作業が必要と思われる。周知のように、オバマ民主党政権後期からの共和党保守派、そしてトランプ共和党政権によるオバマ・ケア（医療保障改革）の縮小にむけた試みがあり、その中で整合的な調和点が模索された。そのようなプロセスを経て、オバマ・ケアがアメリカ経済社会に定着することが予想される。それは、1930年代のニューディール政策の中で構築された社会保障年金や預金保険や金融規制の仕組みが、その後の民主主義的なプロセスにおけるリベラル派と保守派による葛藤を経て、アメリカ経済社会に定着し、そして、21世紀初頭のリーマン恐慌を契機とする経済危機の中で、それらが有効に機能する事例に似ているのかもしれない。

　さて、本章では、オバマ民主党政権の政策理念や、連邦議会において共有される現状認識（それはアメリカの首都ワシントンにおける世界認識を反映していると思われる）や、同政権が向き合うべき国内の経済社会の状況について考察した。次節では、同政権による8年間の政策展開について、オバマ自身が2017年1月（トランプ共和党政権への移行の最終時期）に示した総括的な自己評価をみておきたい。

1.4 「市場の失敗」の克服と未来志向──オバマの自己総括

ここで取り上げる『2017 年オバマ大統領経済報告』[55]は政権交代の直前の 2016 年 12 月に書かれたものであり、それが、2017 年 1 月に刊行された『大統領経済諮問委員会年次報告』[56]の冒頭に掲げられている[57]。この文章は、オバマ民主党政権期の 8 年間の総括であるとともに、次のトランプ共和党政権への引継ぎ書という意味合いも持つと考えられる。

まず、オバマ大統領は、本音として、リーマン恐慌という困難からスタートした 8 年間を大過なく、むしろさまざま成果を生み出したと自己肯定的に述べており、その延長線上で次のトランプ共和党政権も進むことをアドバイスしている。もちろん、同政権がオバマ民主党政権とはかなり異なる政策システムを用意していることは十分に承知しながら、民主党リベラル派の政策システムを提示するのは、共和党保守派の企業減税と「小さな政府」の政策システムに対抗する指針を残すためであり、実際に 2017 年からの共和党主導の議会運営の中で民主党側はこのオバマの『2017 年オバマ大統領経済報告』の論理をしばしば活用している[58]。

オバマ大統領は、「8 年前にオバマ民主党政権が発足した時は、(1930 年

---

55) Obama (2017).

56) Council of Economic Advisers (2017).

57) 通常、『大統領経済報告書 (Economic Report of the President)』と呼ばれる報告書の本体は、大統領経済諮問委員会 (Council of Economic Advisers) の年次報告 (Annual Report of the Council of Economic Advisers) である。その前文として、あるいは主文として、大統領自身による数頁の「大統領経済報告」がある。

58) 2017 年以降の議会公聴会における共和党保守派と民主党リベラル派の議論については、渋谷博史 (2023) の第 1 章、第 4 章を参照されたい。2016 年選挙では、企業減税と「小さな政府」政策を掲げるトランプ共和党政権が当選し、オバマ民主党政権の最後の『大統領経済報告』が発表された 2017 年 1 月に政権交代になる。リーマン恐慌から回復したアメリカ経済社会 (本文でみるようにオバマ大統領が「長期的に強固な経済の基盤」と表現した段階) における一層の経済発展のために、Job を創出する企業投資に焦点を置く減税を軸に据える政策システムへの政策転換をトランプ共和党政権は求めた。渋谷博史 (2023) の第 1 章でみたように、すでにオバマ民主党政権期末期の 2015-16 年の連邦議会でその政策転換に向けての議論が始まっていた。

代の大恐慌以来の厳しい：引用者）経済危機の最中であり、失業率は10%
に向かいつつあり、……住宅価格や株価が下落し、自動車産業は崩壊の危
機にあり、多くの家族が日常の支払いに苦悩し、何百万人の人々が住宅を
失う」という状況であったが、同政権は迅速に対策を実施したと述べて、
以下のように続けた[59]。

（具体的には：引用者）第1に金融システムを救済し、第2に労働者への
減税を実施し、第3に公共インフラやクリーン・エネルギーや教育分野
に投資し、第4に家族の住宅ローン借換えを支援し、第5に自動車産業
の救済策を実施した。……これらの緊急対策によって長期的な経済発展
の基盤が形成され、……現在ではアメリカ経済は回復し、雇用は記録的
に改善され、……失業率も低下した。……財政赤字も減少し、世帯所得
のメジアン値も増加し、……貧困率も記録的に低下した。

そうして、歴史的な規模の経済危機を回避した後の重要分野として医療
や教育、税制、金融規制、気候変動を列挙し、特に、オバマ・ケア（医療
保障改革）について以下のように述べた[60]。

第1に、（医療保障改革によって：引用者）20百万人以上の成人と3百
万人以上の未成人に医療保障を提供した。無保障率はこれまでで最少と
なり（逆からみると無保障者問題を完全には解決できていない：引用者）、
保険会社による既往症による加入者の差別を禁止した（改革前は既往症
のある人は差別的に高い保険料を請求された：引用者）。同時に医療コスト
の増大を劇的に抑制し、雇用主提供医療保険にたいする平均的な家族の
拠出保険料を（医療保障改革が実現しなかったと仮定した場合の想定上昇額
よりも：引用者）3600ドルも低下させた。

たしかにオバマ医療保障改革によって、改革前に無保障であった人々に

---

59) Obama（2017）pp. 3-4.
60) Obama（2017）p. 4.

医療保障が広く提供されたという成果はあるが、改革がなければ 3600 ドルも保険料が高くなるはずであったのが抑制できたという論理については賛否が分かれることになり、本書第 3 章でみるように、共和党保守派はここに焦点を当てて批判論を展開する。

そして、最後にオバマ大統領はアメリカ経済を強化するために、技術開発と自由貿易と移民の流入が重要であり、さらに、そのアメリカ経済の繁栄は労働者への所得配分を増加させるものでなければならず、そのために、教育や職業訓練への投資をすべきであると述べた[61]。この「大統領経済報告」が執筆された 2016 年 12 月には、既に、次のトランプ共和党政権による「アメリカ第一主義」をスローガンとする企業減税や反自由貿易や反環境政策の政策システムの構想が議論されており、それに対抗するためにオバマ民主党政権は民主党リベラル派の政策システムを明示したのである。

1.5 アメリカ連邦財政の長期的傾向への位置づけ

次章以降でオバマ財政やオバマ・ケア、そして軍縮を詳細に分析するための問題意識と分析視角を明確化するために、連邦財政を、20 世紀半ばの第 2 次大戦以降の長期的な推移の中に位置付けて検討しておきたい[62]。

表 1-3 で、20 世紀後半の 1950-90 年度における連邦財政支出の基本的な動向を対 GDP 比率でみると、第 1 に合計の対 GDP 比率は 1950 年度の 15.3% から 1990 年度の 21.2% へと増加しており、それは、最大規模の経済大国アメリカで経済力が増加する長期的なトレンドの中で、その増加速度を上回って連邦政府が拡大したことを示している。

第 2 にパクス・アメリカーナの基軸国としての軍事支出対 GDP 比率の動向についてみると、1950 年度の 4.9% から 1960 年度に 9.0% に増加した後、長期的な減少基調が続いて 2000 年度には 2.9% になっている。1950年代の増加は第 2 次大戦後のパクス・アメリカーナ体制の構築によるものであり、本章第 1 節で引用したオバマ回顧録では、「第 2 次大戦後、アメ

---

61) Obama（2017）pp. 5-6.

62) 20 世紀後半のアメリカ財政の詳細な説明は渋谷博史（2005）を参照されたい。

1.5 アメリカ連邦財政の長期的傾向への位置づけ　　45

表 1-3　連邦財政の長期傾向

名目額（億ドル）	1950	1960	1970	1980	1990	2000	2007	2008	2009	2012	2016	2019	2020	2023
合計	426	922	1,956	5,909	12,530	17,890	27,287	29,825	35,177	35,266	38,526	44,470	65,536	61,347
軍事支出	137	481	817	1,340	2,993	2,944	5,513	6,161	6,610	6,779	5,934	6,857	7,246	8,203
非軍事支出	288	441	1,140	4,569	9,537	14,946	21,774	23,665	28,567	28,487	32,592	37,612	58,290	53,144
個人への支払	135	243	654	2,804	5,924	10,674	17,012	18,413	21,120	23,156	27,767	31,147	42,167	43,376
直接支払い	122	216	563	2,473	5,135	8,766	14,077	15,313	17,459	19,478	22,768	25,615	36,042	35,158
州・地方補助金	13	26	91	331	789	1,907	2,935	3,100	3,661	3,678	4,999	5,532	6,125	8,218
その他補助金	9	44	150	582	562	951	1,503	1,513	1,719	1,768	1,609	1,680	2,166	2,615
純利子	48	69	144	525	1,843	2,229	2,371	2,528	1,869	2,204	2,400	3,752	3,455	6,583
その他	114	133	279	857	1,574	1,517	1,710	2,013	4,785	2,395	1,769	2,016	11,566	1,889
相殺的収入	-18	-48	-86	-199	-366	-426	-822	-862	-926	-1,035	-953	-982	-1,064	-1,319

実質額 （2017年度ドル、億ドル）	1950	1960	1970	1980	1990	2000	2007	2008	2009	2012	2016	2019	2020	2023
合計	4,815	7,334	11,611	16,947	22,650	25,250	31,703	33,493	39,649	37,314	39,165	42,796	62,190	50,881
軍事支出	1,875	4,160	5,217	4,026	5,678	4,522	6,355	6,836	7,349	7,091	6,027	6,550	6,846	6,804
非軍事支出	2,943	3,174	6,395	12,919	16,972	20,726	25,348	26,659	32,297	30,225	33,139	36,246	55,346	44,077
個人への支払	1,087	1,564	3,365	7,352	9,990	14,493	19,722	20,625	23,718	24,497	28,232	30,064	40,246	36,121
直接支払い	981	1,395	2,898	6,485	8,656	11,895	16,318	17,152	19,606	20,605	23,150	24,725	34,401	29,281
州・地方補助金	106	169	467	868	1,333	2,598	3,405	3,474	4,112	3,891	5,083	5,338	5,845	6,840
その他補助金	145	418	1,163	2,185	1,214	1,550	1,857	1,781	1,995	1,912	1,639	1,586	2,004	2,076
純利子	400	449	727	1,359	3,123	3,070	2,750	2,872	2,102	2,366	2,441	3,603	3,276	5,393
その他	1,581	1,267	1,751	2,712	3,548	2,323	2,042	2,419	5,578	2,586	1,803	1,911	10,810	1,583
相殺的収入	-272	-525	-612	-689	-903	-710	-1,022	-1,038	-1,095	-1,135	-976	-917	-992	-1,093

対GDP比率（%）	1950	1960	1970	1980	1990	2000	2007	2008	2009	2012	2016	2019	2020	2023
合計	15.3	17.3	18.7	21.2	21.2	17.7	19.1	20.2	24.3	21.9	20.7	20.9	30.8	22.7
軍事支出	4.9	9.0	7.8	4.8	5.1	2.9	3.9	4.2	4.6	4.2	3.2	3.2	3.4	3.0
非軍事支出	10.3	8.2	10.9	16.4	16.2	14.8	15.2	16.0	19.7	17.7	17.5	17.7	27.4	19.7
個人への支払	4.8	4.5	6.2	10.0	10.0	10.6	11.9	12.4	14.6	14.4	14.9	14.6	19.8	16.1
直接支払い	4.4	4.0	5.4	8.9	8.7	8.7	9.8	10.3	12.1	12.1	12.2	12.0	16.9	13.0
州・地方補助金	0.5	0.5	0.9	1.2	1.3	1.9	2.1	2.1	2.5	2.3	2.7	2.6	2.9	3.0
その他補助金	0.3	0.8	1.4	2.1	1.0	0.9	1.1	1.0	1.2	1.1	0.9	0.8	1.0	1.0
純利子	1.7	1.3	1.4	1.9	3.1	2.2	1.7	1.7	1.3	1.4	1.3	1.8	1.6	2.4
その他	4.1	2.5	2.7	3.1	2.7	1.5	1.2	1.4	3.3	1.5	0.9	0.9	5.4	0.7
相殺的収入	-0.7	-0.9	-0.8	-0.7	-0.6	-0.4	-0.6	-0.6	-0.6	-0.6	-0.5	-0.5	-0.5	-0.5

構成比（%）	1950	1960	1970	1980	1990	2000	2007	2008	2009	2012	2016	2019	2020	2023
合計	100.0	100.0	100.0	100.0	100.0	100.0	100.0	100.0	100.0	100.0	100.0	100.0	100.0	100.0
軍事支出	32.2	52.2	41.8	22.7	23.9	16.5	20.2	20.7	18.8	19.2	15.4	15.4	11.1	13.4
非軍事支出	67.8	47.8	58.2	77.3	76.1	83.5	79.8	79.3	81.2	80.8	84.6	84.6	88.9	86.6
個人への支払	31.7	26.3	33.4	47.5	47.3	59.7	62.3	61.7	60.0	65.7	72.1	70.0	64.3	70.7
直接支払い	28.6	23.5	28.8	41.9	41.0	49.0	51.6	51.3	49.6	55.2	59.1	57.6	55.0	57.3
州・地方補助金	3.1	2.8	4.6	5.6	6.3	10.7	10.8	10.4	10.4	10.4	13.0	12.4	9.3	13.4
その他補助金	2.2	4.8	7.6	9.9	4.5	5.3	5.5	5.1	4.9	5.0	4.2	3.8	3.3	4.3
純利子	11.3	7.5	7.4	8.9	14.7	12.5	8.7	8.5	5.3	6.2	6.2	8.4	5.3	10.7
その他	26.8	14.4	14.3	14.5	12.6	8.5	6.3	7.0	13.6	6.8	4.6	4.5	17.6	3.1
相殺的収入	-4.3	-5.2	-4.4	-3.4	-2.9	-2.4	-3.0	-2.9	-2.6	-2.9	-2.5	-2.2	-1.6	-2.2

出所：Office of Management and Budget（2024）の Table 6.1 より作成。

リカが先導して数々の構想と条約と新組織が連動するシステムを確立し、国際秩序を効果的につくりかえ、安定した進路を切り開いてきた」（西欧再建のマーシャル・プラン、NATO 等の軍事同盟、ブレトンウッズ体制、GATT など、国連と関連する多国間機関：引用者）と述べており、特に主軸となるのが「NATO 等の軍事同盟」を支えるアメリカの軍事力であった。

他方、1970 年代に 7.8% から 4.8% へ急減するのは、ベトナム戦争の泥沼化から敗戦に至るプロセスをあらわしている。本章第 2 節で取り上げた 2015 年の上院軍事委員会の公聴会「パクス・アメリカーナの教訓」の中で、共和党のマケイン委員長が開会演説の中で紹介した、「当時のキッシンジャー国務長官がベトナム戦争の終結の協定を結ぶためにハノイを訪問した時に、ベトナム国の側がマケイン氏（海軍のパイロットであったが撃墜されて捕虜になっていた：引用者）を連れて帰るかと打診したが、（マケイン氏の名誉を護るために：引用者）同長官は「マケイン隊員は仲間と同じ待遇で帰還するであろう」と言って、断ってくれた」というエピソードが印象的である。それは、第 4 章でみるように、オバマ大統領が「世界の警察官」の役割から撤退すると宣言するに至る長期的なプロセスの起点である。

なお、1980 年代に軍事支出の対 GDP 比率が微増しているが、それは、同じ 2015 年の議会公聴会におけるシュルツ氏（レーガン共和党政権の国務長官）の、「敵対者と向き合うことを恐れないで、自分の基本方針を貫くために自分の「力」（軍事力を指す：引用者）を使いなさい」という発言が示すように、レーガン共和党政権の強い外交交渉の不可欠な前提条件としての軍拡であった。

第 3 に、20 世紀末の 1990 年代の動向をみると、財政支出合計の対 GDP 比率が 1990 年度の 21.2% から 2000 年度の 17.7% へと 3.5 ポイントの減少である。その主要因は、冷戦終結による「平和の配当」（軍事支出の 5.1% から 2.9% への 2.2 ポイントの減少）や、非軍事支出の増加（実質額で 1 兆 6972 億ドルから 2 兆 0726 億ドルへ）を上回る勢いの経済成長と税収増加による財政均衡と国債残高規模の相対的縮小（純利子の対 GDP 比率の減少 0.9 ポイント）等である。

ちなみに、本章第 1 節で引用したオバマ回顧録では 1991 年のソ連崩壊

によるパクス・アメリカーナの新段階について、以下のように述べている。
「その後の目の回るような 10 年足らずのあいだに、……旧東欧諸国が
NATO と EU に次々加盟し、中国の資本主義が軌道に乗り、アジア、ア
フリカ、ラテンアメリカの多くの国が独裁政治から民主主義へと移行し、
南アフリカのアパルトヘイトは終わりを迎える。……21 世紀の夜明けには、
アメリカは自分たちが築いてきた国際秩序と、自分たちが推進してきた原
則、すなわち、"パクス・アメリカーナ" が、何十億もの人々が以前より
も自由に、より安全に、より豊かになった世界を導き出したのだと、胸を
張って主張することができた」。すなわち、圧倒的な影響力でアメリカ自
由主義を全面的に「国際秩序」に織り込むことが、軍事支出を対 GDP 比
率の 2.9% にまで引き下げることを可能にしたのであり、当時は「平和の
配当」と呼ばれた。

　第 4 に、非軍事支出の対 GDP 比率は基本的な増加基調の結果として
1950 年度に 10.3% であったのが、2000 年度には 14.8% にまで増加してい
る。そして、その非軍事支出の増加の主力は「個人への支払い」であり、
その中でも「直接支払い」が大きな比重を占めている。1950 年度に「個
人への支払い」が 4.8%、「直接支払い」が 4.4% であったのが、2000 年度
にはそれぞれ 10.6% と 8.7% になっている。

　「大砲とバター」の例[63]を用いるならば、1950 年代には朝鮮戦争や東
西対立の激化を経て、「大砲」を拡充することで連邦財政の規模が増大し
たが、1960 年代にはベトナム戦争による「大砲」の増加（実質額でみる
と 1960 年度の 4160 億ドルから 1970 年度の 5217 億ドルに大きく増加）に
もかかわらず、アメリカ経済の実質的な成長が相対的に速かったので対
GDP 比率は 9.0% から 7.8% に減少している。逆に「バター」の部分が「個
人への支払」を主力として 4.5% から 6.2% に増加しており、経済成長より
も速い勢いで拡充されたのである。

　すなわち、ケネディ及びジョンソン民主党政権の下で対外的にベトナム

---

63) 1950 年代から 1980 年代における「大砲とバター」の構成変化のプロセスの詳細
　　については以下の文献を参照されたい。渋谷博史（2005）の第 2 巻第 5 章と第 6 章、
　　第 3 巻の第 7 章と第 8 章。

戦争を拡大しながら、国内では「偉大なる社会」、「貧困との戦い」を推進するという「大砲とバター」政策が展開したのであり、しかも、後者の「バター」に傾斜する構造の両立策であった。その中心的な施策としてメディケア（高齢者・障害者の基礎的医療保障の社会保険）とメディケイド（医療扶助）が創設されたのであり、本書第 3 章で詳細に検討するオバマ・ケア（医療保障改革）の最重要な政策手段は、そのメディケイドの拡充であった。なお、アメリカ自由主義を背骨とするアメリカ型福祉国家における医療保障システムでは、国民の勤労による労使関係を基盤とする雇用主提供医療保険が主軸に据えられて、メディケア及びメディケイドが補完するという基本構造であった。その基本構造から逸脱しなかったのでオバマ・ケアが成立できたのであり、また、トランプ共和党政権期における縮小・廃止の試みが失敗したのである。

　表 1-3 にもどって、21 世紀に入ってからの最初の 16 年間（2000-16 年度）における連邦財政（ブッシュ（子）共和党政権の 8 年間とオバマ民主党政権の 8 年間）の動向をみよう。第 1 に財政支出の合計の対 GDP 比率は 17.7％ から 20.7％ に増加するが、第 2 に増加の主力は「個人への支払」の中の「直接支払」と「州・地方補助金」であり、それぞれ、8.7％ と 1.9％ であったのが 12.2％ と 2.7％ に増加している。第 2 章で詳しく検討するように、「直接支払」の主軸は社会保障年金とメディケアであり、「州・地方補助金」の主軸はメディケイドである。社会保障年金とメディケアの増加要因は人口高齢化であり、メディケイドのそれはオバマ・ケアによる「メディケイド拡大」（低所得層の健常な成人への適用拡大）である。

　第 3 に、軍事支出は、ブッシュ（子）共和党政権期の 1 年目である 2001年の 9.11 テロ事件から中東地域での対テロ戦争が展開されてオバマ民主党政権期の 1 年目の 2009 年度には 4.6％ に増加した。その後は、本書の第 2 章と第 4 章で詳しくみるように、同政権によるアフガニスタン撤退作戦や軍縮を経て、2016 年度には 3.2％ にまで減少した。その軍縮は、本章第 2 節で検討した 2015 年の上院軍事委員会の公聴会で示されたように、21世紀的な世界状況の中で模索されるべきアメリカの新しい役割と軍事再編を内実としている。

最後に、この 16 年間の連邦財政の推移の検討から、次のトランプ財政への繋がりを考えておこう。

第 1 に、トランプ共和党政権期の軍事支出の推移（コロナ禍の異常事態の 2020 年度を除いて 2016-19 年度の 3 年間）をみると、対 GDP 比率は 3.2% のままであり、構成比でも 15.4% の同水準であり、軍拡を掲げたにもかかわらずアメリカ経済の成長速度の範囲にとどめており、これが「アメリカ第一主義」の下の軍拡の実態である。すなわち、表面的な言動はともかくとして、オバマ民主党政権とトランプ共和党政権における連続性を読み取ることができよう。

第 2 に、同政権期の「直接支払」と「州・地方補助金」をみると、同政権によるオバマ民主党政権の「大きな政府」政策を否定する言動にもかかわらず、実態としては、「直接支払」（人口高齢化）と「州・地方補助金」（オバマ・ケアによるメディケイド補助金）の増加した水準を受容しており、それぞれ対 GDP 比率は 12.2% と 2.7% から 12.0% と 2.6% に微減する程度であった。この連続性は、オバマ民主党政権期の政策展開や制度設計が、アメリカ国民全体が共有するアメリカ自由主義を理念としたことによるものである。言い換えれば、オバマ民主党政権による福祉拡充策は、アメリカ自由主義的な「小さな政府」の枠内で実施されたので、トランプ共和党政権が削減する余地が小さかったのである[64]。

ところで、オバマ民主党政権とトランプ共和党政権の連続性の実体的な根拠はアメリカ自由主義を理念とする制度設計と政策運営であった。社会保障年金を創設した 1930 年代のニューディール期でも、メディケア及びメディケイドを創設した 1960 年代の「偉大な社会」政策の時代でも、アメリカ自由主義は国民的コンセンサスとして共有されていたが、その 20 世紀後半におけるアメリカ自由主義の現れ方と、21 世紀のオバマ民主党政権期のオバマ・ケアにおける現れ方の違いについて考えてみたい。そのヒントは、本章第 3 節で紹介した名著『ヒルビリー・エレジー』及び『ノマド』から読み取れそうである。

『ヒルビリー・エレジー』では、「アメリカの中西部工業地帯の製造業が

64）渋谷博史（2023）第 3 章及び第 4 章を参照されたい。

衰退するにつれて、白人労働者階層は、経済的安定も、揺るぎない家庭も、家族生活も失ってしまった」と述べており、また、『ノマド』では、建築資材の企業とその「城下町」の崩壊と、アマゾン社の倉庫における過酷な労働環境を対比して、20世紀的な安定的な労使関係、労働編成が21世紀的なグローバル化の圧力の下で流動化し、底辺層に落ち込んだ人々を、「生物学でいう指標種」になぞらえている。

　もし、20世紀のアメリカ型福祉国家における雇用主提供医療保険が安定的な労使関係、労働編成を基盤とするのであれば、21世紀のグローバル化によるその流動化に伴って「貧困層の社会的地位が上昇する勢い」が喪失される社会状況（サービス部門の低技能低所得の職種における累積：本章の第3節）が、オバマ・ケアを要請したのであり、それ故に、本書第3章で見る議会公聴会で、オバマ民主党政権だけではなく民主・共和の両党からも、「医療保障改革を先延ばしにできない」という発言が繰り返されるのである。

　それでは、章を改めて、オバマ大統領が自己肯定的に総括した8年間のオバマ財政を中心に、詳しく実証的に立ち入って検討しよう。

第2章 アメリカ型福祉国家の再編成と「世界の警察官」からの撤退
——オバマ財政の基本構造から読み解く

　21世紀の新しい世界構造とアメリカ経済社会に整合する形の政策・制度・軍事システムを模索するプロセスという切り口から、オバマ財政を考察したい。その考察のキーワードは、2009年の議会公聴会で民主・共和両党の議員が繰り返す、「もはや医療保障改革を先延ばしにできない」という発言（本書第3章も参照）と、2013年のオバマ演説における「もはや世界の警察官ではない」という表現（本章第5節も参照）である。

2.1　抑制基調と「優先順位の変更」——基本構造の概観(2009-16年度)

　オバマ民主党政権は、2008年11月の大統領選挙の勝利を経て、2009年1月20日に発足した。連邦財政の年度は前年の10月から当該年の9月までの1年間であり、オバマ民主党政権は2009年度の第2四半期から2017年度の第1四半期までを担当した。2009年度の連邦財政は2008年11月の大統領選挙の前に、ブッシュ（子）共和党政権の下で予算案の連邦議会の議決を経て、2008年10月から始まっていたが、同年度第2四半期からはオバマ民主党政権の責任で執行され、同政権の下で決算作業が行われている。逆に2017年度については、同年度第2四半期からトランプ共和党政権の下で運営された。故に、オバマ財政を2009-2016年度として検討する。

財政支出の抑制的増大

　表2-1で財政支出の推移をみると、第1に名目額ではブッシュ（子）共和党政権期（2001-08年度）の直前である2000年度に1.79兆ドルであったのが同政権期最後の2008年度には2.98兆ドルに、オバマ民主党政権期

52　第2章　アメリカ型福祉国家の再編成と「世界の警察官」からの撤退

表 2-1　連邦財政の財政収支

年度	名目額（億ドル）			実質額 （2012年度ドル、億ドル）			対GDP比率（%）			名目GDP （億ドル）
	財政 収入	財政 支出	収支	財政 収入	財政 支出	収支	財政 収入	財政 支出	収支	
2000	20,252	17,890	2,362	26,913	23,773	3,139	20.0	17.7	2.3	101,175
2008	25,240	29,825	-4,586	26,811	31,682	-4,871	17.1	20.2	-3.1	147,433
2009	21,050	35,177	-14,127	22,363	37,370	-15,008	14.6	24.4	-9.8	144,318
2012	24,500	35,266	-10,766	24,500	35,266	-10,766	15.3	22.0	-6.7	160,565
2016	32,680	38,526	-5,847	31,356	36,966	-5,610	17.6	20.7	-3.1	185,817

出所：Office of Management and Budget（2021）の Table 1-2 と Table 1-3 より作成。

　の最後の2016年度には3.85兆ドルにまで増加している。第2に実質額（2012年度ドル）では、2000年度に2.38兆ドルであったのが2008年度には3.17兆ドルに、2016年度には3.70兆ドルにまで増加している。第3に対GDP比率では、2000年度に17.7%であったのが2008年度には20.2%に、2016年度には20.7%にまで増加している。

　第4に、オバマ民主党政権期における財政支出の増加（2016年度と2008年度の比較）は、名目額では0.87兆ドル、実質額（2012年度ドル）では0.53兆ドル、対GDP比率では0.5ポイントである。ブッシュ（子）共和党政権期における財政支出の増加（2008年度と2000年度の比較）についても同様の計算をすると、名目額では1.19兆ドル、実質額（2012年度ドル）では0.79兆ドル、対GDP比率では2.5ポイントである。

　すなわち、オバマ民主党政権期の方が財政支出の伸びは抑制されている。たしかに、リーマン恐慌対策を積極的に展開したために2008年度から2009年度への財政支出の伸びが大きく、財政赤字も名目額、実質額、対GDP比率のいずれにおいても顕著な大幅化がみられるが、その後は、財政支出の対GDP比率の推移（2008年度20.2%、2009年度24.4%、2016年度20.7%）にみるように、かなりの抑制効果が現れている。もちろん、アメリカ経済の回復に伴って分母の名目GDPが大きく増加したことの影響もあり、すなわち、一方で、リーマン恐慌からの回復が進んでGDPが2009年度の14.43兆ドルから2016年度の18.58兆ドルへと増加し、他方では、景気回復に伴って緊急対策が縮小したので、財政支出の対GDP比

率が 20.7% にまで減少したのである。

次に同表で財政収入の推移をみると、第 1 に名目額ではブッシュ（子）共和党政権期の直前である 2000 年度に 2.03 兆ドルであったのが同政権期最後の 2008 年度には 2.52 兆ドルに、オバマ民主党政権期の最後の 2016 年度には 3.27 兆ドルにまで増加している。第 2 に実質額（2012 年度ドル）では、2000 年度に 2.69 兆ドルであったのが 2008 年度には 2.68 兆ドルに微減したが、2016 年度には 3.14 兆ドルにまで増加している。第 3 に対 GDP 比率では、2000 年度に 20.0% であったのが 2008 年度には 17.1% に減少し、2016 年度には 17.6% へとやや回復している。

財政収支の動向を対 GDP 比率の推移でみると、ブッシュ（子）共和党政権期において 2000 年度の黒字 2.3% から 2008 年度の赤字 3.1% へと 5.4 ポイントも悪化するが、その原因は、既に 2008 年度において景気後退による税収の低下（財政収入が 2.9 ポイントの減少）が始まり、また対テロ戦争や人口高齢化によって財政支出が増加したこと（2.5 ポイントの増加）である。

オバマ民主党政権期になると、リーマン恐慌を契機にアメリカ経済が悪化したので、2009 年度に財政収入が 14.6% に急減して、2008 年度の 17.1% から 2.5 ポイントも減少し、財政支出は 20.2% から 24.4% へと 4.2 ポイントも増加したので、財政収支は 2008 年度の赤字 3.1% から 2009 年度の赤字 9.8% へと 6.7 ポイントの悪化となった。

しかし、上述のようにアメリカ経済の回復の下で財政収入は増加し、財政支出は抑制されたので、2016 年度（オバマ財政の最終年度）の財政赤字の対 GDP 比率の 3.1% は、ブッシュ（子）財政の最後の 2008 年度と同じ水準に落ち着いた。

以上の検討から以下のことがいえる。オバマ民主党政権は、第 1 に、上述のように、リーマン恐慌からの回復による GDP と財政収入の伸びの範囲内に財政支出の伸びも抑制したが、第 2 に、逆からみると、リーマン恐慌対策のために財政支出を拡大させた後、アメリカ経済の回復と成長による財政収入の増加を、さらに財政支出の増加につぎ込んでいるといえよう。その財政支出の増加の中に、第 1 章の冒頭で取り上げた「政府部門におけ

54 第2章 アメリカ型福祉国家の再編成と「世界の警察官」からの撤退

る少しだけの優先順位の変更」（アメリカ型福祉国家の拡充）が織り込まれたと思われる。本節では、オバマ民主党政権期の財政支出における「優先順位の変更」について立ち入って検討するが、その前に、リーマン恐慌からの経済回復の中で財政収入も増加するので、その内容について検討しておこう。

個人所得税と社会保障税——財政収入の構成

　表2-2で財政収入の主要項目の名目額と対GDP比率と比重に立ち入ってみると、第1に、ブッシュ（子）共和党政権期の最後の2008年度には既に金融不安と景気後退の影響が出始めており、財政収入は2007年度の2兆5680億ドルから2008年度の2兆5240億ドルへと減少している。対GDP比率では、財政収入が2007年度の18.0%から2008年度の17.1%へと0.9ポイントも減少しており、その中で個人所得税が8.1%から7.8%へと0.3ポイント、法人所得税が2.6%から2.1%へと0.5ポイントの減少である。他方、社会保障税は6.1%の水準を維持している。

　第2に、オバマ民主党政権期の最初の2009年度になると、アメリカ経済の一層の悪化の中で財政収入は2008年度の2兆5240億ドルから2009年度の2兆1050億ドルへと激減し、対GDP比率も17.1%から14.6%に2.5ポイントも減少する。その中で個人所得税は2008年度の1兆1457億ドルから2009年度の9153億ドルに減少し、法人所得税は3043億ドルから1382億ドルに減少した。他方、社会保障税は9002億ドルから8909億ドルへとほぼ同水準である。したがって、財政収入の対GDP比率の2.5ポイントの減少は、個人所得税の1.5ポイント（7.8%から6.3%へ）と法人所得税の1.1ポイント（2.1%から1.0%へ）によるものである。

　第3に、その後のアメリカ経済の回復によって財政収入は2016年度（オバマ民主党政権期の最後）に3兆2680億ドルにまで増加し、その中で個人所得税は1兆5461億ドルに、法人所得税は2996億ドルにまで増加した。対GDP比率では、財政収入が2009年度の14.6%から2016年度の17.6%へと3.0ポイントも増加し、個人所得税が2.0ポイント（6.3%から8.3%へ）、法人所得税が0.6ポイント（1.0%から1.6%へ）の増加である。

2.1 抑制基調と「優先順位の変更」　　　　55

表 2-2　連邦財政収入の構成

年度	2000	2004	2007	2008	2009	2012	2016
名目額（億ドル）							
財政収入合計	20,252	18,801	25,680	25,240	21,050	24,500	32,680
個人所得税	10,045	8,090	11,635	11,457	9,153	11,322	15,461
法人所得税	2,073	1,894	3,702	3,043	1,382	2,423	2,996
社会保障税	6,529	7,334	8,696	9,002	8,909	8,453	11,151
物品税	689	699	651	673	625	791	950
その他	917	785	996	1,064	981	1,511	2,122
対 GDP 比率（%）							
財政収入合計	20.0	15.6	18.0	17.1	14.6	15.3	17.6
個人所得税	9.9	6.7	8.1	7.8	6.3	7.1	8.3
法人所得税	2.0	1.6	2.6	2.1	1.0	1.5	1.6
社会保障税	6.5	6.1	6.1	6.1	6.1	5.3	6.0
物品税	0.7	0.6	0.5	0.5	0.4	0.5	0.5
その他	0.9	0.7	0.7	0.7	0.7	0.9	1.1
比重（%）							
財政収入合計	100.0	100.0	100.0	100.0	100.0	100.0	100.0
個人所得税	49.6	43.0	45.3	45.4	43.5	46.2	47.3
法人所得税	10.2	10.1	14.4	12.1	6.6	9.9	9.2
社会保障税	32.2	39.0	33.9	35.7	42.3	34.5	34.1
物品税	3.4	3.7	2.5	2.7	3.0	3.2	2.9
その他	4.5	4.2	3.9	4.2	4.7	6.2	6.5

出所：Office of Management and Budget（2021）の Table 2-1, Table 2-2, Table 2-3 より作成。

他方、社会保障税は金額では 8909 億ドルから 1 兆 1151 億ドルに増加するが、対 GDP 比率では 6.1% から 6.0% へと同水準である。

　すなわち、リーマン恐慌を挟んでアメリカ経済が乱高下する中で、個人所得税と法人所得税は同じ方向で大きく増減するのに比べて、社会保障税は名目額ではアメリカ経済に連動するが、個人所得税や法人所得税に比べて弾力性がない。個人所得税と法人所得税は景気変動に対してビルト・イン・スタビライザー的に機能し、社会保障税は逆に景気変動による財政収入への影響を緩和する役割を果たしている。後でみるように、個人所得税は累進的であり、社会保障税（実質的には社会保障年金とメディケアの社会保険料）は非累進的であるためであろう。

　同表で財政収入の構成比をみると、2016 年度において個人所得税が 47.3%、社会保障税が 34.1% を占めており、法人所得税は 9.2% にすぎない。

このように社会保障税が財政収入の3分の1を占めているが、それによって賄われる社会保障年金とメディケア（高齢者・障害者の基礎的医療保障）が財政支出の主要項目である（後出表2-5）。

　第1章第1節でみたオバマの政策的原点における、「人生の大部分を勤労に費やしたあとは、尊厳と敬意のなかで引退」するという重要な政策課題を実現するための社会保障年金とメディケアという社会保険を賄うために、現役世代が負担する社会保障税は実質的には社会保険料であり、その納税（納付）された資金は、それぞれの信託基金において、高齢者・障害者のための年金と医療保障の給付に回される。本章の第2節でみるように、社会保障税は、現役世代の勤労所得を課税ベースとして比例税率が適用され、しかも人的控除や所得控除がないので個人所得税に比べて非累進的な負担構造であるが、他方で、社会保険料として将来の年金及び高齢者医療保障の受給権の根拠となっている。

　そのような社会保険としての社会保障年金とメディケアの分野を除くと、連邦財政は主として個人所得税と法人所得税で賄われる連邦基金（Federal Fund：日本の一般会計に当たる）における軍事支出や福祉支出が主体となる。その連邦基金の主たる財政収入である個人所得税と法人所得税の負担構造については、既に渋谷博史（2023）『トランプ財政とアメリカ第一主義』の第2章で検討しているので、その要点を、[コラム1　個人所得税と法人所得税の負担構造：2016年] に再録しているが、要するに、社会保険の部分を除く連邦財政を賄う個人所得税及び法人所得税（社会保障税を除いた部分における比重を算出すると72%と14%）の負担構造は、第1に個人所得税については富裕層（上位17%）が課税額の8割を負担し、第2に法人所得税については、一部の大企業（申告数の0.2%未満）によって課税額の85%が負担されていた。

　アメリカの連邦財政を賄う個人所得税と法人所得税が主として富裕層と大企業によって負担されているという事実の意味を考察するのは、別の機会の研究課題とするとして、ここでは、項を改めて、それらの税収で賄われる連邦政府の財政支出における「少しだけの優先順位の変更」が、オバマ民主党政権期にどのように進んだのかを検討しよう。

コラム 1 個人所得税と法人所得税の負担構造：2016 年　　　57

［コラム 1　個人所得税と法人所得税の負担構造：2016 年］

　2016 年度において連邦財政収入の 47%（社会保障税を除いた部分における比重を算出すると 72%）を占める個人所得税の負担構造について、表 2-3 から以下のことが読み取れる。

　第 1 に、最富裕層（申告数 132 万件、全体の 0.9%）が所得の 19.2% を占め、それを含めて上位 2 割（第Ⅵ層と第Ⅴ層：申告数 2576 万件、17.2%）で所得の 59.7% を占めており、アメリカ社会における大きな格差が現れている。

　第 2 に、課税負担の比重では課税額合計の 1 兆 4460 億ドルの中で最富裕層が 36.5% を占めており、それを含めた上位 2 割（申告数の 17.2%）で 80.1% を占めている。所得の格差を上回って、課税負担の格差が読み取れる。かなり累進的な構造である。

　また、第 3 に、課税額の対所得比率では、個人所得税申告数 1 億 5027 万件の平均が 13.9% であるのに対して、最富裕層（第Ⅵ層）が 26.5%、上位 2 割から最富裕層を除いた第Ⅴ層が 15.0% であった。

　すなわち、個人所得税の税収の 8 割を、最富裕層（申告数の 0.9%）を含めた上位 17.2% の富裕層が負担しており、かなりの累進的な負担構造といえよう。特に、最富裕層（最上位の 0.9%）の負担の比重が 36.5% という事実は印象的である。

表 2-3　個人所得税の所得階層別の課税負担の推計（2016 年）

調整総所得	申告数		所得合計		課税合計			
（万ドル）	（万件）	（%）	（億ドル）	（%）	（億ドル）	（%）	対所得合計比（%）	平均課税額（ドル）
全申告	15,027	100.0	103,794	100.0	14,460	100.0	13.9	9,623
第Ⅰ層：1.5 未満	3,492	23.2	646	0.6	19	0.1	2.9	55
第Ⅱ層：1.5-3.0	2,965	19.7	6,646	6.4	186	1.3	2.8	627
第Ⅲ層：3.0-5.0	2,675	17.8	10,614	10.2	582	4.0	5.5	2,174
第Ⅳ層：5.0-10.0	3,320	22.1	23,961	23.1	2,099	14.5	8.8	6,321
第Ⅴ層：10.0-50.0	2,444	16.3	42,026	40.5	6,298	43.6	15.0	25,769
第Ⅵ層：50.0 以上	132	0.9	19,901	19.2	5,277	36.5	26.5	400,450

　出所：Department of the Treasury, Internal Revenue Service（2018）の Table 1.1 と Table 1.4 より作成。

58 第2章 アメリカ型福祉国家の再編成と「世界の警察官」からの撤退

表 2-4 法人所得税の資産規模別の課税負担の推計 (2016 年)

(億ドル)

2016 年の資産規模 (百万ドル)	合計	ゼロ	0.5 未満	0.5 〜 1	1 〜 5	5 〜 10	10 〜 25
申告数（千件）	6,188.7	1,197.3	3,926.7	406.4	460.3	80.3	55.1
収入合計	312,084	5,441	20,724	7,182	19,159	10,343	14,214
課税所得	12,712	320	70	37	131	84	133
課税額（税額控除前）	4,457	113	不明	不明	不明	28	46
課税額（税額控除後）	3,164	103	13	9	39	27	43

2016 年の資産規模 (百万ドル)	25 〜 50	50 〜 100	100 〜 250	250 〜 500	500 〜 2500	2500 以上
申告数（千件）	21.6	12.8	10.9	5.9	7.8	3.7
収入合計	10,247	9,103	11,652	9,887	31,155	162,978
課税所得	127	144	245	261	1,056	10,104
課税額（税額控除前）	44	50	86	92	372	3,562
課税額（税額控除後）	42	46	79	77	313	2,373

出所：Department of the Treasury, Internal Revenue Service（2020）の Table 2.1 より
作成。

続いて、財政収入の 9.2%（社会保障税を除いた部分における比重を算出すると 14%）を占める法人所得税の負担構造について、表 2-4 から以下のことが読み取れる。

第1に、申告数 6189 千件の中で、資産規模 2500 百万ドル以上層（第Ⅰ層とする）の申告数は 3.7 千件（0.06%）、規模が 2 番目の 500 〜 2500 百万ドル層（第Ⅱ層とする）の申告数は 7.8 千件（0.13%）である。

第2に、課税額（税額控除後）では全体の 3164 億ドルの中で最大規模の第Ⅰ層が 2373 億ドル（75%）を、次の第Ⅱ層が 313 億ドル（10%）を占めていた。この 2 つの階層を合わせると申告数の比重が 0.2% 未満であるが、課税額（税額控除後）では 85% を占めることになる。

すなわち、法人所得税の 85% が、一部の大企業（申告数の 0.2% 未満）によって負担されていたのである*。

＊ 本コラムは次の文献からの要点を再録したものである。渋谷博史（2023）76-78 頁、85-87 頁。

財政支出における「優先順位の変更」

本項における財政支出の内容・構造に立ち入る検討はやや複雑であるので、先に、検討の切り口を示しておこう。

財政支出の伸びについては抑制することを基調とするが、その中で、「少しだけ優先順位」を変更することの意味の第1は、第1章第1節でみたようにオバマは、アメリカ自由主義に基づくアメリカ型福祉国家の「小さな政府」的な基本原理を受容していることであり、第2は、大きく優先順位を変えて福祉拡充を進めると、連邦財政の財政収支が大きく悪化するリスクがあり、それは、2011年予算コントロール法の論理（本章の補論でみるように財政赤字の削減のための厳しい財政支出の抑制策）と矛盾することになる。第4章でみるように、予算コントロール法の圧力の下で軍縮を進めるのであれば、福祉拡充もコントロール（制御）する必要がある。オバマ財政の本質は、基本的な抑制基調下における「小さな優先順位の変更」といえよう。

それでは、表2-5で、その財政支出の構造に立ち入ってみよう。

第1に、オバマ財政の1年目の2009年度の財政支出3兆5177億ドルは、直前の2008年度（ブッシュ（子）共和党政権の最終年度）の2兆9825億ドルから5352億ドルの増加である。原因は、リーマン恐慌の緊急対策と思われる。

第2に、その後、オバマ財政の最終年度である2016年度に向けて、財政支出は3兆8526億ドルへと増加傾向を辿っており、2008年度からの8701億ドルの増加の中で構造変化が生じている。増加の主力は福祉（広義）であり、2008年度と比べると9247億ドル（1兆8956億ドルから2兆8203億ドルへ）である。それを、軍事支出のマイナス227億ドル（6161億ドルから5934億ドルへ）と「非福祉」のマイナス405億ドル（1619億ドルから1214億ドルへ）と純利子のマイナス128億ドル（2528億ドルから2400億ドルへ）が相殺している。すなわち、これが、上述の「小さな優先順位の変化」であろう。

第3に、リーマン恐慌対策の内容をみるために、2008年度から2009年度への財政支出の増加5352億ドルに立ち入ってみると、主として「福祉

60　　第 2 章　アメリカ型福祉国家の再編成と「世界の警察官」からの撤退

表 2-5　連邦財政支出の構成

(億ドル)

| 年度 | 財政支出合計 | 軍事支出 | 福祉（広義） | | | | | | | 非福祉 | 純利子 | その他 |
			小計	教育・社会サービス	医療等	メディケア	所得保障	社会保障年金	退役軍人			
2000	17,890	2,944	11,155	538	1,545	1,971	2,537	4,094	470	849	2,229	712
2008	29,825	6,161	18,956	913	2,806	3,908	4,312	6,170	847	1,619	2,528	561
2009	35,177	6,610	21,558	797	3,344	4,301	5,331	6,830	955	4,438	1,869	702
2012	35,266	6,779	23,486	908	3,468	4,718	5,412	7,733	1,247	2,153	2,204	644
2016	38,526	5,934	28,203	1,097	5,113	5,945	5,141	9,161	1,746	1,214	2,400	775

出所：Office of Management and Budget（2021）の Table 3.1 より作成。

（広義）」の 2602 億ドル（1 兆 8956 億ドルから 2 兆 1558 億ドル）と「非福祉」の 2819 億ドル（1619 億ドルから 4438 億ドル）である。なお、その 2 つの項目の合計 5421 億ドルが財政支出合計の増加 5352 億ドルを上回っているのは、「純利子」のマイナス 659 億ドルで相殺されたからである（後述のように財政赤字で連邦債は増加するが利率が低下）。

　第 4 に、2008-09 年度における福祉（広義）の増加 2602 億ドルの内訳をみると、所得保障（主として公的扶助と連邦公務員年金）が 1019 億ドル（4312 億ドルから 5331 億ドルへ）、社会保障年金（基礎年金の社会保険）が 660 億ドル（6170 億ドルから 6830 億ドルへ）、メディケア（高齢者医療の社会保険）が 393 億ドル（3908 億ドルから 4301 億ドルへ）であり、これらについては、後で詳しく検討するように、人口の高齢化に規定される自然増という要因が大きく、緊急対策としては「所得保障の中の公的扶助」と「医療等の中のメディケイド（医療扶助）」があるが、高齢化に規定される増加よりは、規模が小さいと思われる。ちなみに、医療等（医療扶助のメディケイドが中心）の増加が 538 億ドル（2806 億ドルから 3344 億ドルへ）であり、教育・社会サービスはマイナス 116 億ドルである。したがって、リーマン恐慌対策としては「非福祉」の部分の貢献が大きく、2819 億ドル（1619 億ドルから 4438 億ドルへ）の増加である。具体的には、本書第 1 章第 4 節に引用した大統領経済報告にあるように、金融システムの救済や住宅ローン借換えの支援、公共インフラやクリーン・エネルギーへの投資、自動車産業の救済策、州財政支援（実質的には初等中等教育の教師給料）等であった。

2.1 抑制基調と「優先順位の変更」   61

　第5に、オバマ財政の全体の2008-16年度における福祉（広義）の動向をみると、福祉（広義）の増加9247億ドル（1兆8956億ドルから2兆8203億ドルへ）の中で、第1位は社会保障年金の2991億ドル（6170億ドルから9161億ドルへ）であり、第2位は「医療等」の2307億ドル（2806億ドルから5113億ドルへ）、第3位はメディケアの2037億ドル（3908億ドルから5945億ドルへ）、第4位は退役軍人の899億ドル（847億ドルから1746億ドルへ）、第5位は所得保障の829億ドル（4312億ドルから5141億ドルへ）である。なお、社会保障年金やメディケアの増加は人口高齢化を主たる要因とするが、「医療等」の増加は後で詳しく検討するオバマ・ケア（医療保障改革）の一環としてのメディケイド補助金の拡充が主要因であり、また、所得保障については、2008-09年度のリーマン恐慌による公的扶助等の増加分が景気回復で減少したことが、伸びを抑制することになったと思われるが、基本的には、人口高齢化に伴う公務員年金の増加圧力が効いているのであろう。

　以上が、オバマ財政における財政支出の基本的な動向である。

　次に、最大の増加分野である「福祉（広義）」について、表2-6で、その主力である社会保障年金や医療関係やメディケアや所得保障を検討しよう[1]。

　表2-5でオバマ民主党政権期における財政支出の最大の増加要因である社会保障年金（2991億ドル：2008年度の6170億ドルから2016年度の9161億ドルへ）は、表2-6では3016億ドルの増加（2008年度の6175億ドルから2016年度の9191億ドルへ）である。

　表2-5で第2位の増加要因である医療等（2307億ドル：2806億ドルから5113億ドルへ）は、表2-6では、「医療関係」の中から「メディケア（入院保険）」と「メディケア（補足保険)」と「退役軍人医療」を除いた部分と考えられ、メディケイドの増加1669億ドル（オバマ・ケアによる「メディケイド拡大」：2008年度の2014億ドルから2016年度の3683億ド

　1）表2-6は、表2-5と同じ資料の統計表から作成したが、集計方法や時期のズレによって若干の数値の不整合はあるが、おおむね、表2-5の年金や医療や福祉関係の動向に立ち入って考察できる。

62 第 2 章 アメリカ型福祉国家の再編成と「世界の警察官」からの撤退

表 2-6 連邦政府の個人移転支出

(億ドル)

	2000			2008			2012			2016		
	計	直接	補助金	計	直接	補助金	計	直接	補助金	計	直接	補助金
個人への移転：合計	10,674	8,766	1,907	18,424	15,324	3,100	23,168	19,491	3,678	27,778	22,779	4,999
社会保障年金	4,107	4,107		6,175	6,175	*	7,739	7,739	*	9,191	9,191	*
連邦公務員年金等	1,004	1,004		1,483	1,483		1,759	1,759		2,282	2,282	
軍人年金	328	328		458	458		488	488		616	616	
公務員年金	451	451		635	635		740	740		829	829	
退役軍人関連費	208	208		363	363		501	501		799	799	
その他	17	17		27	27		31	31		39	39	
失業給付	211	211		434	434		923	923		329	329	
医療関係	3,686	2,451	1,235	7,232	5,082	2,149	8,897	6,235	2,662	11,972	8,017	3,955
メディケア（入院保険）	1,279	1,279		2,185	2,185		2,545	2,545		2,860	2,860	
メディケア（補足保険）	872	872		2,273	2,273		2,832	2,832		3,915	3,915	
CHIP	12		12	69		69	91		91	144		144
メディケイド	1,179		1,179	2,014		2,014	2,505		2,505	3,683		3,683
Indian health	24	24		33	33		45	45		41	41	
退役軍人医療	201	197	4	394	387	7	530	519	11	658	640	18
公設市場保険料税額控除										308	280	28
その他	118	79	40	264	204	60	349	294	55	364	282	82
学生支援	109	108	*	311	310	1	599	598	*	602	601	*
退役軍人教育給付	16	16		36	36		107	107		146	146	
学生支援（教育省等）	92	92		275	274	1	491	491		456	455	
住宅支援	286	87	200	396	104	292	469	170	299	480	184	296
食料支援	324	149	174	605	346	259	1,067	736	331	1,021	668	354
SNAP	183	148	35	393	344	49	804	736	68	731	667	64
未成人栄養支援	92	1	91	139	2	138	183	*	183	220	*	220
WIC	40		40	62		62	68		68	60	*	60
その他	9	*	9	11		11	12	*	11	11	1	11
公的扶助等	885	598	286	1,688	1,308	380	1,638	1,273	365	1,802	1,437	365
SSI	297	297		382	382		442	442		567	567	
TANF 等	184		184	222		222	208		208	203	*	203
低所得世帯燃料支援	15		15	27		27	38		38	33		33
EITC	261	261		406	406		549	549		606	606	
低所得世帯保育支援	33	*	33	50	*	50	50	*	50	53	*	53
退役軍人関連	30	30		38	38		45	45		58	58	
里親支援等	55		55	68		68	68	*	68	77		77
CTC	8	8		340	340		221	221		202	202	
その他	3	3		156	142	14	16	16		4	4	
その他	63	51	12	99	81	19	78	57	21	99	70	29

備考：* は 0.5 億ドル未満。

出所：Office of Management and Budget（2021）の Table 11.3 より作成。

ルへ）と、「オバマ・ケアの公設保険市場における保険料支援」（308 億ド
ル：第 3 章のコラム［コラム 2　公設保険市場の保険料税額控除］で説明
する）が中心である。

　表 2-5 で第 3 位の増加要因であるメディケア（2037 億ドル：3908 億ド
ルから 5945 億ドルへ）は、表 2-6 では、「メディケア（入院保険）」と

「メディケア（補足保険）」であり、それらの増加額（2008-16年度）の675億ドルと1642億ドルを合計すると2317億ドルである。

表2-5で第4位の退役軍人（899億ドル：847億ドルから1746億ドルへ）は、表2-6では、連邦公務員年金等の中の「退役軍人関連費」（増加436億ドル）と医療関係の中の「退役軍人医療」（増加264億ドル）と学生支援の中の「退役軍人教育給付」（増加110億ドル）と公的扶助等の中の「退役軍人関連」（増加20億ドル）が該当すると思われ、それらの増加額を合計すると830億ドルである。

表2-5で第5位の所得保障（829億ドル：4312億ドルから5141億ドルへ）は、表2-6では、連邦公務員年金等の中の「軍人年金」（増加158億ドル）と「公務員年金」（増加194億ドル）と、失業給付（減少105億ドル）と住宅支援（増加84億ドル）、および食料支援（増加416億ドル）、そして公的扶助等から「退役軍人関連」を差し引いた部分（増加94億ドル）である。それらを合計すると841億ドルになる。

以上の計数的な検討から、以下のようにまとめておこう。オバマ民主党政権期における福祉（広義）の増加9247億ドルは、主として社会保障年金（基礎的な年金の社会保険）やメディケア（高齢者医療保障の社会保険）や公務員年金であり、人口の高齢化という不可避的な要因に規定される「自然増」的な膨張といえよう。すなわち、オバマ民主党政権は、本章第2節でみるように、アメリカ型福祉国家の主柱である社会保障年金やメディケアにおける人口高齢化にともなう財政問題の危機によって要請される改革を先延ばしにしながら、当面の政策課題としてリーマン恐慌対策、対テロ戦争の収束、軍縮、医療保障改革（メディケイド拡大）を進めたのである。

逆からみれば、その「自然増」的な膨張圧力が重い抑制要因となる中で、オバマ民主党政権はオバマ・ケア（医療保障改革）を実施したのである。したがって、貧困層向けの食料支援や公的扶助、住宅支援の増加は抑制的、限定的であり、また、オバマ・ケアも費用節約的な仕組みを内蔵しており、アメリカ型福祉国家の基本的な枠組みと整合するものであった。

それでは、節を改めて、連邦財政の7割以上を占める福祉（広義）の主

要項目に立ち入って検討しよう。

2.2　社会保障年金とメディケア——尊厳ある引退のための社会的仕組み

　前節でみたように、連邦財政支出の中で社会保障年金とメディケアが、軍事支出を上回る規模で、アメリカ型福祉国家の主柱としての役割を果たしている。しかし、本節でみるように、その社会保障年金とメディケアについて財政問題が煮詰まり始めていたが、オバマ民主党政権は、本書第1章でみたように、リーマン恐慌対策や対テロ戦争という「火中の栗」を冷却しながら、最優先のオバマ・ケア（医療保障改革）を推進していた時期なので、それらの改革を先延ばしにしたのであろう。

　おそらく、「無保障者」問題については、民主党リベラル派と共和党保守派の協力が可能になる程度に「社会問題」あるいは国民的課題として煮詰まっていたのでオバマ・ケアは実現できたが、社会保障年金とメディケアの財政問題については、まだ先延ばしにできる時間的な余裕があったのかもしれない。後に取り上げるメディケア信託基金理事会による改革提言の中に、「改革に早く取り掛かることで、医療サービス提供者やメディケア受給者や納税者にとって対応するための時間的余裕を提供できる」という表現があるが、逆からみれば、そんな余裕がある間には改革への政治状況は無理であるということかもしれない。

社会保障年金

　福祉（広義）の中で最大規模の社会保障年金は、本書第1章第1節でみたオバマの政策的原点の一つである「生涯の勤労の後の尊厳ある引退」を支えるための制度であり、連邦政府の医療・福祉省（Department of Health and Human Services）の社会保険庁（Social Security Administration）が運営しており、2016年時点で60.8百万人の受給者（高齢者、家族、遺族、障害者）に対して9050億ドルの年金を給付している[2]。表2-5でみたように、2016年度の9161億ドルという財政規模は軍事支出（世界最強の軍事力）の5934億ドルの1.5倍である。

アメリカ型福祉国家における最大規模の社会保障年金の全体像について、連邦会計検査院（Government Accountability Office：GAO）の「社会保障年金の将来」というタイトルの報告書[3]（以下では GAO 報告と略記）に基づいて検討しよう。

第 1 に、社会保障年金の社会保険としての特質は以下の制度設計に現れている[4]。拠出も給付も現役時の賃金に基づいており、現役時に稼得する賃金からの拠出（社会保障税）の記録が退職後の受給権と給付額の根拠とされる。ただし、給付額の算定式では、拠出額に比例する給付額ではなく、現役時の低所得層（拠出額の記録が低い階層）には厚い定数を適用し、高所得層（拠出額の記録が高い階層）には薄い定数を適用することで、所得再配分的な構造を内蔵させている。

第 2 に、社会保障年金の受給資格と給付額算定式は以下の通りである[5]。OASI（Old-Age and Survivors Insurance：高齢者・遺族年金）の受給資格は、40 四半期（10 年間）の加入歴（拠出記録）が必要であり、早くて 62 歳から受給可能である[6]。DI（Disability Insurance：障害者年金）の受給資格は、①1 年以上の要医療状態の証明、②要医療状態の故に稼得行

---

2) Congressional Research Service（2016c）p. 14. しかし、すべての高齢者や障害者に十分に給付しているのではなく、貧困状態にある人々も存在した。例えば、高齢者の中の貧困率は 1959 年には 30% を超えていたが 2013 年には 10% 程度に低下しており、社会保障年金が貧困率の低下に寄与しているが、他方では 10% の貧困者の存在も見逃せない。高齢者の中でも黒人やヒスパニックや女性の貧困率が相対的に高いという格差もある（おそらく現役時の稼得賃金における格差が拠出記録にも長期的に反映するので、後述の再配分的な算定方式にもかかわらず、給付額の格差を生むのであろう：引用者）。2013 年時点で高齢女性の貧困率が 13% であるのに対して高齢男性は 7% であり、高齢の黒人とヒスパニックの貧困率が 18% と 20% であるのに対して白人は 8% である。障害者の貧困率は健常者よりも高いが、その中でも、女性やマイノリティが相対的に高い。基礎的な所得保障としての社会保障年金（社会保険）における格差や不充分性を補整するために、SSI（Supplemental security income：補足所得保障：公的扶助）という補完的な仕組みがあり、表 2-6 にみるように、2016 年度における 567 億ドルは社会保障年金（9191 億ドル）の 6% の規模である。

3) Government Accountability Office（2015）.

4) Government Accountability Office（2015）pp. 3-4.

5) Government Accountability Office（2015）pp. 7-12.

為が不可能であることである。なお、社会保障庁（SSA）が定期的に DI 受給者の障害や稼得の状態を検査する。

　年金給付額の算定方式は、第1段階で「平均調整後稼得月額（average indexed monthly earnings：AIME)」を算出して、第2段階で、それに定数を乗じて「基本給付金額（primary insurance amount：PIA)」を算出する。第1段階の AIME は、加入期間の中で賃金が高い35年（140四半期）における稼得所得を基礎として（賃金水準の変動を織り込んで調整する）算出される[7]。第2段階で AIME に乗ぜられる定数は、例えば2015年時点では、AIME の826ドルまでは90%、826〜4980ドルには32%、4980ドルを超える部分には15%である。なお、この定数が変化する「屈折点」の AMIE 額（2015年の826ドルと4980ドル）は、賃金水準の変動に合わせて調整される。また、年金給付額の決定後には、給付額は物価変動に合わせて調整される。

　この給付額算定方式は、現役期稼得額の実績（長期的な社会保障税の納税・拠出の記録）に対して再配分的であり、低所得層には厚く配分される。例えば、SSA（Social Security Administration）の年金数理人による推計では、AIME が21,054ドルの受給者における所得代替率（給付額の現役稼得額に対する比率）は49.1%、AIME が46,787ドルの受給者は36.4%、AIME が74,859ドルの受給者は30.1%である[8]。

　第3に、社会保障年金の財政的な仕組みは以下の通りである[9]。労働者

6）退職高齢者が「全額給付年齢（full retirement age)」よりも早く受給を開始すると、給付額が減額される。全額給付年齢は、1983年改革の前までは一律に65歳であったが、改革後は、生まれた年によって異なる。1937年以前に出生の場合には65歳であり、出生が1年遅くなるごとに全額給付年齢は2ヵ月ずつ引き上げられて1960年以降の出生の場合には67歳になる。ただし、62歳を過ぎると減額給付額で繰上げ受給が可能になり、逆に70歳までの繰下げ受給では増額給付額になる。

7）加入期間が35年を超える場合には低い期間を AIME の算定から除くことができるという意味であるが、逆に加入期間が35年未満の場合には足りない期間については稼得所得がゼロとして扱われるので AIME が低くなる。すなわち、失業等の理由で就労期間に長い空白が生じた加入者には、給付額算定の第1段階の AIME が低くなるという意味で、再配分機能の限界もある。詳細については以下の文献を参照されたい。吉田健三（2012）30-31頁、渋谷博史（2023）第4章第1節。

の社会保障税は社会保障年金信託基金（Social Security Trust Fund、連邦財政の中の特別会計）に納められ、賦課方式で、そこから、その年の高齢者・障害者への年金給付額が支払われる。残った積立金は元利保証の連邦債で運用される。

第4に、現役世代の労働者の社会保障税は以下の通りである[10]。2015年時点では労働者の稼得所得（課税対象所得の上限以下の部分）に税率6.2%で課税され、その拠出金は社会保障信託基金に納められる。雇用主にも同様に課税されるので、合計で税率は12.4%である[11]。ただし、課税対象所得の上限額が118.5千ドルに設定されているが、毎年、引き上げられている。税率12.4%の中で、10.6%の分がOASIの信託基金に、1.8%の分はDIの信託基金に納められる。なお、それに加えて、労働者と雇用主はそれぞれ1.45%の税率（合わせて2.90%）でメディケアの社会保障税を拠出するが、そのメディケア社会保障税には課税対象所得の上限が設定されていない（メディケア社会保障税はメディケア信託基金に納められる）。

そして、GAO報告は、アメリカの退職後所得システムの中で社会保険としての社会保障年金が基礎的な「1階部分」の役割を担っていることを、課税対象所得の上限設定という制度的な特徴と関連付けて説明している[12]。

課税対象所得の上限は、同時に、給付額を抑制する役割も果たしている。その上限の設定によって社会保障税の課税標準が限定されるとともに、給付額算定方式における基礎となる稼得所得の記録も限定されるので、年金給付額にも実質的な上限が設定されることになる。2015年時点で、「全額

---

8) Government Accountability Office（2015）の Figure 3: Social Security Benefit Formula Provides Relatively Larger Benefits for Beneficiaries with Low Career Earnings（p. 11）.

9) Government Accountability Office（2015）pp. 13-14.

10) Government Accountability Office（2015）p. 15.

11) 自営業者の場合には税率12.4%で拠出するが、社会保障税の納税額の半分を個人所得税の課税対象から所得控除できる。それは、雇用主が負担する場合には人件費として所得控除できる分を、自営業者の場合に適用するという意味であろう。

12) Government Accountability Office（2015）p. 16.

68　第2章　アメリカ型福祉国家の再編成と「世界の警察官」からの撤退

給付開始年齢」からの年金給付額の上限は月額 2,663 ドル（年額 31,956 ドル）である。

　この課税対象所得の上限は歴史的に引き上げられてきた。創設当時の 1937 年には 3 千ドルであり、加入労働者の 97% の稼得賃金がその上限以下であった。歴史的に引き上げられてきたので 2015 年時点で、加入労働者の 94% がその稼得賃金上限以下である（アメリカ全体で労働者の稼得所得のほとんどが課税ベースに入っている）。

　この制度的な特徴が、上述の給付額算定式に再配分的な仕組みが内蔵されていることと相まって、社会保障年金による基礎保障的な役割を表しているというのであろう。

　第 5 に、社会保障年金の財政構造は以下の通りである[13]。社会保障年金には 2 つの信託基金（日本の特別会計に該当）があり、OASI 信託基金と DI 信託基金である。他の信託基金（メディケア信託基金、失業給付信託基金、連邦公務員年金信託基金）と同様に、特定される政策目的のために資金管理を行う会計制度である。財政収入は、社会保障税（実質的に社会保険料）と、信託基金が保有する連邦債の利子収入[14]と、一部の高額給付に課税する個人所得税収である。例えば、2014 年において 2 つの信託基金の財政収入は合計で 8840 億ドルであり、その中で、第 1 の社会保障税は 85% であり、第 2 の利子収入は 11% であり、残りは第 3 の個人所得税収である。財政支出は 8590 億ドルであり、その差額の 250 億ドルが積立金の増加となった。

　社会保障年金の財政方式は概ね「賦課方式（pay-as-you-go basis）」である。純粋な賦課方式であれば、当該年の拠出金（アメリカの場合は社会保障税）はその年の給付に使われるので、積立金は発生しない（年金運営

13）Government Accountability Office（2015）pp. 14, 18-20.
14）信託基金の積立金は連邦債（特別財務省証券）で運用することが、法的に定められている。2014 年には運用の名目利回りが 3.6% であり、インフレの影響を除いた実質利回りは 1.6% である。これは低利回りであるが、世界で最も安全性の高い連邦債で運用するという運用方針が反映されている。信託基金向けの特別財務省証券の利率は、その発行時点における連邦債（満期まで 4 年以内）の平均利回りに等しく設定される。

上の必要な資金残高を保有することはある）。しかし、1984 年（1980 年代のレーガン共和党政権期の 1983 年社会保障改革の翌年）以降の約 25 年間、社会保障年金制度は、純粋な賦課方式から転換して、かなりの水準の積立金を保有してきた。それは、高齢の「受給者人口」に比べて、ベビーブーム世代が大きな現役労働世代として存在したからである。

　上にみたように、社会保障年金の基本構造は、現役労働者として拠出する社会保障税の記録が、高齢者になった時の受給権と受給額の根拠となるので、1980 年代からの四半世紀に高齢受給者の世代よりも人数が多いベビーブーム世代が現役労働者として拠出する社会保障税の記録が、後にベビーブーム世代が高齢退職者になる時に受給権と受給額の根拠となる。したがって、ベビーブーム世代が退職する前に積立金を増大させておいて、その退職後に急増する給付額に備える必要が認識されたことが、1983 年社会保障改革（「満額給付開始年齢の引き上げ」による給付抑制と、「社会保障年金の高額給付への個人所得税課税」による財政収入の増加という制度改革）のための国民的コンセンサスを可能にしたのである[15]。

　そして、いよいよ、ベビーブーム世代が退職して現役労働者から年金受給者に移行し始めると、それまで社会保障年金基金に積み上げてきた積立金を取り崩すプロセスも始まる。GAO 報告は以下のように表現している[16]。

　　社会保障年金のコスト（年金給付：引用者）が社会保障税収を上回り始めた。……この傾向は継続し、（最終的に：引用者）社会保障年金の 2 つの信託基金の積立金が枯渇すると予測される。……具体的には、年金給付が財政収入（保有連邦債の運用収益を除く）を上回るようになったのが、障害者年金（DI）では 2005 年から、高齢者・遺族年金（OASI）では 2010 年からである。……すでに DI 信託基金の財政収支問題は深刻化しており、2016 年までには支払い不能に至ることが予測されてい

---

15) 1983 年社会保障年金改革の詳細については、渋谷博史（2005）第 3 巻第 8 章を参照されたい。

16) Government Accountability Office（2015）pp. 23–24.

70 第2章 アメリカ型福祉国家の再編成と「世界の警察官」からの撤退

る。OASI 信託基金については 2035 年までに支払い不能になることが
予測されている。

すなわち、社会保障年金の財政問題は、長期的な人口動向に規定される
不可逆的な要因によると理解できる。そして、GAO 報告はその人口動向
に立ち入って説明している[17]。

　1970 年代以降の出生率の低下と 1940 年代からの平均寿命の上昇は一
　層進むと予測され、さらに、ベビーブーム世代の退職が進む。……現在、
　アメリカの高齢者は人口の 15% であるが、今後の 30 年間で 21% にな
　ると予測される。

ちなみに、GAO による別の報告[18]によれば、2000 年に高齢者（65 歳
以上）人口が 35.0 百万人（対人口比率 12.4%）であったのが、2018 年に
は 52.8 百万人（16.0%）に増加しており、2030 年には 73.1 百万人（21.6%）
に増加すると予測されている。

さらに、GAO 報告は、人口高齢化と労働人口の増加速度の低下の故に、
「社会保障年金において、より少ない（現役：引用者）労働者が拠出する」
という事態になると述べて、以下のように続けた[19]。

　現在は、社会保障年金の 1 人の受給者を 2.8 人の労働者が支えている
　が、2070 年には支える労働者が 2 人になる。原因は出生率低下と平均
　寿命の上昇の傾向が強まることと、（労働力不足を相殺するほどに：引用
　者）生産性が上昇できないことである。

ちなみに、上述の別の GAO 報告[20]によると、「社会保障年金の受給者

---

17) Government Accountability Office（2015）pp. 27-28.
18) Government Accountability Office（2019）の Figure 1.
19) Government Accountability Office（2015）p. 29.
20) Government Accountability Office（2019）の Figure 4.

一人当たりの加入労働者数」は、2000 年には、支える側の労働者の比率は 3.3 人であり、2015 年に 2.8 人にまで減少するという推移であり、既に 21 世紀に入ってから、この根本的かつ長期的な年金財政問題が本格的に始まっているといえよう。本書の問題意識からいえば、アメリカ型福祉国家の主柱である社会保障年金における根本的かつ長期的な問題を背負いながら、オバマ民主党政権はリーマン恐慌対策を実施し、対テロ戦争の収束を図り、最重要課題の医療保障改革を推進するという状況であった。

　そして、GAO 報告は、連邦財政の全体に位置付けて社会保障年金を説明する。社会保障年金の増加をもたらす人口高齢化等の要因は、同様に、連邦政府の医療関連分野（メディケア、メディケイド等）における急増をもたらすと述べて、以下のように続けた[21]。

　　長期的に、これらのエンタイトルメント支出（federal entitlements：制度設計の法律の規定で給付額が受給権と算定式で非裁量的に決定される：引用者）が増加して、財政収入が追い付かないことが予測される。

　　1984 年（1983 年社会保障改革の翌年：引用者）には、これらの義務的経費（エンタイトルメント支出）と純利子支払い（連邦債への利子支払いから政府内の社会保障年金等の基金保有分への利子を差し引いたもの：引用者）の合計が、財政支出の 55% を占めていたが、2014 年には 66% に増加している。

　すなわち、すでに 1980 年代から連邦財政の硬直化が進行しており、その原因が社会保障年金やメディケアという高齢者向けのエンタイトルメント支出というのである。その高齢者向けエンタイトルメント支出における受給権と算定方式に、人口高齢化要因が急速に作用すれば、非裁量的あるいは義務的にそれは膨張傾向を辿るはずであり、GAO 報告は以下のように述べている[22]。

　21）Government Accountability Office（2015）p. 35.
　22）Government Accountability Office（2015）p. 38.

72 第2章 アメリカ型福祉国家の再編成と「世界の警察官」からの撤退

　人口高齢化と医療費上昇によって財政支出が増加して、財政収入が追い付かないと財政赤字が増大して、連邦政府の危機対応力が低下する。
　また、(財政赤字による連邦債発行で：引用者) 2014 年度末の民間保有残高の対 GDP 比率は 74% に達しており、それは 1950 年(第2次大戦直後) 以来の水準である。……

　そして、何らかの対策、改革を実施しないと年金システムと医療システムへの財政支出が、連邦財政の他の部分に大きな圧力をかけると、警告している[23]。

　最後に、人口の高齢化の進行に伴って「退職後受給者の現役労働者に対する比率」の上昇も進み、したがって、社会保障税収の伸びを上回って年金給付額が増加するという財政状況について、計数的にみておこう。
　表 2-7 で、1990 年度における社会保障年金の中の OASI (高齢者・遺族年金) の信託基金をみると、財政収入 2796 億ドルの中で保険料 (社会保障税) が 2550 億ドル、連邦基金 (日本の一般会計) からの繰入が 246 億ドル (「連邦公務員の保険料の雇用主負担」50 億ドル、「連邦債保有分への利子支払い」151 億ドル、「その他」44 億ドル) であった。他方、財政支出は 2245 億ドルであり、その中で年金給付が 2190 億ドルであった。財政収入の対財政支出の比率を算出すると 1.25 倍であり、また保険料の対年金給付の比率は 1.16 倍である。
　2000 年度になると、財政収入 4843 億ドルの中で保険料 (社会保障税) が 4117 億ドルとなり、財政支出は 3534 億ドルの中で年金給付が 3479 億ドルであり、同様に計算すると、財政収入は財政支出の 1.37 倍、保険料は年金給付の 1.18 倍であった。ブッシュ (子) 共和党政権期の最後の 2008 年度では財政収入 (6929 億ドル) は財政支出 (5099 億ドル) の 1.36 倍、保険料 (5625 億ドル) は年金給付 (5030 億ドル) の 1.12 倍であった。さらに、オバマ民主党政権期の最後の 2016 年度では、財政収入 (7999 億ドル) は財政支出 (7698 億ドル) の 1.04 倍、保険料 (6657 億ドル) は年

---

23) Government Accountability Office (2015) pp. 38-39.

2.2 社会保障年金とメディケア　　73

表 2-7　社会保障年金信託基金の財政構造

(億ドル)

(年度)	1990	2000	2008	2012	2016
社会保障年金信託基金					
高齢者・遺族年金基金					
財政収入	2,796	4,843	6,929	7,290	7,999
保険料	2,550	4,117	5,625	4,868	6,657
連邦基金から繰入	246	726	1,304	2,422	1,342
連邦公務員の保険料の雇用主負担	50	65	112	133	139
連邦債保有分への利子支払い	151	535	1,027	1,052	891
その他	44	125	164	1,236	312
その他収入	＊	＊	＊	＊	＊
財政支出	2,245	3,534	5,099	6,347	7,698
年金給付	2,190	3,479	5,030	6,272	7,621
鉄道退職基金への操出	30	35	36	41	43
利子支払い	10				
運営費	16	20	33	34	34
その他	＊	＊	＊	＊	＊
収支	551	1,308	1,830	943	301
基金残高	2,034	8,932	21,504	25,862	27,966
投資残高	2,037	8,935	21,507	25,867	27,967
障害者年金信託基金					
財政収入	283	771	1,099	1,089	1,504
保険料	266	689	955	827	1,445
連邦基金から繰入	17	81	143	261	58
連邦公務員の保険料の雇用主負担	5	11	19	23	31
連邦債保有分への利子支払い	9	63	110	72	15
その他	3	8	14	167	12
その他収入	＊	＊	＊	＊	＊
財政支出	252	560	1,072	1,386	1,463
年金給付	243	542	1,042	1,351	1,430
鉄道退職基金への操出	1	2	4	5	4
運営費	7	16	25	29	28
利子支払い	1				
その他支出	＊	1	1	1	2
財政収支	31	210	27	-297	41
基金残高	115	1,136	2,160	1,319	457
投資残高	115	1,137	2,165	1,323	459

備考：＊は 0.5 億ドル未満。

出所：Office of Management and Budget（2021）の Table 13.1 より作成。

74　第 2 章　アメリカ型福祉国家の再編成と「世界の警察官」からの撤退

金給付（7621 億ドル）の 0.87 倍であった[24]。

　また、オバマ民主党政権期の 8 年間における変化を計算すると、財政収入は 1070 億ドルの増加（6929 億ドルから 7999 億ドルへ）、その中で社会保険料（社会保障税）が 1032 億ドルの増加（5625 億ドルから 6657 億ドルへ）である。他方、財政支出は 2599 億ドルの増加（5099 億ドルから 7698 億ドルへ）であり、その結果、財政収支は 1529 億ドルの悪化（黒字 1830 億ドルから黒字 301 億ドルへ）である。

　DI（障害者年金）の信託基金においても、2000 年度に財政収入が 771 億ドル、財政支出が 560 億ドル、財政収支が 210 億ドルの黒字であったのが、2016 年度には財政収入が 1504 億ドル、財政支出が 1463 億ドル、財政収支が 41 億ドルの黒字であるが、オバマ民主党政権の 8 年間における基金残高の減少が 1703 億ドル（2160 億ドルから 457 億ドルへ）もあるので、連邦基金からの利子支払いが 110 億ドルから 15 億ドルに減少している。

　高齢者・遺族年金と障害者年金の信託基金を合計すると、オバマ民主党政権の 8 年間で財政収支が 1514 億ドルの悪化（黒字幅の減少）であり、また、基金残高は 2008 年度末の 2 兆 3664 億ドルから 2016 年度の 2 兆 8423 億ドルへと 4759 億ドルの微増ではあるが、対財政支出比率は 3.8 倍から 3.1 倍に低下している。

　以上みたように、オバマ民主党政権期に社会保障年金の信託基金の財政状況が悪化しており、それは、基本的には GAO 報告が指摘するように人口高齢化（ベビーブーム世代の高齢受給者への移行）の進行によるものである。

　つぎに、項を改めて、同様に人口高齢化の進行に規定される政策分野であるメディケアについて検討しよう。

メディケア

　メディケアは 65 歳以上の高齢者と 65 歳未満の障害者に基礎的な医療保

24）なお、2012 年度に連邦基金からの繰入の中で「その他」が 1236 億ドルに急増しているのは、リーマン恐慌対策の一環として緊急措置（社会保障税の臨時減税分を連邦基金で補填した）と思われる。

障を提供する社会保険であり、連邦政府の HHS（Department of Health and Human Services：医療・福祉省）の CMS（Centers for Medicare & Medicaid Services：メディケア及びメディケイド庁）が運営している。メディケアが 1965 年に社会保障法修正法に基づいて創設された時点から、現役世代の被用者及び雇用主は強制加入である。高齢世代の受給の適格要件は、社会保障年金と同様に、現役期における 40 四半期（10 年間）の加入とメディケア社会保障税の納税である。なお、1972 年の改正によって障害者も適格となった。2016 年時点でメディケアの受給者は 57 百万人であり、その内訳は高齢者が 48 百万人、障害者が 9 百万人である[25]。

　メディケアは 4 つの制度で構成される。パート A（Hospital Insurance：HI）は、病院入院費、退院後の高度ナーシング・ホーム（skilled nursing care）やホスピス等の費用をカバーする。HI 信託基金の財源は、主として、メディケア社会保障税（税率 2.9%、雇用主と被用者で折半）であり、2013 年からは高所得層（200 千ドル超の単身申告者、250 千ドル超の夫婦合同申告者）には、その金額を超える部分に税率 0.9% の追加課税がある。

　パート A の登録者が任意で加入できるパート B（Supplementary Medical Insurance：SMI）は、医師診療費（physician services）と病院外来診療費（outpatient services）と予防医療等をカバーする制度であり、SMI 信託基金のパート B 勘定の財源は、加入者保険料（給付の 25%）と、連邦基金（Federal Fund、日本の一般会計に該当する）からの繰入金（給付の 75%）である。

　パート A とパート B はメディケアの原型であり、出来高支払い方式で医療費をカバーする。その原型メディケアの代わりに民間保険を選択するプログラムは、パート C（Medicare Advantage：MA）という制度である。その財源は HI 信託基金（パート A）と SMI 信託基金（パート B）から提供される。すなわち、HI 信託基金と SMI 信託基金からの資金で民間保険が購入できるという仕組みである。また、パート A の登録者が任意で加入できるパート D は、薬剤費をカバーする制度であり、財源は加入者の

25）本項における制度の説明は主として次の文献に依拠している。Congressional Research Service（2016b）pp. 1-9.

76　第 2 章　アメリカ型福祉国家の再編成と「世界の警察官」からの撤退

表 2-8　メディケア信託基金の財政構造と加入者（2016 年）

(億ドル)

	パート A (HI)	SMI パート B	SMI パート D	合計
2015 年末資産残高	1,938	682	13	2,632
財政収入合計	2,908	3,132	1,062	7,102
メディケア社会保障税	2,535			2,535
利子	77	21		98
給付への課税	230			230
加入者保険料	33	721	138	891
連邦基金繰入金	12	2,356	824	3,192
州政府繰入金			100	100
その他	21	34		55
財政支出合計	2,854	2,934	1,000	6,787
給付	2,805	2,895	995	6,695
病院診療費	1,413	496		1,990
高度看護施設費	291			291
在宅治療費	71	115		185
医師診療費		699		699
民間保険購入費（パート C）	852	1,034		1,886
処方薬剤費			995	995
その他	78	550		728
管理費	49	39	5	92
財政収支	54	198	63	315
2016 年末の資産残高	1,991	880	76	2,947
登録者（百万人）				
高齢者	47.5	43.9	36.1	47.8
障害者	9.0	8.2	7.1	9.0
合計	56.5	52.1	43.2	56.8
登録者一人当たり給付（ドル）	4,968	5,558	2,304	12,829

出所：Boards of Trustees, Federal Hospital Insurance and Federal Supplementary Medical Insurance Trust Funds（2017）の Table Ⅱ. B1. より作成。

　保険料と連邦基金からの財政資金と州政府からの繰入金であり、SMI 信託基金のパート D 勘定で管理される。

　次に、メディケアの財政構造（2016 年）について、表 2-8 で検討しよう。

　第 1 に、HI 信託基金（パート A）と SMI 信託基金（パート B 勘定とパート D 勘定）を合計したメディケア信託基金の財政収入が 7102 億ドル、財政支出が 6787 億ドル、財政収支が 315 億ドルの黒字である。

　第 2 に、HI 信託基金では、財政収入が 2908 億ドル、財政支出が 2854

億ドル、財政収支が 54 億ドルの黒字であり、財政事情がかなり逼迫している。財政収入は主としてメディケア社会保障税（2535 億ドル）であり、それ以外では「高額給付への個人所得税課税」（230 億ドル）がある。財政支出では、主として「病院費」（1413 億ドル）と「退院後の高度看護施設費」（291 億ドル）であるが、「民間保険購入費（パート C）」（852 億ドル）が注目される。

第 3 に、SMI 信託基金のパート B 勘定では財政収入が 3132 億ドルであり、HI（パート A）信託基金を上回っており、主として「加入者保険料」（721 億ドル）と「連邦基金繰入金」（2356 億ドル）である。すなわち、上述のようにパート B は任意加入であり、加入者は保険料を拠出するが、その 3 倍以上の連邦基金繰入金があるので、加入者にとって、きわめて有利な医療保険といえよう。財政支出には「医師診療費」（699 億ドル）と「病院診療費」（496 億ドル）があるが、「民間保険購入費（パート C）」（1034 億ドル）が注目される。

すなわち、第 4 に、パート C はパート A 及びパート B に代えて民間保険を購入することができる制度であるが、その購入費がパート A からの 852 億ドルとパート B からの 1034 億ドルで賄われている。したがって、パート A では給付 2805 億ドルから 852 億ドルを差し引いた 1953 億ドルが病院診療費等に支払われており、パート B では給付 2895 億ドルから 1034 億ドルを差し引いた 1861 億ドルが医師診療費や病院診療費に支払われている。パート A 及びパート B の純給付 1953 億ドルと 1861 億ドルと比較して、パート C の 1886 億ドルがほぼ同規模である。

第 5 に、SMI 信託基金のパート D 勘定では、財政収入の 1062 億ドルの内訳は主として「加入者保険料」（138 億ドル）と「連邦基金繰入金」（824 億ドル）であり、パート B 勘定と同じ構造であるが、「州政府繰入金」（100 億ドル）は州政府が管轄・運営するメディケイド（医療扶助）の登録者がパート D に加入する場合の繰入金であり、州政府の側ではメディケイドから支出されている。財政支出の 1000 億ドルのほとんどが「処方薬剤費」（995 億ドル）に充てられている。

第 6 に、登録者数では、全体で 56.8 百万人であり、内訳は高齢者が

47.8 百万人、障害者が 9.0 百万人である。登録者一人当たりの給付額では
パート A（HI）が 4,968 ドル、パート B が 5,558 ドル、パート D が 2,304
ドルであり、全体で 12,829 ドルであるが、パート A とパート B からの
「民間保険購入費（パート C)」を差し引いて計算すると、パート A は
3,457 ドル、パート B は 3,572 ドルとなる。

メディケアの給付抑制策——信託基金理事会の分析と提言

ここで取り上げるのは、メディケア信託基金の理事会による年次報
告[26](2017 年)である（以下では『理事会報告』と略記)。その中で、医療給
付費の抑制策について、以下のように分析している[27]。

第 1 に、人口高齢化によってメディケア給付の膨張圧力が強まる中で抑
制策が講じられるが、オバマ・ケア（2010 年 ACA（Affordable Care Act）
及び 2010 年 Health Care and Education Reconciliation Act）の重要な一環
として、メディケアについて、費用引下げや財政収入増加、給付改善や不
正防止、医療内容向上と費用節約を目的とする医療システム（医療サービ
ス提供者への支払い方法、医療サービス提供システム等）の改革が求めら
れた。

その中で重要なのは、メディケアの医療サービス提供者への年間支払い
額の増加を、「アメリカ経済全体の生産性上昇率（growth in economy-
wide private nonfarm business multifactor productivity）（以下では全生
産性上昇率と略記)」を限度とするという費用抑制策である。「もし、医療
サービス提供者が全生産性上昇率を達成するほどに効率化が進まず、また、
民間保険から医療サービス提供者への支払い単価が従来の交渉ベースで決
定されれば、民間保険の支払い単価がメディケアのそれを上回るので、民
間保険の加入者に比べて、メディケア受給者に提供される医療サービスの
質が低下する」というのである[28]。

---

26) Boards of Trustees, Federal Hospital Insurance and Federal Supplementary
Medical Insurance Trust Funds（2017).
27) Boards of Trustees, Federal Hospital Insurance and Federal Supplementary
Medical Insurance Trust Funds（2017) p. 3.

2.2　社会保障年金とメディケア　　79

　第2に、2008年以降、アメリカの国民医療支出の増加は、それ以前の歴史的な傾向よりも小さくなっていたが、その増加率の低下の理由として、第1にリーマン恐慌による経済不況、第2に医療セクターにおけるコスト抑制努力等があり、近年の公的部門（メディケア、メディケイド等：引用者）及び民間保険における厳しい支払い額抑制策の故に、医療セクターが効率化を進めたとも考えられる。

　すなわち、この『理事会報告』では、近年の「一人当たり医療費」の抑制策、その成果としての増加率の鈍化を前提として、オバマ・ケアによるコスト抑制策が追加されたという分析である。ところが、そのようなコスト抑制策にもかかわらず、2029年にHI信託基金の積立金が枯渇すると予測している[29]。具体的には、「2016年のHI信託基金の財政黒字は54億ドルであり、2017-22年の期間はこの水準の黒字が続くが、それ以降は赤字に転じて2029年までに積立金が枯渇する」という予測である。なお、SMI信託基金（パートB及びパートD）については、当該年のコストに合わせて加入者保険料と連邦基金繰入を調整する仕組み（パートBのコストが増加しても、連邦基金繰入金の増額によって加入保険料の伸びを抑制する）がある。

　そして、『理事会報告』は以下のように提言している[30]。

　　2016年の財政支出合計は6790億ドルである。信託基金理事会の予測では、今後も、財政支出の増加率は労働者の稼得所得の合計（メディケ

---

28) 第3章で取り上げる議会公聴会（U.S. House Committee on Ways and Means
　　（2009a）p. 73）によれば、逆に、2006年時点に、公的制度（メディケア、メディ
　　ケイド等）による赤字を相殺するために、民間保険の医療サービス提供者への支払
　　い部分の黒字が使われている、すなわち、費用の転嫁があるという事実が確認され
　　ている。2010年医療保障改革の一環として公的制度の費用抑制策が強化されると、
　　アメリカの医療システムの全体にいかなる影響を及ぼすのか、今後の研究課題とし
　　たい。
29) Boards of Trustees, Federal Hospital Insurance and Federal Supplementary
　　Medical Insurance Trust Funds（2017）pp. 7-8.
30) Boards of Trustees, Federal Hospital Insurance and Federal Supplementary
　　Medical Insurance Trust Funds（2017）p. 9.

ア社会保障税の課税ベース：引用者）や、経済全体の成長率を上回るであろう。……もし、メディケアの医療サービス提供者への医療費支払い単価への増加抑制策の効果が持続しなければ、……（メディケア財政の持続可能性が悪化して：引用者）労働者、アメリカ経済、メディケア受給者、連邦財政への重圧が増すことになる。

　近い将来の改革が必要である。柔軟かつ段階的な改革を実施するには、改革の早期実現が望まれる。改革に早く取り掛かることで、医療サービス提供者やメディケア受給者や納税者にとって対応するための時間的余裕を提供できる。

　すなわち、社会保障年金と同様に、社会保障年金受給者に医療保障を提供するためのメディケア（社会保険）も、人口高齢化、特にベビーブーム世代の現役労働者から退職受給者への移行が進むのに伴って、それぞれの信託基金の財政状況に現れる悪化という「黄信号」が灯っている間に改革に取り掛かることを提言している。

　21世紀の人口高齢化に伴う福祉国家の再編・改革という最重要な政策分野の主軸となる社会保障年金とメディケアについて、オバマ民主党政権期にすでに議論が進み、問題点や改革の方向性を連邦議会の民主・共和両党、行政側の社会保障庁やCMSが共有していたこと、そして、それにもかかわらず、具体的な改革への作業は持ち越された。

2.3　メディケイド

　本章第1節でみたように、オバマ民主党政権期（2009-16年度）における福祉（広義）の増加の中で、「医療等」（2307億ドル）が社会保障年金（2991億ドル）に次いで第2位であった（前出表2-5）。その「医療等」の主力がメディケイド（医療扶助）であり、前出表2-6で2016年度における財政規模をみると3683億ドルである。ところで、同表では連邦政府の「個人への移転」を直接支出と連邦補助金に分類しており、社会保障年金やメディケアは直接支出であるが、メディケイドは全額が連邦補助金であ

る。別の見方をすれば、同表における連邦政府の「個人への移転」における連邦補助金 4999 億ドルの中で、メディケイドの 3683 億ドルが 74% を占めている。

　後述のように、メディケイドは、連邦政府が運営する社会保険とは違って、州政府が主体的に運営する医療扶助制度であり、連邦政府は連邦補助金の交付要件を通して大枠を設定するという仕組みである。州政府がメディケイドを設立して連邦補助金の交付を受けるか否かは、州政府の側の主体的な選択とされるが、実際に全米の州政府が実施しており、アメリカ経済社会にとって最重要かつ不可欠な社会インフラとして機能している。その社会的な役割について考察することから始めよう。

アメリカ医療システムにおけるメディケイドの位置づけ

　2016 年のアメリカ全体における医療保障の構造を、表 2-9 でみると、第 1 に、主軸である民間保険の比重が 62.8%、それを補完する公的制度は 35.6%（メディケアが 16.8%、メディケイド及び CHIP が 18.8%）であり、無保障者が 8.5% である[31]。

　第 2 に、それぞれの制度における年齢層をみると、アメリカ全体では未成人（0-18 歳）が 24.5%、成人（高齢者を除く：19-64 歳）が 60.4%、高齢者（65 歳以上）が 15.1% であり、主軸である民間保険では未成人が 21.5%、成人が 66.9%、高齢者が 11.6% である。メディケアでは未成人が 0.5%、成人が 14.1%、高齢者が 85.4% であり、高齢者及び障害者の社会保険という特質が現れている。他方、メディケイド及び CHIP では、未成人が 48.9%、成人が 44.9%、高齢者が 6.3% であり、公的制度の中でメディケ

---

31) 後出の表 3-6（第 3 章、センサス局の資料）とは数値が異なる。メディケイド登録者には、通年の登録者もいるが、一時的な登録者もいる。本章の表 2-9 の元資料である、NHIS（National Health Interview Survey）という調査では 2016 年内の特定の調査時点における数値であり、後出表 3-6 では当該年に一人の個人がメディケイド登録の時期と別の医療保険を得る時期がある場合もあるので重複計上になっている。ここでは、表 2-10 の国民医療費の構成との対比を行うために NHIS 調査に基づく統計数値を利用するが、第 3 章では医療保障の州別データがあるセンサス局統計を使う。

82   第2章　アメリカ型福祉国家の再編成と「世界の警察官」からの撤退

表2-9　アメリカの医療保障の構造（2016年）

(%)

	合計	メディケア	民間保険	メディケイド・CHIP	無保障
医療保障の構成	100.0	16.8	62.8	18.8	8.5
年齢構成					
0-18歳	24.5	0.5	21.5	48.9	15.5
19-64歳	60.4	14.1	66.9	44.9	83.3
65歳以上	15.1	85.4	11.6	6.3	1.3
人種					
ヒスパニック	17.9	8.5	12.6	31.0	36.3
白人	62.4	76.3	70.2	40.8	43.4
黒人	12.6	10.5	9.9	21.0	14.1
その他	7.1	4.7	7.4	7.2	6.3

出所：Medicaid and CHIP Payment and Access Commission（2017）のEHIBIT 2より作成。

アがカバーできない未成人と成人（低所得層・貧困層）への支援制度（社会保険ではなく財政資金による医療扶助）という特質が現れている。

　第3に、無保障者の年齢構成をみると、未成人が15.5%、成人が83.3%、高齢者が1.3%である。後述のようにオバマ・ケア（2010年ACA）によるメディケイド拡大（貧困層の健常な成人への適用拡大）が2014年から実施されたが、それでも、雇用主提供医療保険を主体とする民間保険とメディケイドの狭間に取り残される成人が多く存在するという事実が現れている。ちなみに、同表の元資料によると、インタビュー調査時点において、無保障者の71%が「1年以上の無保障状態」と答えており、残りの29%が「1年以内」と答えている。

　第4に、人種別の状況をみると、アメリカ全体では白人（ヒスパニックを除く）が62.4%、ヒスパニックが17.9%、黒人（ヒスパニックを除く）が12.6%、その他（アジア系等）が7.1%という構成である。主軸である民間保険では白人が70.2%、ヒスパニックが12.6%、黒人が9.9%、その他が7.4%であり、白人が相対的に大きな比重を占めている。高齢者及び障害者の社会保険であるメディケアでは白人が76.3%、ヒスパニックが8.5%、黒人が10.5%、その他が4.7%であり、民間保険よりもさらに、白人が大きな比重を占めている。他方、低所得層や貧困層の医療扶助であるメディケイド及びCHIPでは白人が40.8%、ヒスパニックが31.0%、黒人が

表2-10　アメリカの国民医療費の構成（2015年）

	名目額（億ドル）	構成（%）
合計	32,056	100.0
メディケイド	5,451	17.0
CHIP	146	0.5
メディケア	6,462	20.2
民間保険	10,723	33.4
軍人・退役軍人医療費	1,065	3.3
その他	4,829	15.1
自己負担	3,382	10.5

出所：Medicaid and CHIP Payment and Access Commission
(2017) の EHIBIT 3 より作成。

21.0%、その他が 7.2% であり、アメリカ社会における人種的な格差が反映
されており、見方を変えれば、その医療保障面における格差への対策とし
てのメディケイド及び CHIP の役割が果たされているともいえよう。しか
し無保障者の人種構成をみると、白人が 43.4%、ヒスパニックが 36.3%、
黒人が 14.1%、その他が 6.3% であり、民間保険と公的制度の狭間に取り
残される無保障者の中にも人種間の格差が強く反映しており、特にヒスパ
ニックの大きな比重が際立っている。

　次に表 2-10 で 2015 年の国民医療費に立ち入って検討しよう。

　第 1 に、全体の 3 兆 2056 億ドルの中で、主軸の民間保険（雇用主提供
医療保険が中心）が 1 兆 0723 億ドル、メディケアが 6462 億ドル、メディ
ケイドが 5451 億ドル、CHIP が 146 億ドル、軍人・退役軍人医療費が
1065 億ドル、その他が 4829 億ドル、自己負担が 3382 億ドルである。構
成比では、民間保険が 33.4%、メディケアが 20.2%、メディケイドが
17.0%、CHIP が 0.5%、軍人・退役軍人医療費が 3.3%、その他が 15.1%、
自己負担が 10.5% である。

　すなわち、表 2-9 の加入者・登録者の人数では民間保険は 62.8% を占め
ていたが、表 2-10 の国民医療費では 33.4% である。他方、メディケアは
人数では 16.8% であるが国民医療費では 20.2% であり、メディケイド及び
CHIP は人数が 18.8%、国民医療費が 17.5% である。民間保険は現役世代
の成人の比重が高く、一人当たり医療費はメディケアよりも少なくなるの

表2-11 メディケイドの登録者構成と一人当たり給付費（2016年度）

	登録者 （百万人）	給付費 （百万ドル）	一人当たり 給付費（ドル）
合計	70.8	537.5	7,590
未成年	28.1	99.9	3,555
成人	15.3	79.1	5,159
成人（メディケイド拡大）	11.2	66.5	5,965
障害者	10.6	208.4	19,754
高齢者	5.7	83.6	14,700

出所：Center for Medicare & Medicaid Service（2017）の Table 21 より作成。

は当然であろう。ちなみに、表2-11でメディケイドの登録者構成と一人当たり給付費（2016年度）をみると、高齢者や障害者における一人当たり給付費は14.7千ドルと19.8千ドルであるのに対して、成人（メディケイド拡大；オバマ・ケアによって新規に適格者になった健常な低所得層の成人）は6.0千ドルである。

他方、表2-9にみるように、メディケイドは、未成人及び現役世代の比重の合計が93.8%であり、高齢者は6.3%であるので一人当たり医療費は少なくなると思われるが、実際には、民間保険よりかなり大きいようである。原因としては、メディケイド登録者は民間保険加入者に比べて、疾病のリスクが高く、また予防医療の不足や発病後の治療の遅れで医療費が膨張することかもしれない。

以上の医療保障システムの構造を逆からみれば、疾病リスクが大きく、一人当たり医療が相対的に高い集団をメディケア及びメディケイドの公的制度がカバーしており、主軸である民間保険は相対的に疾病リスクが小さく、一人当たり医療費が相対的に低い集団を対象とすることができるので、保険業としての採算がとりやすい状況が形成されている。

本項では、アメリカ医療システムにおけるメディケイドの位置づけと役割をみてきたが、次に項を改めて、そのメディケイドの基本的な制度設計を検討しよう。

メディケイドの制度設計

上述のように、アメリカの医療保障システムにおいて、社会保険は高齢

2.3 メディケイド 85

者及び障害者を対象とするメディケアに限定されており、アメリカ自由主義の基盤となる自分の勤労に依拠して本人と家族の医療保障を獲得する雇用主提供医療保険が主軸である。その原則的な仕組みから取り残される階層に対して医療保障を提供するのがメディケイド（医療扶助）である。その基本的な制度設計は以下の通りである[32]。

　第1に、メディケイドは連邦政府と州政府が共同で運営する医療扶助の制度であり、初期診療や急性医療や長期療養（long-term services and supports：LTSS）を、低所得層及び貧困層の多様な集団（未成人、妊婦、健常な成人、障害者、高齢者）に提供している。2014年度に、65百万人の受給者に4980億ドルの給付をしており、その中で連邦政府が3030億ドルを負担した（メディケイド補助金）。

　第2に、メディケイド受給の適格要件は連邦法及び州法で決定される。具体的には連邦法による大枠を前提として各州政府が適格基準を設定する。適格基準にはカテゴリー基準と経済基準の両方を満たすことが求められる。カテゴリー基準では、高齢者、障害者、未成人、妊婦、「要扶養未成人を有する成人」、「要扶養未成人を有しないが特定条件の成人」があり、経済要件では所得や資産の上限がある。さらにアメリカ国籍や移民法上の地位という要件もある。

　第3に、メディケイドの給付には予防医療、初期診療、急性医療、長期療養（LTSS）等がある。その中には、従来の民間保険が排除・制限した分野も含まれており、具体的には障害者等の長期療養、医療サービス提供者へのアクセスが困難な地域に居住する困窮者への適用、看護施設サービス、早期定期診断診療（early and periodic screening, diagnosis, and treatment：EPSDT）サービスである。また、州政府の側の裁量性が尊重されており、各州政府のメディケイドにおける医療サービス提供システムは地域的に多様であり、さらに、医療サービス提供者に対する診療報酬料率も多様である[33]。

　第4に、連邦補助金の交付を受けてメディケイド制度を実施するか否か

32）本項における制度の説明は主として次の文献に依拠している。Congressional Research Service（2015c）pp. 1-10.

は、州政府の側の主体的な選択とされるが、実際には、すべての州（ワシントン DC も含む）が実施しており、それぞれの州政府がメディケイドを運営している。また、メディケイド補助金は連邦政府にとって「エンタイトルメント支出」であり、連邦法に基づく要件を満たす限りにおいて、州政府の制度設計と運営の下で適格受給者への適正な医療サービスの費用について、連邦補助率（後述）に基づいて算定される補助金額を交付することが義務とされる。

第 5 に、州政府は、連邦補助金の交付要件となる連邦ルールを遵守することが求められるが、連邦法による大枠を前提として、それぞれの州のメディケイド制度を柔軟に設計することができるので、それぞれの州によって多様な制度になっている。なお、各州政府は、メディケイドの運営方法を定めた「メディケイド州計画（Medicaid state plan)」を連邦政府のCMS（Centers for Medicare & Medicaid Services）に提出して、承認を得ることになっている。

第 6 に、Mandatory ルールによって州政府が義務付けられるのは、以下の集団に対するメディケイド給付である。①「AFDC（Aid to Families with Dependent Children：要扶養未成人家族扶助」）の経済要件を満たす低所得層の家族、②「FPL133% 未満の家族の妊婦と 18 歳以下の未成人」、③「SSI（Supplemental Security Income：公的扶助）を受給する高齢者（65 歳以上）と視覚障害者と障害者」、④「養子支援扶助の受給者」等である[34]。

第 7 に、Optional ルールによって州政府が実施することが認められる（連邦補助金が交付される）のは、以下の集団へのメディケイド給付である。①「FPL133 〜 185% の家族の妊婦と幼児」、②「SSI 給付水準 300% 未満で看護施設サービス等の適格者」、③「（高額医療費による）医療困窮者」、④「勤労する障害者」、⑤「オバマ・ケアのメディケイド拡大によっ

33）詳細については次の文献を参照されたい。Congressional Research Service （2015c) pp. 7-10.

34）合法移民や政治的亡命者に関する規定は次の文献を参照されたい。Congressional Research Service （2015c) p. 3.

て適格要件を満たす成人（非高齢者、FPL 133% 未満：第 3 章でみるように、2010 年 ACA の立法時には Mandatory ルールの対象であったがその後の違憲判決によって Optional ルールに移行した）」等である。

　本節におけるメディケイドの検討では、アメリカの医療保障システムの主軸である民間保険（雇用主提供医療保険が中心）から取り残される低所得層・貧困層に対するセイフティネットとして補完的な役割を担っていることをみてきた。このメディケイドの特質を前提・与件として、オバマ・ケアが実施されたのであり、第 3 章でみるように、その改革によってメディケイドのセイフティネットの機能と効果は一層拡充されたのである。
　なお、前出の表 2-6 でみたように、オバマ・ケアにおけるメディケイドの拡充は連邦補助金の拡大を通して実現している。そのメディケイド補助金の仕組みに内蔵される州・連邦関係の分権性と多様性が、オバマ・ケアの「メディケイド拡大」にも反映される。オバマ民主党政権の強い主導性によるセイフティネット・システムの拡充の中にその分権性と多様性が織り込まれるプロセスは、第 3 章で検討する。

2.4　純利子と信託基金

　前出表 2-5 における純利子とは、連邦基金（日本の一般会計に当たる）の借入である連邦債に対する利子支払い（総利子）から、信託基金（日本の特別会計に当たる）の保有する連邦債への利子支払いを差し引いたものであり、換言すれば、政府部門の外で保有される連邦債の利子支払いである。
　表 2-12 にみるように、連邦債の発行残高は 2008 年度末に 9 兆 9861 億ドルであったのが 2016 年度末には 19 兆 5395 億ドルに増加しており、その対 GDP 比率では 67.7% から 105.2% へと 37.5 ポイントの増加である。その中で連邦政府基金保有が 0.5 ポイント（28.4% から 28.9% へ）の微増であり、連邦政府外の所有が 36.8 ポイントの増加（39.4% から 76.2% へ）である。さらにその連邦政府外の中で連邦準備が所有する部分は 10.0 ポ

88　　第 2 章　アメリカ型福祉国家の再編成と「世界の警察官」からの撤退

表 2-12　連邦債の所有構造

年度末	残高（億ドル）					対 GDP 比率（％）				
	連邦債合計	連邦政府基金保有	連邦政府外			連邦債合計	連邦政府基金保有	連邦政府外		
			小計	連邦準備	その他			小計	連邦準備	その他
2000	56,287	22,189	34,098	5,114	28,984	55.6	21.9	33.7	5.1	28.6
2008	99,861	41,830	58,031	4,911	53,119	67.7	28.4	39.4	3.3	36.0
2009	118,759	43,311	75,447	7,692	67,755	82.3	30.0	52.3	5.3	46.9
2012	160,509	47,698	112,811	16,453	96,358	100.0	29.7	70.3	10.2	60.0
2016	195,395	53,718	141,676	24,635	117,042	105.2	28.9	76.2	13.3	63.0

出所：Office of Management and Budget（2021）の Table 7.1 より作成。

イント（3.3% から 13.3% へ）の増加であるが、その連邦準備を除く「その他」（国内の金融機関や個人投資に加えて外国の所有分も含まれる）が 27.0 ポイント（36.0% から 63.0% へ）も増加している。

　すなわち、オバマ民主党政権期における財政赤字を賄うための連邦債の増発によって発行残高が大きく累積する中で、従来は連邦政府内部の信託基金で吸収していた部分が相対的に減少したので、政府外部の所有分が大きく増加している。一方では連邦準備による信用拡大による吸収分もあるが、他方では、国内の民間部門だけではなく外国の所有になる部分も大きく増加している。例えば、発行残高に占める政府内保有の比重を算出すると、2008 年度末の 42% から 2016 年度末の 27% に減少している。

　次に、連邦基金の赤字を賄う連邦債を連邦政府内の信託基金が吸収するというメカニズムを、表 2-13 で検討しよう。2008 年度に連邦基金は財政収入が 1.57 兆ドル、財政支出が 2.30 兆ドル、財政赤字が 0.72 兆ドルである。他方、信託基金（社会保障年金、メディケア等）は財政収入が 1.50 兆ドル、財政支出が 1.23 兆ドル、財政黒字が 0.27 兆ドルである。したがって、連邦基金の赤字の中から 0.27 兆ドルを信託基金の黒字で賄ったことになる。連邦債の増発分の一部を信託基金の積立金の増加で吸収したことになる。

　ところが、本章の第 2 節でみたように、人口高齢化が進む中で社会保障年金やメディケアの信託基金の財政収支が悪化した（財政黒字の減少）ので、上記の連邦債の吸収メカニズムの規模が縮小している。名目額でみる

2.4 純利子と信託基金　　89

表 2-13　連邦基金と信託基金

(億ドル)

年度	財政収入				財政支出				財政収支		
	合計	連邦基金	信託基金	基金間移転	合計	連邦基金	信託基金	基金間移転	合計	連邦基金	信託基金
2000	20,252	13,260	9,949	−2,957	17,890	13,244	7,603	−2,957	2,362	16	2,346
2008	25,240	15,718	15,001	−5,479	29,825	22,964	12,340	−5,479	−4,586	−7,246	2,661
2009	21,050	11,670	15,314	−5,934	35,177	27,069	14,041	−5,934	−14,127	−15,400	1,273
2012	24,500	15,457	16,219	−7,176	35,266	27,121	15,321	−7,176	−10,766	−11,664	899
2016	32,680	20,899	19,442	−7,661	38,526	28,593	17,594	−7,661	−5,847	−7,694	1,847

(対 GDP 比率、%)

年度	財政収入				財政支出				財政収支		
	合計	連邦基金	信託基金	基金間移転	合計	連邦基金	信託基金	基金間移転	合計	連邦基金	信託基金
2000	20.0	13.1	9.8	−2.9	17.7	13.1	7.5	−2.9	2.3	0.0	2.3
2008	17.1	10.7	10.2	−3.7	20.2	15.6	8.4	−3.7	−3.1	−4.9	1.8
2009	14.6	8.1	10.6	−4.1	24.4	18.8	9.7	−4.1	−9.8	−10.7	0.9
2012	15.3	9.6	10.1	−4.5	22.0	16.9	9.5	−4.5	−6.7	−7.3	0.6
2016	17.6	11.2	10.5	−4.1	20.7	15.4	9.5	−4.1	−3.1	−4.1	1.0

出所：Office of Management and Budget（2021）の Table 1.2 と Table 1.4 より作成。

　と、信託基金の黒字幅は 2008 年度の 0.27 兆ドルから 2009 年度と 2012 年
度には大きく減少した後に 2016 年度には 0.18 兆ドルに回復するが、2008
年度の水準には至っていない。黒字幅の対 GDP 比率をみると、2008 年度
の 1.8% に比べて 2016 年度は 1.0% である。他方、前出表 2-12 では、オバ
マ民主党政権期に連邦債残高の対 GDP 比率は 37.5 ポイント（67.7% から
105.2% へ）も増加するが、連邦政府基金保有は 0.5 ポイント（28.4% から
28.9% へ）の微増であり、その結果、連邦政府外の所有が 36.8 ポイント
（39.4% から 76.2% へ）の増加である。

　しかし、前出表 2-5 に戻ってみると、純利子（連邦政府外所有の連邦債
への利子支払い）は、2008 年度の 2528 億ドルから 2016 年度には 2400 億
ドルへと減少している。その原因は、リーマン恐慌対策とその後の不況対
策として連邦準備が低金利政策を持続させたことで、連邦債の利回りも 3
ヶ月短期債が 2008 年の 1.48% に比べて 2016 年は 0.33% であり、10 年満
期の長期債も 3.66% から 1.84% の低水準に抑えられたことである
（表2-14）。なお、周知のように、次のトランプ共和党政権期になると景
気の回復に伴って金利水準も上昇したことで、上述のように人口高齢化に

90　第2章　アメリカ型福祉国家の再編成と「世界の警察官」からの撤退

表 2-14　連邦債の利回り

(%)

	短期債		中長期債		
	3ヶ月債	6ヶ月債	3年債	10年債	30年債
2006	4.73	4.80	4.77	4.80	4.91
2007	4.41	4.48	4.35	4.63	4.84
2008	1.48	1.71	2.24	3.66	4.28
2009	0.16	0.29	1.43	3.26	4.08
2010	0.14	0.20	1.11	3.22	4.25
2011	0.06	0.10	0.75	2.78	3.91
2012	0.09	0.13	0.38	1.80	2.92
2013	0.06	0.09	0.54	2.35	3.45
2014	0.03	0.06	0.90	2.54	3.34
2015	0.06	0.17	1.02	2.14	2.84
2016	0.33	0.46	1.00	1.84	2.59

出所：Council of Economic Advisers（2020）の Table B-42 より作成。

よって「信託基金による連邦基金の赤字を吸収するメカニズムの縮小」という現象が顕在化している[35]。

2.5　軍縮と対テロ戦争のコスト——軍事支出と退役軍人支出

退役軍人支出

　退役軍人（Veteran）は、アメリカ社会において「特別な敬意」が払われる存在である。第1章で引用したオバマ大統領の就任演説においても、「アメリカ国民の偉大さは、与えられるものではなく、自分で作り出すもの」であり、「先人のリスク・テイクと実践と努力によって、繁栄と自由の道が構築されてきた」のであり、「Concord（独立戦争）や Gettysburg（南北戦争）や Normandy（第2次大戦）や Khe Sahn（ベトナム戦争）における戦いで死んだ人々もいる」と述べている。すなわち、アメリカ国内の勤勉な労働と、同様に、命懸けの戦争も「繁栄と自由の道」にとって不可欠な実践と位置付けている。そういう文脈の中で退役軍人支出は「聖域的な分野」であり、対テロ戦争のイラク作戦とアフガニスタン作戦にお

35）渋谷博史（2023）の第3章を参照されたい。

ける死傷者の増加に伴って顕著な増加傾向を辿っている。

前出表 2-5 で「退役軍人」をみると、2008 年度の 847 億ドルから 2016 年度の 1746 億ドルへと 899 億ドルも増加しており、増加額では所得保障（公的扶助、連邦公務員年金等）の 829 億ドルを上回っており、2016 年度時点の規模では教育・社会サービスの 1097 億ドルを上回っている。同表の元資料[36]によれば、退役軍人所得保障（増加 454 億ドル；414 億ドルから 868 億ドルへ）と退役軍人医療費（増加 282 億ドル；370 億ドルから 652 億ドルへ）と「退役軍人教育・職業訓練・リハビリ」（増加 117 億ドル；27 億ドルから 144 億ドルへ）が主力である。

退役軍人省（Department of Veterans Affairs：VA）が運営する退役軍人年金は、低所得層の退役軍人あるいは遺族に給付される。2013 年度における退役軍人障害年金の受給者は 308 千人、平均年金額は 11.3 千ドルであり、退役軍人遺族年金の受給者は 210 千人、平均年金額は 7.0 千ドルである[37]。

退役軍人省の退役軍人医療庁（Veterans Health Administration：VHA）が運営する退役軍人医療制度の基本的な制度設計は以下の通りである[38]。第 1 に適格基準は主として「兵役に起因する障害」等である。第 2 に、その医療サービス提供システムはアメリカ国内最大の規模であり、1.7 千の医療サービス施設（医療センター、コミュニティ・ベースの通院クリニック、看護施設、Vet Center[39]等）を運営しており、すべて直営である。

第 3 に、2000 年度の登録者は 4.9 百万人（退役軍人の 19%）であったが、2016 年度には 9.1 百万人に増加しており、その最大の原因は「対テロ戦争」の後遺症である。ちなみに、後出表 4-1 及び表 4-2（第 4 章）でみるようにイラク作戦の最大軍人数は 2007 年度第 4 四半期の 16.6 万人、アフガニスタン作戦では 2011 年度第 2 四半期の 10.0 万人である。また、オバマ回顧録は、「ウォルター・リード陸軍医療センターやベセスダ海軍医療

---

36) Office of Management and Budget（2021）の Table 3.1 と Table 3.2。

37) Congressional Research Service（2015d）pp. 1, 7-8.

38) Congressional Research Service（2016a）pp. 1-2.

39) 退役軍人のためのコミュニティ・ベースのカウンセリング・センターであり、社会サービスから心理カウンセリングまで幅広いサービスを提供する。

センターを訪れて負傷した兵士たちに会うたびに、私はその恐ろしい代償を思い知らされた」と述べている[40]。

次に、これらの退役軍人の医療費や障害年金、遺族年金の増加の原因となっている対テロ戦争も含めた軍事支出を検討しよう。

軍事支出

前出表 2-5 で軍事支出の推移をみると、2008 年度（ブッシュ（子）共和党政権の最後）において連邦財政支出の合計 2 兆 9825 億ドルの中で軍事支出は 6161 億ドル（20.7%）であったのが、オバマ民主党政権第 1 期の最終年度である 2012 年度には連邦財政支出の 3 兆 5266 億ドルの中で軍事支出は 6779 億ドル（19.2%）であり、第 2 期の最終年度である 2016 年度には連邦財政の合計 3 兆 8526 億ドルの中で軍事支出は 5934 億ドル（15.4%）である。

本書の第 4 章で詳しく検討するように、2008 年度（ブッシュ（子）共和党政権期の最後）に「対テロ戦争（Global War on Terror）」費として管理されていた中東作戦の戦費が、オバマ民主党政権期の 2012 年度と 2016 年度には「臨時海外軍事作戦（Overseas Contingency Operation：OCO）」会計で管理されている。なお、表 2-5 の軍事支出は実績ベースの財政支出（Outlay）であるが、軍事支出を、基本予算と「対テロ戦争」の戦費（「対テロ戦争」費あるいは OCO 予算）に分離した統計が見つからなかったので、予算権限（Budget Authority）ベースの表 2-15 を使って、検討を進めることにする。

2008 年度には軍事支出（実績）は 6161 億ドル（前出表 2-5）であり、他方、予算権限は 6659 億ドルであり、予算権限の中で基本予算（Base Budget）が 4790 億ドル、「対テロ戦争」費が 1869 億ドルである。すなわち、その予算権限の中で基本予算が 72%、「対テロ戦争」費が 28% を占めている。

2016 年度には軍事支出（実績）は 5934 億ドルであり、他方、予算権限が 5803 億ドルであり、軍事支出が予算権限を上回っている（軍事支出の

40）オバマ（2020）下巻、352-353 頁。

2.5 軍縮と対テロ戦争のコスト　　93

表 2-15　国防省の予算権限額

(億ドル)

		合計	軍人 人件費	運用・ 維持費	兵器 購入費	技術 開発費	軍事 建設費	家族 住宅費	その他
2001	国防省合計	3,161.9	768.9	1,247.4	626.1	415.9	54.2	36.8	12.5
	基本予算	2,874.2	763.7	982.5	616.3	411.1	53.6	36.2	10.8
	対テロ戦争費	229.3		217.7	11.7				
	その他	58.4	5.2	47.2	-1.9	4.9	0.6	0.6	1.8
2008	国防省合計	6,659.4	1,362.6	2,551.3	1,649.8	795.7	220.6	28.4	51.0
	基本予算	4,790.3	1,171.2	1,617.8	991.1	779.6	178.3	28.3	24.0
	対テロ戦争費	1,869.1	191.4	933.5	658.7	16.1	42.3	0.1	27.0
2012	国防省合計	6,454.9	1,529.8	2,859.9	1,183.2	720.3	113.7	16.8	31.3
	基本予算	5,304.1	1,416.8	1,992.1	1,022.6	715.1	113.7	16.8	27.0
	OCO 予算	1,150.8	112.9	867.8	160.5	5.3			4.4
2016	国防省合計	5,803.0	1,385.5	2,444.4	1,188.7	690.1	69.1	12.6	12.7
	基本予算	5,216.6	1,353.3	1,974.7	1,107.4	687.8	69.1	12.6	11.8
	OCO 予算	586.4	32.2	469.7	81.3	2.3			0.9

備考：予算権限（Budget Authority）とは、連邦議会の歳出委員会で毎年の歳出予算法（Appropriations Act）によって付与され、その限度内で各省が実際の支出（Outlay）を行う。渡瀬（2012）20 頁。
出所：Office of the Under Secretary of Defense（Comptroller）（2016）の Table 2-1 より作成。

ために 2015 年度以前から残っていた予算権限も使用している）。なお、2016 年度の予算権限 5803 億ドルの中で、基本予算が 5217 億ドル、OCO 予算が 586 億ドルであり基本予算が 90%、OCO 予算が 10% を占めている。

　すなわち、前出表 2-5 と表 2-15 の検討から、オバマ民主党政権期には中東地域における対テロ戦争を縮小して、その余力を軍事支出の基本予算に回したことで、名目額では基本予算（予算権限ベース）は 2008 年度の 4790 億ドルから 2016 年度の 5217 億ドルに増加したことが分かった。すなわち、本来的なアメリカの軍備の強化に集中したといえよう。

　ところが、後出表 4-7（第 4 章）で軍事支出の実質額（2021 年度ドル）でみると、2008 年度に 7470 億ドルであったのが 2016 年度には 6300 億ドルに減少し、また、後出表 4-6（第 4 章）で軍事支出の対 GDP 比率をみると、2008 年度の 4.2% から 2016 年度の 3.2% へと大きく減少している。すなわち、軍事支出の全体は対 GDP 比率でも実質額でも減少する傾向の中で、対テロ戦争の戦費を節減して「基本予算」に集中するという構成変化を進めていたのである。オバマ民主党政権による「対テロ戦争」収束の努力と軍縮の推進を進めたプロセスについては第 4 章で詳細に検討するが、

最後に2013年9月のオバマ演説「もはや「世界の警察官」ではない」で、軍縮に向かうオバマ大統領による象徴的な言葉を紹介しておこう。

もはや「世界の警察官」ではない——2013年9月のオバマ演説

これは、シリア問題についての2013年9月10日のテレビ演説である[41]。第1に、オバマ大統領は、シリアの内戦と難民という問題に軍事介入しないという基本スタンスの理由として、「10年間のイラク及びアフガニスタン紛争の経験」をあげている。

　過去2年間でシリアのアサド政権の圧政に対する平和抗議運動が残忍な内戦に変わり、何百万人の難民が逃避した。その間、アメリカは同盟国とともに人道的支援や緩やかな反対表明や政治的解決を目指した。しかし、私は、10年間のイラク及びアフガニスタン紛争の経験から、軍事力によって（シリアの：引用者）内戦を解決できない（ことを学んだ：引用者）ので、（アメリカの：引用者）軍事行動の要請に抵抗した。

さらに、2013年8月の「アサド政権による毒ガス使用」でアメリカの軍事行動への要請が一層強まったが、本格的な軍事行動は控えて、「限定的な爆撃でアサド政権の化学兵器使用を抑制」すると述べている。

（2013年：引用者）8月21日にアサド政権が何百人の子供を含む、1千人以上の人を毒ガスで殺害したことで、事態は大きく変わった。……それは、人間性への犯罪であり、戦争法違反である。……第1次大戦のヨーロッパ戦線や、第2次大戦期のナチスによるホロコーストの経験から……文明社会は毒ガス兵器を禁止した。そして、1997年には化学兵器禁止条約にアメリカも参加した。……今、アサド政権の毒ガス使用を放置すると、将来は、アメリカ軍が戦場で化学兵器に遭遇する可能性が出てくる。……イランの核兵器開発を助長することにもなる。……熟慮の結果、アメリカの国家安全保障の問題として、「限定的な爆撃」でア

41）Obama（2013）.

サド政権の化学兵器使用を抑制すべきと判断した。

そして、オバマ大統領は、「イラク及びアフガニスタンにおける甚大な犠牲を経験しているので、たとえ限定的であっても、軍事行動が不人気であることを」知っており、「私は、アメリカ国内の雇用促進や教育やミドル・クラスの拡大という政策に専念したい」と述べて、国外よりも国内政策を優先するという強い覚悟を示した。

すなわち、オバマ大統領は、イラク及びアフガニスタンの軍事介入を繰り返したくない、そして、自らが政権発足時に拾った「火中の栗」（本書第1章第2節）を冷却できたので、アメリカ国内の政策に集中したいというスタンスを正直に述べている。これは、トランプ共和党政権の「アメリカ第一主義」に繋がるスタンスのように思える[42]。

続けて、オバマ大統領は正直に、一人の退役軍人の言葉を借りて、「アメリカは病気で戦争に疲れている」と告白する。

　多くの人々が私に向かって問う、これは新たな戦争に向かう坂道ですか？……ある退役軍人は率直に、アメリカは病気で戦争に疲れていると言う。私の答えはシンプルである。「私は、シリアの戦場に兵隊を送らない」、「リビアやコソボのような長期戦を望まない」、「これは、アサド政権の化学兵器使用と軍事行動を抑制するための限定的な爆撃である」。

そして、歴史的に重要な発言が始まる。

　「我々は世界の警察官であるべきでない」という手紙が来ている。私は賛成であり、平和的解決を深く望んでいる。過去2年間、外交、制裁、警告、交渉に努力したが、アサド政権は化学兵器を使った。しかしながら、この数日、我々はいくつかの勇気づけられる兆しを見てきた。一つはアメリカの軍事行動による確実な脅威によるものだが、もう一つはプーチン大統領と私の建設的な会談の結果である。ロシア政府は、アサド

---

42) 渋谷博史（2023）の序章を参照されたい。

政権に化学兵器を断念させるための国際社会の協力に参加する意向を示した。今やアサド政権は、化学兵器の保有を認めたうえで、その使用を禁じる化学兵器禁止条約に加盟するとさえ発表した。……この経緯において、アサド政権の最大の同盟国であるロシアの貢献は大きい。……ロシアとの議論を進めたい。最大の同盟国であるフランスとイギリスとも相談しており、ロシア及び中国と協力して国連安全保障理事会の決議による化学兵器の国際管理を実現したい。

　すなわち、オバマ民主党政権は、国連安保理事会の常任理事国 5 か国との協力という平和的な外交に力点を置いて、その背後における圧力としてアメリカの軍事力を位置付けるという論理構造である。そして、演説の最終部分で以下のように歴史的な発言をする。

　（第 2 次大戦からの：引用者）70 年間、アメリカは世界全体の安全保障の責任を担ってきた。それは、国際的な同意を構築するだけではなく、それを強制することでもあった。しばしば、リーダーシップの負担は重かったが、世界のためにそれを担う価値はあった（この表現はその重負担を担うことが困難になってきたという論理の流れに繋がるように思われる：引用者）。……（第 2 次大戦期の大統領であった：引用者）フランクリン・ルーズベルトは、「アメリカの国民的な決定は外国の戦争に影響されてはならないが、我々が大切にする理想や原則が攻撃された場合には、深い懸念を示してしまう」と述べている。……（そしてオバマ大統領も：引用者）シリアではアメリカの理念や原則が損なわれており、行動しなければならないが、「アメリカは世界の警察官ではない」（と述べる：引用者）。世界中で恐ろしいことが起こるが、それを正すことは我々の力を越えている。

　すなわち、上記のように、地球規模の国際協力の仕組みで解決すべきであるので、「世界の警察官」の重負担を担うことをやめるというのであろう。

以上、本章ではオバマ民主党政権期の連邦財政の基本構造と、その中で進められた「優先順位の変更」をみてきた。そこで浮かび上がってきた重要な政策分野について第3章と第4章で詳しく立ち入って検討を進めることにしたい。

第2章補論　2011年予算コントロール法：
財政規律と「小さな政府」政策

　オバマ民主党政権は、発足時の2つの「火中の栗」（リーマン恐慌と対テロ戦争）を冷却しながら、アメリカ経済社会にとっての緊急な社会課題となっていた「無保障者問題」（医療保障が無い、あるいは不充分な状態が広範に存在する）への対策としてのオバマ・ケアを推進したが、それは、連邦財政の規模の抑制的な増加基調の下における「小さな優先順位の変更」という形で実施された。前出表1-3（第1章）に戻ってみると、2008-16年度の8年間に、財政支出の合計は名目額では8701億ドル（2008年度の2兆9825億ドルから2016年度の3兆8526億ドルへ）の増加であるが、対GDP比率では0.5ポイント（20.2%から20.7%へ）の微増であり、構成比の変化をみると、軍事支出がマイナス5.3ポイント（20.7%から15.4%へ）、非軍事支出では、個人への支払（社会保障年金、メディケア、メディケイド等）などがプラス10.4ポイント（61.7%から72.1%へ）、純利子がマイナス2.3ポイント（8.5%から6.2%へ）である。

　この抑制的増加の中の「優先順位の変更」を進めるオバマ民主党政権の政策展開において、この補論で取り上げる2011年予算コントロール法（Budget Control Act：BCA）が有効な仕組みとして機能した。同法で設定される財政支出の上限を超える予算が立法化されると、超過分について強制的に一律に削減するという法制度であるが、本質的には、その強制削減規定の圧力の下で、予算作成の段階で「優先順位」をつけながら財政支出の規模を抑制することを目的としている。さらに、そのような抑制的かつ選択的な予算編成を経ても2011年BCAが設定する財政支出上限を超過する場合には、臨時的（期限付き）で上限規定を緩和する追加立法も可能とする仕組みも織り込まれていた。すなわち、2011年BCAの圧力の下で、抑制的かつ選択的な予算編成や、緩和的な追加立法の仕組みの中で、「小さな優先順位の変更」を模索するために、民主・共和両党の調整・妥

協のプロセスが進められたのである。

軍事支出以外の部分では、福祉（広義）は主として社会保障年金やメディケアのような義務的経費（法制度によって給付額が決定）であり、人口高齢化（ベビーブーム世代が現役労働者から高齢受給者に移行）によって膨張するが、後述のように、強制削減規定の適用が免除された。その規定は、軍事支出と非軍事支出の裁量支出に課されるが、実際には、非福祉支出については急増していたリーマン恐慌対策費が、経済回復の中で縮小したので、実質的には軍事支出の抑制に大きな効果があったのは、第4章で詳しくみる通りである。

「小さな政府」政策への財政支出削減策——下院予算委員会の公聴会（2011年3月）

ここで、下院予算委員会で2011年3月10日に開催された、「壊滅的な債務負担の対策」というタイトルの公聴会[43]を取り上げるのは、2011年BCAを成立させた要因として、オバマ民主党政権のリーマン恐慌対策の結果として連邦債が累積するという「債務危機」があったことをみるためである。

ライアン委員長（共和党、ウイスコンシン州選出）は開会演説[44]で、もし「債務危機への対策を実施しなければ悲劇的な結果を招くということに誰も異論はない」とした上で、その原因として、「オバマ民主党政権はこの問題を認識していながら、その対策に取り組むことを回避」しており、同政権の予算提案（2月に提出された2012年度予算案：引用者）は、連邦債（累積の：引用者）要因を把握しないで、アメリカを持続不可能な道に急速に陥れるもの」であり、それは、経済成長を阻害する増税と、連邦財政支出の膨張を固定化するものである」と述べた。

他方、民主党の筆頭議員のヴァンホーレン議員（メリーランド州選出）は開会演説[45]で、同様に、「長期的な連邦債の累積は持続不可能であり、受け入れがたい」と共通認識を示した上で、（民主・共和両党が：引用者）

---

43) U.S. House Committee on Budget (2011).

44) U.S. House Committee on Budget (2011) pp. 1–2.

45) U.S. House Committee on Budget (2011) pp. 3–4.

100　第 2 章　アメリカ型福祉国家の再編成と「世界の警察官」からの撤退

協力して、連邦債を削減するための分別ある対策を立法化すべきであるが、それは「規則的かつ予測可能な仕組み」であると述べた。さらに、同議員は、以下のような限定条件を提示した。

　（リーマン恐慌からの回復は：引用者）まだ弱いので、……雇用の回復を阻害するような対策では、アメリカの多くの家族に不必要な痛みをもたらし、また、財政赤字削減策にも悪影響が出る。下院多数派の共和党（2010 年中間選挙で共和党が大勝：引用者）による公共投資の大幅削減案は間違っている。……ゴールドマン・サックス社のアナリストによればその削減案で 700 千人の雇用が失われ、ムーディーズ・アナリティクス社のザンディ氏（共和党側の証言者のホールツイーキン氏と同じく 2008 年選挙で共和党のマケイン大統領候補のアドバイザー：引用者）も、Economic Policy Institute（民主党リベラル系のシンクタンク：引用者）も同様の見解である。

　以上のライアン委員長（共和党）とヴァンホーレン議員（民主党）の発言にみるように、この公聴会では、連邦債累積の対策の必要性を共通認識としながら、他方で、政策手段の違いを背景として、財政赤字対策が議論されることになる。すなわち、将来のトランプ共和党政権期の大規模減税と「小さな政府」の政策システムによる Job 創出策に繋がる議論と、オバマ民主党政権による年金・医療等の福祉国家の基本的な制度と規模を維持しながら経済成長促進策と両立させる議論の対立という文脈の中で、2010年中間選挙における共和党の大勝後という政治状況で、財政赤字や連邦債累積の対策が議論されるのである。

　共和党側の証言者であるホルツイーキン氏の証言は財政支出の削減案を後押しするものであった[46]。「連邦政府の大量借入は設備投資や技術革新を阻害する（クラウディング・アウト効果を指すのであろう：引用者）ので、生産性が停滞して賃金も生活水準も上昇せず……（アメリカの軍事力が低下して：引用者）世界にアメリカ自由主義（our values）を展開することが

46）U. S. House Committee on Budget（2011）pp. 5-6.

できず、アメリカの自由を護ることができない」として、具体的には、エンタイトルメント支出（社会保障年金、メディケア、メディケイド等の裁量性のない支出：引用者）が財政硬直化の原因と強調した上で、「今すぐに、財政支出をコントロール（制御）」すべきであり、「連邦債の累積をコントロールする政策が、最も経済成長を促進する」と述べた。

　同様に、ラインハート氏（Peterson Institute for International Economics）は、「政治的なリーダーシップで（財政や経済政策の：引用者）変更を決断するのが早ければ、連邦債務問題が壊滅的な結果にいたるリスクを減らすことができる」ので、「市場規律は突然に発揮される（ことから、その前に早急の対策実施が望ましい：引用者）」と述べた[47]。また、マッギニーズ氏（Committee for a Responsible Federal Budget, New America Foundation の会長）は、「債務危機は予算と税制の再編のチャンス」であり、「経済成長のために消費型予算から投資型予算に転換して成長の新しい基盤を構築すべきであり、エンタイトルメント支出が（その転換の：引用者）カギである」とした上で、減税によって、「勤労と投資が効果的に刺激され、経済成長と財政赤字削減」に繋がると述べた[48]。

　マッギニーズ氏の発言は、1980 年代のレーガン税制改革のサプライサイダー的な論理であり、次のトランプ共和党政権期の減税に繋がる議論でもある。周知のように、トランプ共和党政権が登場する前に、オバマ民主党政権期の 2015 年頃から連邦議会ではレーガン税制改革をモデルとする議論が始まっていたが、その前兆が既に 2011 年の財政赤字対策の公聴会でも出ていたのである[49]。

　これらの共和党側の証言者に対抗して、民主党側のポデスタ氏（Center for American Progress Action Fund の会長、1990 年代のクリントン民主党政権期の大統領首席補佐官）は、現在の財政赤字の原因はブッシュ（子）共和党政権期の減税と、イラン及びアフガニスタン戦争と、新規のエンタ

47）U. S. House Committee on Budget（2011）pp. 13-14.

48）U. S. House Committee on Budget（2011）pp. 16-17.

49）オバマ民主党政権期の 2015-16 年の議会公聴会におけるサプライサイダー的な議論については渋谷博史（2023）を参照されたい。また、1980 年代のレーガン税制改革については渋谷博史（2005）第 3 巻を参照されたい。

イトルメント支出（メディケアのパートD）と、リーマン恐慌による税収減であるとして、オバマ民主党政権による増税（租税支出削減）と経済回復策（経済競争力維持とミドル・クラス支援の雇用創出と賃金引上げのための、インフラ投資、クリーン・エネルギー投資、科学技術投資、教育投資）が正しい選択であると述べた[50]。

　以上みたように、共和党が多数を占める下院予算委員会の公聴会では、財政赤字と連邦債累積への対策として、財政支出削減を掲げる「小さな政府」的な主張が大きく取り上げられて、トランプ共和党政権期のサプライサイダー的な減税と「小さな政府」の政策システムに繋がる議論がみられ、最後にオバマ民主党政権の福祉国家の維持と経済成長策の両立への擁護論が出てきたという構図である。

　次に、民主党が多数を占める上院財政委員会の公聴会を検討しよう。

「厳しい選択と妥協の仕組み」──上院財政委員会の公聴会（2011 年 5 月）

　ここで取り上げるのは、上院財政委員会で 2011 年 5 月 4 日に開催された、「強制的財政措置（Budget Enforcement Mechanisms）」というタイトルの公聴会である[51]。ボーカス委員長（民主党、モンタナ州選出）は開会演説[52]で、第 1 に財政赤字削減策として強制予算措置（budget enforcement mechanism）が考えられ、第 2 に「社会保障年金やメディケアやメディケイド（エンタイトルメント支出：引用者）の削減」もありうるが、第 3 に、「経済を悪化させずに国民の雇用を創出できるような財政赤字削減策を望む」と結んでいる。すなわち、財政赤字と連邦債累積が持続不可能な事態に至る前に対策が必要と認めているが、それがオバマ民主党政権による経済回復策を阻害しないようにという限定条件を示したのである。

　他方、共和党の筆頭議員であるハッチ議員（ユタ州選出）は、オバマ民主党政権が（2009 年の政権発足から：引用者）3 回目の連邦債残高上限の引き上げを求めていることを強調した後、その原因は財政支出が制御不能に

50）U.S. House Committee on Budget（2011）pp. 21-27.

51）U.S. Senate Committee on Finance（2011a）.

52）U.S. Senate Committee on Finance（2011a）pp. 1-2.

なっていることと指摘した上で、「USA Today 及び Gallup の世論調査によれば、多くのアメリカ人はアメリカ経済と財政について悲観的であり、財政赤字対策として増税よりも財政支出削減」を望んでおり、「Resurgent Republic の世論調査では回答者の半分近くが、連邦債残高上限の引き上げ法案には財政支出削減の規定を付帯させること」を望んでいると述べた[53]。

すなわち、共和党のハッチ議員は国債累積の対策として財政支出削減を強調するのに対して、上述のボーカス委員長の発言は、その財政支出削減策に限定条件を求めるという構図である。

そして、この財政支出削減策に関する最重要な証言者である、元上院議員（共和党）のグラム氏の登場である[54]。同氏は、1980 年代のレーガン減税等による大幅財政赤字への対策である 1985 年のグラム・ラドマン法の共同提案者であった。

同氏は、グラム・ラドマン法の本質的な意味と役割について以下のように述べた[55]。本当に必要なのは、「厳しい選択と妥協をもたらす仕組み（mechanism）」であり、「たしかに、グラム・ラドマン法は財政均衡を実現できなかったが……同法（による圧力：引用者）の下で、財政支出の増加率が 1985 年の 11.1% から 1986 年の 4.7%、1987 年の 1.4% へと低下した」のであり、「その結果、財政赤字の対 GDP 比率は 1985 年の 5.1% から 1989 年の 2.8% に減少した」というのである。

このグラム氏の証言には含蓄があり、2011 年時点の上院財政委員会にとって学ぶべき助言である。「厳しい選択と妥協をもたらす仕組み（mechanism）」という言葉の通りに、実際に 2011 年予算コントロール法による財政支出の抑制プロセスの中で、葛藤と妥協を通して予算編成が行われる。後で検討する議会調査局の報告書でも、このグラム証言が紹介されており、グラム氏の言うように、実際に「強制一律削減」の規定の圧力の下で、「厳しい選択と妥協」の葛藤があった。

---

53) U. S. Senate Committee on Finance（2011a）p. 3.

54) U. S. Senate Committee on Finance（2011a）pp. 5-7.

55) U. S. Senate Committee on Finance（2011a）pp. 6-7. なお、1980 年代のグラム・ラドマン法の詳細については以下の文献を参照されたい。河音琢朗（2006）第 2 章。

しかし、それが本来の財政民主主義の姿である。財政保守派の厳しい監視の下で、「大砲とバター」の両面においてオバマ民主党政権と連邦議会の葛藤と妥協の結果として、前出表2-1にみるように同政権の初年度である2009年度の財政支出と財政赤字の対GDP比率である24.4％と9.8％が、最終年度の2016年度には20.7％と3.1％にまで抑制されたのである。

先に取り上げた2011年3月の下院予算委員会（共和党が多数）の公聴会では、財政支出削減を掲げる「小さな政府」的な圧力の強まりをみた。そして、5月の上院財政委員会（民主党が多数）の公聴会では、グラム氏（元上院議員）による「厳しい選択と妥協」への圧力のために「強制一律削減」の仕組みが活用されるべきという貴重な助言を聴いた。

民主・共和両党の原則論——上院財政委員会の公聴会（2011年7月）

ここで取り上げるのは、上院財政委員会で2011年7月26日に開催された、「財政赤字削減の展望」というタイトルの公聴会である[56]。おそらく、この公聴会の時点で、オバマ民主党政権と連邦議会の共和・民主両党の間で、前項でみたグラム氏の助言である、「厳しい選択と妥協」の第1段階（8月2日までに連邦債上限引き上げ法案が財政支出削減規定を付帯して成立させる）の結論が出ていたと思われるが、共和党側も民主党側も原則的な主張を繰り返している。

民主党側のグリーンシュタイン氏（Center on Budget and Policy Priorities の会長）は、メディケアやメディケイドや社会保障年金、低所得層向けの福祉の削減よりも、高所得層の増税が望ましいと述べた上で、「キリスト教関係（カトリックから福音主義まで含めて）や慈善団体（United Way、Feeding America 等）、公民権運動組織という国内の広範な政治勢力が、低所得層向け福祉の削減を強制的な仕組みで実施することに反対していることを強調した[57]。

もう一人の民主党側の証言者であるエトリンガー氏（Center for American Progress の副会長）は、目の前に「増税を伴わない財政赤字削減案」

56）U. S. Senate Committee on Finance（2011b）.

57）U. S. Senate Committee on Finance（2011b）pp. 4-5.

（オバマ民主党政権と連邦議会の共和・民主両党の妥協案：引用者）があるが、「本当の選択」のためのオープンな議論が必要であるとして、「メディケアやメディケイドや教育や公共インフラや科学研究の削減より、……（ブッシュ（子）共和党政権期の高所得層向けの減税の分を：引用者）増税すべきである」と述べた[58]。すなわち、エトリンガー氏は、高所得層への増税を赤字削減策に含めるべきという民主党の側の原則論を示す役割を果たしている。

　他方、共和党側のリンゼイ氏（ブッシュ（子）共和党政権期の2001-02年にNational Economic Councilの委員長）は、S&P社（格付会社）の評価を引用して、問題は目前の連邦債上限ではなく、「連邦議会とオバマ民主党政権が連邦債累積に対する信頼できる解決策」を実施できるか否かであるとして、具体策として、「エンタイトルメント支出（社会保障年金、メディケア、メディケイド等：引用者）の改革が焦点」であり、増税は自由市場の活力を削ぐとして、選択肢に入れないことを主張した[59]。8月初旬をめどにして、緊迫する政治交渉が進められている状況下で、敢えて、共和党保守派の原則論を述べている。

　また、共和党側のもう一人の証言者であるエドワード氏（Cato Institute）は、「長期的な経済成長のために長期的な財政支出改革が必要」であり、「大きな政府」はアメリカ経済の成長を阻害するとして、「連邦議会は、エンタイトルメント支出と裁量支出と軍事支出の分野において削減策を講じるべきであり、それが、短期的にも長期的にもアメリカ経済に良い影響をもたらす」と述べた[60]。

　この補論では、議会公聴会記録を使って、2011年の春から夏の時期に2011年予算コントロール法に結実していく議論を検討した。議論の中で共和党保守派と民主党リベラル派の原則的な論理が展開された。それらを背景としながらも、5月の公聴会で元上院議員のグラム氏が述べたように、「厳しい選択と妥協」の結果として、8月初旬に連邦債残高上限規定によって連邦政府が機能停止に陥るという事態を回避するための2011年予算

58）U.S. Senate Committee on Finance（2011b）pp. 9-10.
59）U.S. Senate Committee on Finance（2011b）pp. 6-8.
60）U.S. Senate Committee on Finance（2011b）pp. 10-12.

コントロール法が立法化された[61]。

2011年予算コントロール法の概要

連邦債残高上限の引き上げの立法化がなければ「連邦政府がデフォルト」になるという緊迫した状況で、2011年8月2日に2011年BCAが成立した。すなわち、大幅な財政赤字による連邦債の累積という事態において、財政支出の増加をコンロトール（制御）する仕組みとセットで、連邦債残高上限の引き上げを認める法律が成立したのである。

その主要規定[62]の概要は、以下のとおりであった。

第1に、行政府に3回に分けて連邦債残高上限を引き上げる権限が与えられた。

第2に、議会に均衡財政の憲法修正発議の投票を行うことが求められた（実際には国民投票に必要な議会内の賛成が得られなかった）。

第3に、裁量支出上限が、軍事支出と非軍事支出の中の裁量支出に設定された。2021年度までの期間（10年間：引用者）に、「強制一律削減（sequestration)」の仕組みが適用される。それは、上限を上回る予算規模が立法化された場合には上限内に収まる水準まで強制的かつ一律に裁量支出が削減されるという仕組みであるが、実質的には、そのような上限超過の予算立法を抑制することを目的としていた。なお、対テロ戦争費や緊急事態対策（災害対策費、緊急事態費等）も適用が免除された。

第4に、両院特別「財政赤字削減」委員会（Joint Select Committee on Deficit Reduction）を設置して、2012-21年度の期間に1.5兆ドルの財政赤字を削減する提案を作成することが求められた。

第5に、上記の両院特別「財政赤字削減」委員会が作成する財政赤字削減の法案を連邦議会及び大統領が立法化できない場合に、2013年度から「強制的な財政支出削減」の仕組み（以下では強制削減措置と呼ぶ：引用者）

61) 河音琢朗（2016）は2011年BCAを、連邦財政における財政規律を確立・維持するための予算制度やグラム・ラドマン法を含む歴史的な視野の中に位置付けて詳細に分析しているので、参照されたい。
62) 本項における主要規定の説明は主として次の文献に依拠している。Congressional Research Service（2017b）pp. 1-3, 8.

第 2 章補論　2011 年予算コントロール法：財政規律と「小さな政府」政策　107

を発動させる。この強制削減措置で、裁量支出（discretionary spending）
については上限（Cap）を設定した上で毎年それを引き下げる仕組みが発
動される可能性が出てきた。また、義務支出（mandatory spending）に
ついても削減が求められたが、主力の社会保障年金、メディケイド、
CHIP、TANF、SNAP は削減が免除され、メディケアについては削減幅
が 2% に制限されていた。

　これらの主要規定からの印象として、2009 年に発足したオバマ民主党
政権によるリーマン恐慌対策による財政支出の増大と財政赤字幅の拡大に
対して、2010 年中間選挙で勝利した共和党の側が財政保守主義的な圧力
を強めて、2011 年に連邦債残高上限の引き上げの審議の中で財政支出の
抑制策を織り込むという構図が見えてくる。すなわち、1970 年代からの
財政保守主義（当時の「租税の反乱（Tax Revolt）」）の立場に由来する
「均衡財政の憲法修正発議」の機会を提供しており、また、1980 年代の財
政均衡策であるグラム・ラドマン法の強制的かつ一律の財政支出削減の仕
組みを導入している。

　しかし、他方で、2011 年 5 月の議会公聴会で、そのグラム・ラドマン
法の共同提案者であった元上院議員のグラム氏が証言したように、厳しい
強制削減メカニズムの役割は、実際の強制的削減の実施というよりは、そ
の抑制的な圧力の下で「厳しい選択と妥協」のプロセスを進めさせること
である。また、その強制削減メカニズムについて、連邦議会が修正できる
権限が与えられている[63]。

　連邦議会による修正権限の行使の具体例は以下のとおりであった。
　第 1 は、（上記の両院特別「財政赤字削減」委員会による法案が実現しな
かったので：引用者）2013 年度（2012 年 10 月〜 2013 年 9 月）予算に適
用される 240 億ドルの財政支出の強制削減措置が実施されることになっ
たが、連邦議会は 2012 年 ATRA（American Taxpayer Relief Act）に
よって、その実施予定を 2013 年 1 月 2 日から 3 月 3 日まで延期した。
　第 2 に、2013 年 BBA（Bipartisan Budget Act；Murray-Ryan agree-

63）Congressional Research Service（2017b）pp. 5-6.

108　第 2 章　アメリカ型福祉国家の再編成と「世界の警察官」からの撤退

ment とも呼ばれる）によって、2014 年度の裁量支出上限を軍事支出と非軍事支出の両方で 220 億ドルずつ増やして、さらに、2015 年度についても 90 億ドルずつ増やした。

　第 3 に、連邦議会は 2015 年 BBA によって、2016 年度の裁量支出についても軍事支出と非軍事支出の両方で上限を 250 億ドルずつ引き上げ、2017 年度の裁量支出についても軍事支出と非軍事支出の両方で 150 億ドルずつ引き上げた。

　上述のグラム氏の証言にあるように、2011 年 BCA や強制削減メカニズムの目的は、財政支出の膨張傾向に対して抑制圧力をかけることであり、抑制圧力の下で政策目的の取捨選択をしながらの妥協や調和点を模索させることである。そして実際には、結果として、2011 年 BCA で設定される枠を超えた部分についても、毎年の追加立法で承認されるという経緯である[64]。すなわち、毎年度の予算案における財政支出の削減・抑制のプロセスは、強制・一律の削減ではなく、2011 年 BCA 及びその後の修正法によって設定される上限の下で、「選択と妥協」を通して進められたのである。

　以上みたように、2011 年 BCA の規定は厳格であるが、他方で、「厳しい選択と妥協」のための柔軟な運用の仕組みが組み込まれている。逆からいえば、「厳しい選択と妥協」を成立させるために、財政支出削減の「厳格な規定」の圧力が役立つのである[65]。

---

64)　Congressional Research Service（2017b）p. 10.

65)　一つの具体例として、オバマ民主党政権の下で軍縮を進めるプロセスがある。2011 年 BCA による 2013 年度の軍事裁量支出の上限は 4920 億ドルであったが、2012 年 ATRA によって 5180 億ドルに引き上げて、その代わりに 2014 年度の上限を 2011 年 BCA の 5020 億ドルから 4980 億ドルに引き下げた。さらに 2013 年 BBA（Bipartisan Budget Act）ではその 2014 年度の上限を 4980 億ドルから 5200 億ドルに引き上げており、2015 年 BBA では 2016 年度及び 2017 年度の上限をそれぞれ 5230 億ドル及び 5360 億ドルから 5480 億ドル及び 5510 億ドルに引き上げている（Congressional Research Service（2017c）p. 6）。このように、2010 年 BCA の圧力の下で 2012 年 ATRA や 2013 年 BBA や 2015 年 BBA による調整と妥協の予算過程の葛藤を通して、本書第 4 章で詳しくみるように、軍事支出の規模の増加を抑制しながら、軍備の高度化への再編を進めたのである。

第3章 「取り残される階層」の
生活基盤の確保
—— オバマ・ケア(医療保障改革)の狙い

3.1 オバマの「小さな政府」的なアメリカ型福祉国家

　アメリカの医療保障システムの主軸は雇用主提供医療保険を中心とする民間保険であり、それを補完する制度として、その雇用主提供医療保険から除外される高齢者・障害者に対するメディケアと、低所得層・貧困層を支援するメディケイドが位置付けられる。オバマ・ケア（2010年 ACA：Affordable Care Act）は、この医療保障システムの基本構造を前提として、最大の社会問題である無保障者（The Uninsured）問題の解決を目的として、第1に雇用主提供医療保険とメディケイドの狭間に取り残される集団（小規模企業の被用者、低所得層の自営業者等）に「公設保険市場」で「適正な医療サービスと価格の医療保険」を購入する機会を提供し、第2に、それでも取り残される集団を「メディケイド拡大」で救済するために「奨励的かつ寛大な連邦補助金」の仕組みを構築した。

　まず、オバマ大統領の回顧録『約束の地』で、オバマのアメリカ自由主義的な原点をみよう。第1章でも引用したように、オバマが上院議員に立候補してイリノイ州を遊説している時の実感である[1]。

　（大衆が：引用者）"本当に"望んでいるのは、働きたいと思ったら、せめて家族を養えるような仕事が見つかることです。病気になったからといって破産せずにすむことです。子どもたちによい教育を受けさせ……努力すれば大学の学費を賄える……犯罪者やテロリストから身を守りたい……そして、人生の大部分を勤労に費やしたあとは、尊敬と敬意のなかで引退したいのです。

　1）オバマ（2020）上巻、88頁。

（大衆は：引用者）すべてを政府に解決してもらおうなどとも思っていません。しかし、政府がほんの少しだけ優先順位を変えてくれればとても助かる……

　すなわち、オバマは、大統領になる前に、アメリカ自由主義的な「小さな福祉国家」が大衆の声であることを知っていたのだ。
　興味深い原点がもう一つある。大統領になってから、目前のリーマン恐慌を克服するために大胆な対策を実施する時に参考とした1930年代のニューディール政策についての解釈である[2]。

　私は（前例であるニューディールの：引用者）こうした戦略を現代に適合させることは可能だと確信している。また、個別の政策以上に、チャンスを広げ、競争と公正な取引を促し、市場を万民のために機能させるうえで政府が常に果たしてきたきわめて重要な役割をアメリカ国民に思い出させたかった。

　すなわち、「市場を万民のために機能させるうえで政府が常に果たしてきたきわめて重要な役割」を前提として、しかも、アメリカ自由主義的な「小さな政府」を理念として、アメリカ型福祉国家の基本構造を内蔵する形で、オバマ・ケアを構想したのである。
　そして、オバマの聞いた大衆の声の中の「病気になったからといって破産せずにすむ」の部分は、医療保障の問題である。次節で取り上げる『カイザー報告』では、全米に広範に存在する無保障者の具体的な状況が語られる。ちなみに、第1章で引用した名著『ノマド』の中で著者のブルーダーが以下のように述べていた[3]。

　国内のいたるところで、多くの家族が、未払いの請求書の散らばったテーブルを前に座っている。……何度も何度も同じ計算をくり返すうちに

---

2) オバマ（2020）上巻、287頁。
3) ブルーダー（2017）340頁。

家族は疲れ果て、ときに涙を流す。給料から出ていくのは、食費。医療費。クレジット・カードの請求分。水道・光熱費。学生ローンと車のローンの分割払い。そして、一番大きな出費は家賃だ。

その未払いの請求書の中には医療費もあり、それがかさむと破産にいたるのである。しかし、医療サービスを受けて医療費支払いの請求書がもらえれば、まだ幸いかもしれない。

2002年制作の映画『ジョンQ』は、底辺層の勤労者家族における低保障状態を、「息子の心臓手術」の実施の可否という極限状態で描き出す名作であるが、その中で、主人公は病院で人質を取って立てこもって、「自分の心臓を息子に移植すること」を要求するという事件を起こしている。その立てこもり事件の前に、病院長が、主人公の雇用主提供医療保険が心臓手術をカバーしていないので自己負担の必要があると告げる場面が印象的であった。この映画の冒頭で、すでに、自動車ローン返済が滞り、それ故に生活必需品である自家用車を差し押さえられており、上記の「テーブルの請求書」が溜まっていることが示されていた。しかも、「息子の心臓手術」が雇用主提供医療保険でカバーされなくなったのは、主人公がフルタイム雇用からパートタイム雇用に格下げされたことに伴う付加給付の引き下げ措置によるものである。おそらく、そのパートタイム雇用への格下げは、主人公が勤務する重機器メーカーが海外からの輸入品と競争するためのコスト引き下げ（合理化）によるものと思われる。それは、第1章でみたように、グローバル化に伴うアメリカ国内の労働再編のプロセスにおける雇用主提供医療保険の部分的喪失であり、そこで引用した『ヒルビリー・エレジー』における「AKスチール社の衰退」のプロセスと同じである。

このようなアメリカの内外における21世紀的な状況を頭に置いて、『カイザー報告』を丹念に検討しよう。

3.2 無保障者問題

底辺の勤労者の実情——カイザー報告

ここで取り上げるのは、Kaiser Family Foundation の Kaiser Commission on Medicaid and the Uninsured が 2009 年 2 月に発表した報告書『*Snapshots from the Kitchen Table: Family Budgets and Health Care*』[4]（以下では『カイザー報告』と略記）である。それは、オバマ・ケアの前の 2008 年 2 〜 3 月に実施したインタビュー調査に基づくものである。

『カイザー報告』の序論[5]で、「通常の経済状態の下でさえ、低所得層や中間所得層の家族は基礎的な生活費に苦労して」おり、その中で医療保障がない家族も多く、そのような状況を調査するために、「多様な勤労家族」にインタビュー調査を実施したと述べている。すなわち、本章第 3 節の議会公聴会でケネディ上院議員（マサチューセッツ州）が、「50 百万人以上が無保障」であり、「25 百万人が低保障（加入保険による医療保障が不十分）」であり、「無保障者の 80% 近くが勤労世帯」であると指摘するような状況について、調査したということである。調査概要は以下の通りである。

第 1 に、対象とした家族は低所得層と中所得層である。低所得層とは FPL（Federal Poverty Line：連邦貧困基準）の 200% 未満、すなわち、2008 年時点の年収では単身者では 20,800 ドル未満（当時の為替レートで換算すると約 215 万円程度：引用者）、4 人家族では 42,400 ドル未満であり、中所得層とは FPL の 200 〜 400% である。また、医療保障については多様であり、民間保険や公的保障や無保障であった。家族の中で異なる医療保障の場合もあり、無保障者が含まれることもある[6]。

---

4) Kaiser Family Foundation, Kaiser Commission on Medicaid and the Uninsured (2009).

5) Kaiser Family Foundation, Kaiser Commission on Medicaid and the Uninsured (2009) p. 2.

6) Kaiser Family Foundation, Kaiser Commission on Medicaid and the Uninsured (2009) p. 2.

3.2　無保障者問題　　　　113

　第2に、表3-1にみるように、ジョージア州のアトランタ（3名）、テキサス州のヒューストン（3名）、ウィスコンシン州のミルウォーキー（4名）、ニューヨーク州のニューヨーク（4名）、カルフォルニア州のサンフランシスコ（8名）、カンザス州のウイチカ（5名）における調査[7]である。それぞれはその州における中心都市である。各調査対象について見ていこう。

　ジョージア州のアトランタにおける調査対象者3名の医療保障は民間保険、メディケイド（医療扶助）、無保障である。

　対象者G1はシングルマザーで子供が1人であり、州政府の社会福祉士（Social worker）として勤務しながら、さらに別の警備員の仕事もあり、世帯所得の35千ドルはFPLの250%であり、医療保障は雇用主提供医療保険（民間保険）である。

　対象者G2もシングルマザーであり、世帯所得の38千ドルは上記の対象者G1を上回っているが、子供が3人なのでFPLが大きく、したがって対FPL比率は181%である。その所得水準で子供はメディケイド（あるいはCHIP）が適格になったのであろうが、成人（38歳）の母親がメディケイドの適格になるには、妊婦等の条件が加わったと思われる。

　対象者G3は成人（48歳）の単身者なのでメディケイドには不適格となり、おそらく年間所得も低いので民間保険を購入する余力がなく、無保障となったのであろう。ちなみに、オバマ・ケア（2010年 ACA）によるメディケイド拡大規定（FPL133%未満の成人を新たに適格とする）が全米一律に適用となれば、対象者G3は所得水準がFPL79%なので、メディケイドに適格になるはずであるが、ジョージア州はメディケイド拡大を実施しないことを選択したので、同州に居住しつづければ不適格のままであり、メディケイド拡大を実施するニューヨーク州に移動すればメディケイドを受給できることになったかもしれない。

　7）インタビュー対象者の個人情報は以下の資料に依拠している。Kaiser Family Foundation, Kaiser Commission on Medicaid and the Uninsured（2009）の Appendix B.

表 3-1 2008 年時点の医療保障のインタビュー調査

仮名	年齢	職業	世帯所得	家族構成	医療保障
ジョージア州アトランタ					
G1	37	州政府の Social worker、パートタイムの警備員の兼務	$35,040 (250% FPL)	シングルマザー、子供（13歳）	家族で民間保険
G2	38	自営（クリーニング、ベビーシッティング等	$38,400 (181% FPL)	シングルマザー、子供（9歳、9歳、17歳）	家族でメディケイド
G3	48	臨時雇用	$11,040 (79% FPL)	単身	無保障
テキサス州ヒューストン					
T1	37	専業主婦	$22,000 (89% FPL)	夫婦、子供（2歳、8歳、10歳）	夫婦は無保障、子どもはメディケイド
T2	48	臨時雇用	$21,600 (208% FPL)	単身	無保障
T3	38	専業主婦	$21,000 (99% FPL)	夫婦、子供（5歳、14歳）	夫婦は無保障、子どもはメディケイド
ウイスコンシン州ミルウォーキー					
W1	54	理学療法士の助手	$17,140 (97% FPL)	シングルマザー、子供（17歳、22歳）	本人は無保障、子どもは民間保険
W2	34	フルタイム雇用、同居女性はパートタイム労働	$71,000 (335% FPL)	女性と同居、子供（8歳、12歳）	本人と子供は民間保険、同居女性と子供は BadgerCare Plus（公的制度）
W3	46	夫はグラフィック・デザイナー、本人はデイケア労働	$52,500 (248% FPL)	夫婦、子供（7歳、9歳）	家族で民間保険
W4	55	専業主婦、夫は修理職人	$61,600 (248% FPL)	夫婦、子供（15歳）、里子（1ヵ月、3ヵ月）	夫婦と子供は民間保険、里子はメディケイド
ニューヨーク州ニューヨーク					
N1	43	専業主夫、妻は不動産業	$65,000 (262% FPL)	夫婦、子供（7月、3歳、8歳）	家族で民間保険
N2	23	臨時雇用	$24,900 (240% FPL)	単身	無保障
N3	47	コンサルタント業	$60,000 (341% FPL)	シングルファーザー、子供（17歳、17歳）	無保障
N4	40	専業主夫、夫は公園管理労働	$13,000 (41% FPL)	夫婦、子供（5歳）	母と子供はメディケイド、夫は無保障

3.2 無保障者問題

仮名	年齢	職業	世帯所得	家族構成	医療保障
カルフォルニア州サンフランシスコ					
C1	32	本人は失業、夫は不動産業	$65,000（284% FPL）	夫婦、子供（4歳、13歳）	子供は Healthy Families（公的制度）、夫婦は無保障
C2	55	本人は被用者、夫は専業主夫	$50,000（284% FPL）	夫婦、子供（16歳）	家族で民間保険
C3	37	夫婦で別々に就労	$67,000（380% FPL）	夫婦、子供（2歳）	家族で無保障
C4	29	本人は被用者、夫は専業主夫	$56,500（228% FPL）	夫婦、子供（5歳、9歳、13歳）	家族で Healthy Families（公的制度）
C5	27	郡政府公務員、夫はコストコ勤務	$54,700（221% FPL）	夫婦、子供（1歳、2歳、5歳）	家族で Medi-Cal "Share of Cost"（公的制度）
C6	47	本人は自営業、夫は市バス運転手	$78,000（368% FPL）	夫婦、子供（11歳、18歳）	家族で民間保険
C7	52	夫婦が別々に就労	$56,800（323% FPL）	夫婦、子供（18歳）	家族で民間保険
C8	50	高校の特別支援教育補助員	$23,000（221% FPL）	単身（寡夫）	民間保険
カンザス州ウイチカ					
K1	31	ウェイトレス	$13,500（64% FPL）	シングルマザー、子供（10歳、12歳、16歳）	子供は Healthwave/Medicaid（公的制度）、本人は無保障
K2	23	夫婦が別々に就労	$41,000（193% FPL）	夫婦、子供（14月、2歳）	本人は無保障、夫と子供は民間保険
K3	36	夫婦が別々に就労	$67,000（316% FPL）	夫婦、子供（15歳、18歳）	家族で民間保険
K4	48	夫婦が別々に就労	$45,500（183% FPL）	夫婦、子供（9歳、14歳、17歳）	家族で民間保険
K5	59	夫が就労、妻は専業主婦	$30,000（214% FPL）	夫婦	家族で民間保険

出所：Kaiser Family Foundation, Kaiser Commission on Medicaid and the Uninsured（2009）のAppendix B より作成。

2つの仕事を掛け持ちする生活

ここで調査対象者 G1 の詳細について紹介しておこう[8]。州政府の社会福祉士と警備員の 2 つの仕事で週に 55-60 時間の労働であり、将来に自営業を始めるための資金を貯めている。雇用主（州政府）から付加給付として医療保険と歯科医療保険と法律問題保険等が提供されている。医療保険については自分と子供（13 歳）のために月額 275 ドルの保険料を支払っている。最近、本人が病気になった時、医院（おそらく雇用主提供医療保険がマネジド・ケア方式であり、最初に「かかりつけ医（Gatekeeper）」の診断を受ける方式であろう：引用者）が休みであったので、……救急病院（emergency room）に行ったが、一回の診療に 120 ドルの支払いであった。（それ以上の経済負担を回避して：引用者）自宅療養した。なお、G1 氏は、インタビュー調査の最後に、「兼業のために自動車関連コストが月額 610 ドルもかかるので、思うように貯蓄が進まない」と述べている。

夫は非正規雇用、妻は職探しを断念

次に、テキサス州のヒューストンにおける調査対象者 3 名の場合にはすべての成人は無保障である。

対象者 T1 及び T3 の場合には世帯所得が FPL の 100% を下回っており、子どもはメディケイドでカバーされているが、親は無保障である。対象者 T2 は臨時雇用の故に雇用主提供医療保険がなく、また、単身者であるのでメディケイドの適格性がなく、しかも世帯所得も FPL の 208% なので民間保険を購入する余力もなかったのであろう。

テキサス州の調査対象者 T1 の詳細について紹介しよう[9]。低所得層の夫婦（子供 3 人）であり、夫婦は無保障、子どもはメディケイド適格者である。本人（母親）は求職しても（共稼ぎに必要な：引用者）保育費用よりも低い賃金水準の仕事しかなかったので断念した。夫は、アパート団地で

---

8) Kaiser Family Foundation, Kaiser Commission on Medicaid and the Uninsured（2009）p. 15.

9) Kaiser Family Foundation, Kaiser Commission on Medicaid and the Uninsured（2009）p. 13.

保守管理者の仕事をしていたが、業務中に背中を痛めた。しかし、傷害保険も労災保険もなかった（おそらく、非正規雇用に近い状態であったと思われる：引用者）。ホームセンターの店員（もっと条件の悪い非正規雇用と思われる：引用者）に転職している。

　医療保障については、世帯所得がFPLの89%なので子ども3人はメディケイドに適格である。おそらく、テキサス州では親に関する経済要件がそのFPL89%よりも低く抑えられているために無保障になっていると思われる。第2章第4節でみたように、メディケイドは各州政府が主体的に運営しており、多様な制度設計になっている。また、両親は、新しい職場における雇用主提供医療保険の加入までの待機期間（15ヶ月）の故に12ヶ月先まで無保障状態であり、現在は年額600-800ドル程度の自己負担で医療を受けている。なお、3人の子供はアレルギー症であり、1人の息子は喘息等の持病も持っているが、メディケイドがすべてをカバーしている。

　そして、T1氏は、インタビューの最後に、「月収は手取りで1600ドルなのでやりくりが大変であり、自動車の修理等の予想外の出費があると大きな困難となり、現在では5000ドルの負債もある」と答えている。上述の「ノマドのキッチンテーブル」の状態である。

健康不安とかさむ生活費用

　ウィスコンシン州のミルウォーキーにおける調査対象者4名の中で、W2とW3とW4は世帯所得にやや余裕があり、民間保険に加入している。

　対象者W1は世帯所得17千ドルが97%FPLであるが、子どもは（メディケイドではなく：引用者）離婚後の父親の雇用主提供医療保険（民間保険）でカバーされている。本人は無保障である。おそらく、子どもを離婚後の父親の扶養家族とすることで、自分は単身者という扱いになっているためであろう。

　対象者W4の場合は乳児2人が里子であり、メディケイド適格となっている（本書第2章第4節のメディケイドの制度設計でみたように「養子支援扶助の受給者」という適格要件）。

　調査対象者W1の詳細について紹介しよう[10]。ミルウォーキーで理学

診療助手として働いているが年収は 17,140 ドル（FPL の 97%）である。自動車通勤のために毎月 260 ドルのガソリン代が必要である。離婚後に 2 人の息子（17 歳、22 歳）と同居している。2 人の息子は父親の雇用主提供医療保険でカバーされている。2004 年の離婚から本人は無保障である。

　本人は糖尿病と高血圧の既往症を持っており、民間保険を購入すれば保険料が月額で 550 ドルになるので、購入が困難である。2007 年 11 月に交通事故で重傷を負って、55 千ドル以上の医療負債を抱えている。節約のために鎮痛剤の服用を止め、理学療養も我慢している。

　W1 氏は、インタビューの最後に、「住宅ローン返済（月額 1100 ドル）と光熱費等で家計状態は厳しく、生活費のために 12 千ドルのクレジット・カードの負債もあり、友人や親族からの借金等にも依存し、交通事故による健康問題から失業しており、持ち家の売却を考えている」と答えている。

非正規雇用の単身者で正規雇用をめざす

　ニューヨーク州のニューヨークにおける調査対象者 4 名も多様な状況である。

　対象者 N1 は、世帯所得 65 千ドル（FPL の 262%）の中から家族の民間保険を購入している。対象者 N2 は世帯所得 25 千ドル（FPL の 240%）であるが、無保障の単身者である。対象者 N3 の場合には世帯所得 60 千ドル（FPL の 341%）であるが、無保障を選択して他の支出あるいは貯蓄に回しているのか、あるいは既往症の故に民間保険に加入できないのかもしれない。対象者 N4 は世帯所得が 13 千ドル（FPL の 41%）であり、困窮状態といえる。子どもと母親がメディケイドの適格性を有するが、父親は無保障である。おそらく、親の成人に対する経済要件が低いためであろうが、成人の母親がメディケイドの適格性を有するのは、妊娠あるいは何らかの就労困難の事情の故と思われる。

　ここでは、調査対象者 N2 の詳細について紹介しよう[11]。23 歳の単身

---

10) Kaiser Family Foundation, Kaiser Commission on Medicaid and the Uninsured (2009) p. 16.

者であり、交通関係会社の非正規雇用であり、年収は 24,908 ドル（FPL
の 240%）である。非正規雇用であるが故に雇用主提供医療保険がなく、
無保障である。仕事には満足しているので、正規雇用になって雇用主提供
医療保険等の付加給付を受けたいと思っている。

　19 歳になる前（未成人）はメディケイドに適格であったが、その後は
無保障になった。雇用主提供医療保険もなく、個人医療保険を購入するこ
とも困難であり、メディケイドに申請したが、「要扶養未成人の無い成人」
なので不適格とされた（ちなみにオバマ・ケアによるメディケイド拡大がニ
ューヨーク州で実施されたので、実施後には「要扶養未成人の無い成人」も所
得が FPL133% 未満であれば適格になるが対象者 N2 は FPL の 240% なので該
当しない：引用者）。

　2007 年に数日の入院であったが 5 千ドルの自己負担が発生した。それ
以外にも病気で通院した時の 2.5 千ドルの医療債務があり、自分の経済状
況では医師の治療を諦めるしかない。また、最後の歯科診療は 4 年前であ
り、その時は（未成人であったので：引用者）メディケイドの適用を受けて
いた。

夫はパート・タイム勤務、妻も職に不安を抱えるなか高い生活費

　カルフォルニア州のサンフランシスコにおける 8 名の調査対象者の医療
保障は多様である。

　対象者 C6 と C7 は夫婦で就労して世帯所得も余裕があり、民間保険（主
として雇用主提供医療保険と思われる）に加入している。対象者 C2 は妻
のみ就労であるが、民間保険に家族で加入している。対象者 C3 は世帯所
得に余裕はあるが無保障であり、ニューヨーク州の対象者 N3 と同様に、
無保障を選択して他の支出あるいは貯蓄に回しているのか、あるいは既往
症の故に民間保険に加入できないのかもしれない。

　対象者 C5 と C8 は世帯所得が FPL の 221% であるが、C5 は Medi-Cal
"Share-of-Cost" program（カルフォルニア州におけるメディケイドである

　11）Kaiser Family Foundation, Kaiser Commission on Medicaid and the Uninsured
　　（2009）p. 18.

Medi-Cal の中で設立されている「加入者拠出金を伴う」制度）でカバーされている。他方、C8 は成人の男性単身者であるため、当プログラムの対象とならず、民間保険に加入している。

　対象者 C1 と C4 の Healthy Families は、カルフォルニア州における未成人向けの医療保障（SCHIP）であり、成人の親も適格になるか否かは世帯所得の対 FPL の水準によるものと思われる。

　調査対象者 C5 の詳細について紹介しよう[12]。夫婦で子供 3 人（1 歳、2 歳、5 歳）と暮らしており、本人は San Mateo 郡の育児支援部に勤務、夫はコストコ社でパート・タイム勤務であり、世帯の年収は 54,700 ドル（FPL の 221%）である。家族の全員が Medi-Cal "Share-of-Cost" program（毎月の加入者拠出金を伴う）でカバーされている。

　本人は San Mateo 郡政府に勤務して間もないので、付加給付（雇用主提供医療保険も含む：引用者）を獲得するまでの 6 ヶ月勤続という待機期間中であるが、カルフォルニア州財政の緊縮の中で 6 ヶ月勤続が無理かもしれないと心配している。夫は高校教師の職を失ってからコストコ社のパート・タイム勤務となり、警官の仕事を目指している（コストコ社の警備員かもしれない：引用者）。

　なお、本人が妊娠中は、Medi-Cal "Share-of-Cost" program から普通の Medi-Cal に移行して、上記の「加入者拠出金」も診療時の自己負担も免除された（おそらく、出産後の一定期間後には Medi-Cal "Share-of-Cost" program に戻ったと思われる：引用者）。Medi-Cal "Share-of-Cost" program の下では、診療時の自己負担を回避するために、定期検診も血圧診療も我慢している。本人には高血圧に加えて偏頭痛もあり、また、一番下の息子（1 歳）は先天性の腎臓疾患があるので年 2 回の超音波検査が必要である。

　家計では、サンフランシスコの家賃は高く、月額 3.4 千ドルであり、全体として家賃や光熱費や奨学ローン返済等のやりくりが難しく、滞ることもある。C5 氏は「もし月収が 200 ドル減少したら、何も削る部分がないので、ホームレスになるだろう」と答えている。

12）Kaiser Family Foundation, Kaiser Commission on Medicaid and the Uninsured（2009）p. 17.

シングルマザーで3人の子持ち、低賃金労働

カンザス州のウイチカにおける5名の調査対象者の中でK3とK4とK5は民間保険である。

低所得層（FPLの64%）のK1の場合には未成人の子供はメディケイドでカバーされるが、成人であるシングルマザーは無保障である。対象者K2の場合は父親と子供は民間保険があるが、母親は無保障である。世帯所得に余裕はない、あるいは、母親に既往症があって民間保険に加入できないのかもしれない。

調査対象者K1の詳細について紹介しよう[13]。シングルマザーで3人の子ども（10歳、12歳、16歳）を抱えており、レストランのウェイトレスの仕事をしている。年収は13.5千ドル（FPLの64%）である。レストランの勤務時間は週に30-35時間であり、12年も勤務しているが、雇用主提供医療保険はない。（年収が極貧状態であるにもかかわらず：引用者）メディケイドの適用は子供に限定され、カンザス州のメディケイドの制度設計では親が適格性を得るための経済基準が厳しく設定されており、本人は無保障である。ちなみに、妊娠時にはメディケイドの適用がある。

本人には鼻の持病があるが、医師診療を我慢して売薬に頼っている。持病が悪化して抗生物質が必要な時は「無料医師サービス（free clinics）」（NPO等による慈善事業：引用者）に行っている。子どもについてはメディケイドによって定期検診も専門医診療もカバーされている。一番下の息子には脳に良性嚢胞があり、頭痛が原因で学校の欠席も多く、本人も仕事を休むことになる。

8年前に本人が胆嚢の手術を受けており、当時も無保障であったために、15千ドルの支払いを3年間の分割で支払った。本人も自分の民間保険を購入しようとしたが、月額300-400ドルの保険料の故に無理であった。家計は厳しく、家賃と交通費だけで月額400ドルもかかっており、フードスタンプ（連邦政府直轄の食糧支援の公的扶助：引用者）で助かっている。

現在の経済状況（サブプライム問題を契機とする景気後退が始まっている：

---

13) Kaiser Family Foundation, Kaiser Commission on Medicaid and the Uninsured (2009) p. 12.

引用者）の中で、勤務先のレストランも不振である（チップがウェイトレスの収入の中で大きな比重を占めている：引用者）。……最近、救急病院（emergency room）で治療を受けたが、その自己負担額600ドルのうち400ドルの支払いが残っている（この医療債務が返済されない場合には、後で取り上げる議会公聴会でみるように、雇用主提供医療保険の民間保険に費用転化されることがある：引用者）。

　以上の表3-1の検討から、オバマ・ケア（医療保障改革）前におけるアメリカの低所得層と底辺層の勤労者における多様な状況をみることができた。多くの場合は経済力の格差の故に医療保障の格差が生じているが、中には、経済余力があるにもかかわらず他の消費あるいは貯蓄を優先するという選択もあるかもしれない。この「選択の自由」に対して、オバマ・ケアは、個人に対する「医療保障獲得義務（Individual Mandate）」という形の束縛を加えるのであり、一つの争点となるのは後述の通りである。他方、既往症を理由に民間保険の加入が困難な場合もあり、また、低所得層への公的な医療保障が限定的であるが故に、一つの家族の中で成人が無保障になることもあるが、オバマ・ケアでは、公設保険市場で提供される民間保険の保険料について、「年齢と家族規模と地理的要因と喫煙のみを決定要因とする（既往歴による排除を禁止）」という規制が設けられ、また、メディケイドの適格要件の寛大化を誘導するためのメディケイド補助金の制度改革も盛り込まれる。

　このような実情を踏まえて、ワシントンの連邦議会における審議・立法が進められる。

雇用主提供医療保険と公設保険市場の議論

　ここで取り上げるのは、2009年3月11日に下院の歳入委員会で開催された、「医療保障拡大と医療サービス改善と費用抑制」というタイトルの公聴会[14]であり、そこでは、無保障問題の重大性の共通認識を踏まえて、

　14）U.S. House Committee on Ways and Means（2009a）.

3.2 無保障者問題   123

雇用主提供医療保険（民間保険）を主軸とするアメリカ型医療保障システムの基本構造を前提としながら、新設する公設保険市場における公的保険の活用の是非について議論される。

ランゲル委員長（民主党、ニューヨーク州選出）は開会演説[15]で、「アメリカの医療システムは壊れており、第1に46百万人が無保障であり、第2に、そのことが、有保障者や政府や民間企業にコストをもたらしている」ので、オバマ民主党政権が目指す医療保障改革を「民主・共和両党による共同提案」として立法化したいとして、「民主・共和両党の違いが大きくなければ（共同で：引用者）仕事を成し遂げることができる」と述べて、共和党の筆頭議員であるキャンプ議員（ミシガン州選出）に発言を促した。

キャンプ議員は、「先週のホワイトハウスにおける歴史的な会議（オバマ大統領がホワイトハウスに民主・共和両党の幹部を招いて医療保障改革について説明したと思われる：引用者）を前提とする、重要な公聴会であり、民主・共和両党が協力すれば何事も成し遂げられる」と述べた上で、第1に医療保障改革のために協力しようと呼びかけ、第2に雇用主提供医療保険を医療保障システムの主軸として維持する形の改革であると確認した[16]。

最初の証言者はハーバード大学のアヤニアン教授であり、「*America's Uninsured Crisis: Consequences For Health and Health Care*」[17]（医師・看護師の医療専門家や州政府・連邦政府の行政官や病院等の実務家で構成される調査委員会による報告書）について説明したいと述べて、以下のように続けた[18]。

第1に、医療保障率の低下の主要因は、医療コストの増加による民間保険料の上昇であり、1999-2008年において、家族保険の保険料は120%も上昇し、それは賃金の増加（率：引用者）の3倍以上である。雇用主は医療保険を提供する能力が低下し、被用者の側も保険料支払い能力が低下し

---

15) U. S. House Committee on Ways and Means（2009a）pp. 4, 9.

16) U. S. House Committee on Ways and Means（2009a）pp. 9-10.

17) Institute of Medicine Committee on Health Insurance Status and Its Consequences（2008）*America's Uninsured Crisis: Consequences For Health and Health Care.*

18) U. S. House Committee on Ways and Means（2009a）pp. 10-12.

ていた。

第 2 に、無保障状態による健康面の悪影響として、「無保障者は深刻な病状でも、医師の診療や治療を受けることを先延ばし」にして「高血圧等の慢性疾患があっても医療サービスを受けることが少ないので悪化する速度が速く、また、がんの発見も遅れる」ことや、「無保障の未成人は予防注射や基礎的歯科サービスを受ける機会が少なく、喘息や糖尿病の場合にも必要な医療サービスを受けないことが多く、また、健康問題の故に学校の欠席も多くなる」ことをあげた。

これらの論点は、医療保障の欠如が個人だけではなく社会全体にとってもさまざまな損失をもたらしており、医療保障の拡大・普及によってそのコストを削減できるので、改革のための費用投入に対するコスト・パフォーマンスは良いという論理を導き出そうとするものであろう。

2 番目の証言者、Commonwealth Fund（医療関連の研究を目的とする民間団体）のデイビス会長は、同様に、経済危機の中で医療費の上昇が進み、多くの家族が医療費と医療保険料の支払いに苦労し、また、多くの雇用主が医療保険の提供を縮小していると述べた上で、以下のように提言した[19]。

第 1 は、「医療保険取引所（insurance exchange）」の創設であり、そこでは雇用主と個人にとって民間保険や公的保険という選択肢が提供され、「市場メカニズムの機能（競争や選択）の改善を通して全国民に適正価格の医療保障を提供される」というのである。

第 2 は、医療サービス提供のシステム（医師や病院など）への報酬支払いにおいて、従来の出来高支払い方式（fee-for-service payment）から、「患者重視の透明性のある包括的なケアを促進するような報酬支払い方式」に転換することである。

第 3 は、医療サービスの基準（benchmark level）の達成に必要なインフラ投資や IT システムについての病院と医師への支援策であり、既に（リーマン恐慌対策の：引用者）2009 年 ARRA で始まっている。

3 番目の証言者は MILLIMAN 社（全米最大の保険数理・コンサルタン

---

19) U.S. House Committee on Ways and Means（2009a）pp. 23–24.

3.2　無保障者問題　　　　　　　125

表 3-2　病院費用のコスト転嫁の推計（2006 年）

(億ドル)

	患者負担 (A)	他の収入 (B)	収入合計 (C)	費用 (D)	収支 (E)	収益率 (F = E/C)
メディケア	1957	100	2057	2251	-194	-9.4%
メディケイド	678	48	726	833	-107	-14.7%
民間保険	2764	107	2871	2206	665	23.1%
小計	5399	256	5655	5291	364	6.4%
他の公的制度等	437	67	505	632	-127	-25.1%
合計	5836	323	6160	5923	237	3.8%

出所：U. S. House Committee on Ways and Means（2009a）の 73 頁より作成。

表 3-3　病院費用と医師費用の転嫁の推計（2006 年）

(億ドル)

	メディケア	メディケイド	民間保険
病院費用	-348	-162	510
医師費用	-141	-237	378
合計	-489	-399	888

出所：U. S. House Committee on Ways and Means（2009a）の 74 頁より作成。

ト会社）のピカリング氏である。同氏は、同社の顧客は保険会社や医療サービス提供者（病院・医師等：引用者）や政府機関であり、最近、AHIP や American Hospital Association、Blue Cross Blue Shield Association の依頼で、メディケアとメディケイドと民間保険における診療報酬の調査を実施したと述べた上で、病院の収益構造の中で、公的制度の患者の費用超過分を民間保険加入者に転嫁していると証言した[20]。

　メディケアとメディケイドと民間保険は（実際には病院の緊急治療室等における：引用者）無保障者の治療コストも負担しているので、費用の転嫁が発生している。……表 3-2 にみるように、2006 年のデータでは、病院の平均収益率はメディケアの患者ではマイナス 9.4%、メディケイドの患者ではマイナス 14.7%、民間保険ではプラス 23.1%、他の公的制度（困窮者救済措置と思われる：引用者）ではマイナス 25.1% であった。……（もしメディケアとメディケイド等の公的制度についても民間保険と同じ収益率を確保するとすれば：引用者）510 億ドルの追加支払いが必

20）U. S. House Committee on Ways and Means（2009a）pp. 70-72.

126 第3章 「取り残される階層」の生活基盤の確保

要と推計されるので、（逆からみれば、もし公的制度で採算がとれて費用転嫁がなければ：引用者）その分だけ民間保険からの支払いを 18% も引き下げることが可能になる。

そして、医師費用についても同様なので、表 3-3 にみるように、2006年において全体で 888 億ドルの費用転嫁があるというのである。

さらに、ピカリング氏は、4 人家族の雇用主提供医療保険（PPO プラン；Preferred Provider Organization[21]；マネジド・ケア組織の一つ：引用者）の保険料に織り込まれた費用転嫁の推計を示した[22]。

年間の保険料は 14,212 ドル（雇用主 10,481 ドル、被用者 3,731 ドル）であり、受診時の自己負担が 2,420 ドルであり、合計で 16,632 ドルの負担（雇用主 10,481 ドル、被用者 6,151 ドル）になる。その中で、上述の公的制度にかかわる負担転嫁分は 1,788 ドルと推計されており、負担合計に対する比率は 10.7% になる。

そして、ピカリング氏は、病院費において、2000 年以降にメディケア及びメディケイドの患者について採算が悪化し、他方、民間保険の患者の採算が上昇する推計をみせている。メディケア及びメディケイドの公的制度における抑制的な支払い方式がもたらす採算の悪化分が、民間保険からの支払い（ひいては保険料）に転嫁される構造が強まる傾向にあるという趣旨であろう。

ピカリング氏の証言が終わったところで、ランゲル委員長が、（公設医療保険市場への：引用者）「公的保険参入」問題について、それが民間保険の保険料の上昇をもたらすと考えているのかと質問し、同氏はそうであると答えた。さらに、同氏は、もし公的保険がメディケアの診療報酬単価と同水準で参入すれば、民間保険の単価よりも低いので、民間保険は競争できないと述べている[23]。

21）PPO については中浜隆（2006）の 67-68 頁を参照されたい。

22）U. S. House Committee on Ways and Means（2009a）p. 75.

続いて共和党の筆頭議員であるキャンプ議員の発言である。同議員は、ピカリング氏が説明したMILLIMAN社の報告書で示されたのは、医療サービス提供者（病院・医師等：引用者）がコスト転嫁をするので、民間保険の購入者が「隠れたコスト」あるいは「隠れた税」を支払っているという事実だと述べて、以下のように続けた[24]。

　　Lewin Group（医療コンサルタント：引用者）の調査によると、メディケア及びメディケイドの支払い単価は、民間保険に比べて、病院費用では67 〜 71%、医師費用では56 〜 81% である。このコスト転嫁の原因は何ですか？

　ピカリング氏は、コスト転嫁の原因について以下のように答えている[25]。

　第1に民間保険では保険業者と医療提供者と交渉して支払い単価を決定するが、メディケア及びメディケイドの場合には「単価表」（医療サービスの購入者である連邦政府や州・地方政府の主導の下で作成される：引用者）に基づいて決定されている。また、マネジド・ケア方式における価格交渉でも、購入者（連邦政府や州・地方政府：引用者）が大規模であるが故に交渉力が強いが、他方、民間保険は相対的に交渉力が弱いので支払い単価が高くなる。

　第2に、医療サービス提供者の多くが地域コミュニティや（低所得層の：引用者）個人に奉仕する姿勢を有するが故に、（公的制度の：引用者）低水準の支払い単価を受け入れている。その低水準の支払い単価で、メディケイド及びSCHIP（低所得層の未成年向けの医療保障：引用者）の登録者を診療することで、そうでなければ無保障者になるかもしれない人々を救済できると考えている。

　そして、第3に、「メディケア、メディケイドと民間保険の間の価格差

23）U. S. House Committee on Ways and Means（2009a）pp. 76–77.

24）U. S. House Committee on Ways and Means（2009a）p. 78.

25）U. S. House Committee on Ways and Means（2009a）p. 78.

には合理的な理由があるが、……近年（高齢者や低所得者が増加して上記の要因が強まっているので：引用者）雇用主提供医療保険の民間保険料への転嫁の圧力が一層強まると危惧されている」と述べた。

さらに、キャンプ議員は、「（医療保障改革案の中で構想される公設保険市場に：引用者）政府部門が運営する公的保険が参入すると、……同様のプロセスによって民間保険の保険料が高くなり、雇用主提供医療保険が減少すると考えられるか」と質問した。それに対してピカリング氏はその可能性があると答えて、以下のように続けた[26]。

　　もし公的保険が民間保険と競争すれば、……前者の保険料が安いので人々は後者から前者に移動する。医療サービス提供者は低い支払い単価を強いられるので、一方でコスト節約の努力はするが、他方では民間保険へのコスト転嫁を一層強めるであろう。

すなわち、共和党のキャンプ議員はピカリング氏の提出した資料から、公設保険市場への公的保険の参入が、オバマ民主党政権による医療保障改革の前提となるはずの雇用主提供医療保険をアメリカの医療保障システムの主軸として維持することと矛盾すると論証したのである。

民主・共和両党の間では、最重要な社会問題となっている無保障者に医療保障（適正な医療へのアクセス）を提供するという政策課題は共有されており、その政策手段を構築する改革案の中で、その一環として創設される公設保険市場の制度設計（公的保険参入等）について、証言者の専門家から客観的な調査が提出され、両党の議員もそれをベースにして堅実な議論を交わしているといえよう。

---

26) U.S. House Committee on Ways and Means（2009a）pp. 78-79.

3.3 制度設計の議論

「州の実験室」と多様性

ここで取り上げるのは、上院の医療・教育・労働・年金委員会で 2009 年 4 月 28 日に開催された、「州政府からの教訓」というタイトルの公聴会[27]である。

ケネディ委員長（民主党、マサチューセッツ州選出）は開会演説で、アメリカ社会（2009 年の人口は 315 百万人：引用者）の中で 50 百万人以上が無保障（uninsured）であり、25 百万人が「低保障」の状態（underinsured：加入保険における高い診療自己負担割合や除外既往症規定や入院日数及び保障額の上限規定によって医療保障が不十分：引用者）であり、しかも、第 3 に無保障者の 80% 近くが勤労世帯であり、無保障あるいは低保障の原因は、勤労者の経済力に比べて高すぎる保険料であると述べて、以下のように続けた（事前提出の開会演説）[28]。

2008 年の国民医療費は 2.4 兆ドルであり、1997 年の 2 倍以上であり、また 2017 年には倍増することが見込まれている。過去 8 年間で雇用主提供医療保険の保険料の上昇速度は賃金の 4 倍である。……

GM 社は鉄鋼よりも多くの金額を保険料に投入しており、スターバックス社はコーヒー原料よりも多くを投入している。

特に小規模企業への影響は大きく、2007 年に、雇用規模が 200 人以上の企業の 99% には雇用主提供医療保険があったが、3-9 人規模の企業では 45% であった。非高齢層のアメリカ人は所得の 10% 以上を医療保険料に支払い、その比率が年々上昇している。

---

27) U. S. Senate Committee on Health, Education, Labor, and Pensions（2009）. 当議会公聴会を用いて医療保障改革に関する「州の実験室と多様性」について論じた研究としては、加藤（2021）第 4 章がある。

28) U. S. Senate Committee on Health, Education, Labor, and Pensions（2009）p. 2.

そして、ケネディ委員長は、医療保障改革の3本柱として、①保険市場の改革、②個人と雇用主と政府の協力、③「医療保険を購入する経済力の無い人々」への支援をあげた。本書の問題意識から言い換えれば、個人及び小規模雇用主向けの「公設保険市場」や、メディケイド等の医療扶助の拡充によって、無保障者に対して医療保障を提供する仕組みを拡大するというのである。

ただし、それぞれのやり方で「州の実験」を進めた州として、ユタ州、バーモント州、カリフォルニア州、マサチューセッツ州の4州をあげた上で、特にマサチューセッツ州の成果を誇りに思うと述べることで、全米の医療保障改革を、マサチューセッツ・モデルを見本とする意図を示した。

次は、当時の議会少数派である共和党の筆頭議員であるエンジ議員（ワイオミング州選出）の開会演説である。同議員は、「州の実験室」は成功事例とともに問題点も提示してくれると述べて、以下のように続けた[29]。

　　アメリカのそれぞれの州は多様であり、そのことがアメリカを偉大にしている。多様性の故に、異なる意見と独自の解決方法がある。……医療保障改革においても多様な方法で実践している。……アメリカ全体の医療保障改革においても、そのことを念頭に置くべきである。

すなわち、マサチューセッツ州選出のケネディ委員長（民主党）がアメリカ全体の医療保障改革案のモデルとして同州の改革を推奨するのに対して、共和党のエンジ議員がアメリカの各州の多様性を強調するという構図である。

次に発言したビンガマン議員（民主党、ニューメキシコ州選出）は、（ケネディ委員長を応援して：引用者）マサチューセッツ州における「州の実験室」では無保障率が大幅に改善され、公設保険市場の保険料も低下したと称賛した[30]。

---

29) U. S. Senate Committee on Health, Education, Labor, and Pensions（2009）p. 4.
30) U. S. Senate Committee on Health, Education, Labor, and Pensions（2009）pp. 5-6.

3.3 制度設計の議論 131

　他方、ハッチ議員（共和党、ユタ州選出）は、「（全米規模の：引用者）包括的な改革を目指す時にはすべての州が同じではなく、保険市場や人口構成や規制についてそれぞれに独自性があることを重視すべきであり、……50州の「州の実験室」があり、……州政府に柔軟性（主体的で多様な選択：引用者）を提供すべき」と述べた[31]。

　この公聴会では、主として、公設保険市場の制度設計を材料として、マサチューセッツ州モデルで統一的に改革を進めるのではなく、全米の各州における医療改革についてそれぞれの州の多様な前提条件の下で多様な制度と運用を可能にする構造を内蔵する医療保障改革というコンセンサスを形成するプロセスとみることができる[32]。

　なお、オバマ・ケアの最重要な分野である「メディケイド拡大」についても、本章第4節でみるように、2010年ACAの立法後に展開される連邦最高裁等における違憲裁判を通して、「多様な選択」が連邦システムにおける基本であることが再確認されている。

セベリウス医療・福祉長官の証言——基本構造の確認と公的保険の活用

　ここで取り上げるのは、下院の歳入委員会で2009年5月6日に開催された、「21世紀の医療改革：セベリウス医療・福祉長官との対話」というタイトルの公聴会[33]である。ランゲル委員長（民主党、ニューヨーク州選出）は開会演説で、医療改革に関する一連の公聴会の中で、本日は、オバマ民主党政権の医療・福祉長官に新しく就任したセベリウス長官を迎えており、同長官の役割は、すべてのアメリカ人に対して「適正・適切な医療」を提供する仕組みを形成することであると述べた上で、「この下院歳入委員会において多数派の民主党と少数派の共和党の間に皆保険的な医療保障の実現方法について大きな意見の相違があるが（いいかえれば、アメ

---

31) U. S. Senate Committee on Health, Education, Labor, and Pensions（2009）pp. 6-7.

32) なお、この公聴会では、マサチューセッツ州とカリフォルニア州とバーモント州とユタ州の先駆的な「州の実験室」における公設保険市場の多様な成果について各州からの証言者が詳細に述べているので、大いに参考になる。

33) U. S. House Committee on Ways and Means（2009b）.

132　　　第3章　「取り残される階層」の生活基盤の確保

リカ的医療保障の基本構造の維持については大きな意見の相違はない：引用者)」
のであり、「来週には、本委員会の内部作業として民主・共和両党の共同
法案を作成する予定である」と強調した[34]。

　続いて共和党の筆頭議員であるキャンプ議員（ミシガン州選出）は、セ
ベリウス長官の事前提出資料を読んで多くの点に賛成であると述べた上で、
以下のように続けた[35]。

　　オバマ民主党政権の提案について以下の点について確認したい。第1
　に家族や企業や納税者にとってのコストを減少できるか、第2に医療コ
　ストによって破産する家族を無くせるか、第3に（患者が：引用者）医
　師を選択できるか、第4に現在の医療保障（現在の雇用主提供医療保険や
　個人保険：引用者）を維持できるかという論点である。
　　もしオバマ民主党政権や民主党議員が両党が合意できる政策立案に焦
　点を当てるのであれば、本委員会の両党共同法案の作業は可能であるが、
　そうでなければ、無理である。

　そして、セベリウス長官の登場である。現在の医療システムにおけるコ
ストは企業や家族にとって受け入れがたく、医療保障問題は時間とともに
悪化して、無保障者が増加しており、「医療保障改革は先延ばしできない」
としたうえで、「医師や医療制度の選択や、（公設保険市場における：引用者）
公的保険と民間保険の選択肢の保証という信念」を共有しており、また、
「すべてのアメリカ人は、現在の満足している医療保障からの変更を強制
されるべきでない」と述べた[36]。すなわち、同長官は、雇用主提供医療
保険を主軸とする医療保障システムの基本構造を維持するという原則を述
べた上で、新設の公設保険市場については「公的保険の参入」案を支持す
るというのである。

　セベリウス長官は、続けて、医療関連感染対策として、外来手術センタ

34）U.S. House Committee on Ways and Means（2009b）pp. 3-4.
35）U.S. House Committee on Ways and Means（2009b）pp. 4-5.
36）U.S. House Committee on Ways and Means（2009b）pp. 5-6.

ーへの監査や、病院内のチェック・リストの統一化（事務・業務作業のIT
化を指していると思われる：引用者）などの医療サービスの分野における改
善と、その改善策を、各州政府を通して全米に普及することを提言してい
る。すなわち、この医療保障改革は医療費の負担や支払いの側面だけでは
なく、国民が適正で適切な医療サービスを享受できるという側面も重視し
ていることを強調した。そういう意味で、オバマ民主党政権の提案は包括
的な医療改革だというのである。

　そして質疑が始まる。最初に民主党のランゲル委員長が、「本委員会の
内部作業として、民主・共和両党の妥協点を模索する予定であり、共和
党の側が最も問題視するのは（公設保険市場における：引用者）公的保険
（public plan）の参入問題である」と述べた[37]。後に詳しく検討するよう
に、雇用主提供医療保険がない小規模企業被用者や自営業者のために公設
の医療保険市場の設立が提案されており、民主党の側は、その「公設保険
市場」に民間保険だけではなく、公的保険の参入を認めることで、価格競
争等による監視メカニズムが働いて、結果として安価な適正医療が可能に
なると主張している。

　民主党のランゲル委員長が言うように、民主党の「公的保険参入」論に
対して、共和党側からの強い批判がある。おそらく、民間保険が中心とな
って機能する市場メカニズムに対する公的機関による外からの監視は必要
と認めるにしても、公的保険が市場に参入する形で民間保険を牽制する方
式は、アメリカ自由主義と自由市場の理念から受容できないというのであ
ろう。

　セベリウス長官は、「競争は技術革新と最善の実践と低コストをもたら
す」ので、「公設保険市場の制度設計において多様な選択肢は重要」であ
ると述べた上で、「私の出身地であるカンザス州では州内で民間保険が提
供されない地域が多くあるので、カンザス州の州公務員医療保険制度にお
いて公的保険と民間保険から選択できる仕組み」が構築されている具体的
な事例をあげて、以下のように続けている[38]。

　37）U. S. House Committee on Ways and Means（2009b）pp. 8–9.
　38）U. S. House Committee on Ways and Means（2009b）p. 9.

根本的な問題は、（その運営の：引用者）ルールであり、制度設計における保険数理であり、機会均等の維持であり、……そして、2つの論点がある。第1に、公的保険は安い保険料で民間保険に対して競争すべきでない（民間保険の利潤にあたる部分を使っての値引き競争の禁止という意味であろう：引用者）。第2に、民間保険に対しては「保険リスクの少ない患者」だけを加入させるという危険選択を禁止すべきである。既往症を加入拒否要件にすることは市場を歪めるので、禁止すべきである。しかし、保険管理業務や費用効率性等における（公的保険と民間保険の：引用者）競争は、長期的には、良い結果につながると思われる。

　すなわち、民主党のランゲル委員長から、公設保険市場に公的保険を織り込む制度設計について共和党の側から反対論が出ていると指摘されたのに対して、セベリウス長官は、強気に、その制度設計が競争を通して費用効率の上昇に働くことを強調したのである。

　そして2番目の質問者は、共和党の筆頭議員のキャンプ議員である。同議員は、雇用主提供医療保険に関して、「雇用主拠出を被用者の課税所得から除外する租税優遇措置が適用される保険金額の上限を設定することが医療コストの節減策になり、また、その増収分を低所得層向けの医療改革の財源に回せる」という議論がでているが、このような租税優遇措置の制限案についての見解を聞きたいと質問した[39]。それに対してセベリウス長官は、「約180百万人のアメリカ人が民間保険で保障されているので、雇用主による医療保障の提供を促進するための租税優遇措置の撤廃は、民間保険市場の不安定化と無保障者の増加をもたらす」ので、オバマ民主党政権は賛成しないと答えた[40]。

　すなわち、セベリウス長官は、現在のアメリカの医療保障システムの主軸である雇用主提供医療保険を支える租税優遇措置の制限について、オバマ民主党政権は賛成しないと明言しており、その雇用主提供医療保険が提

39）U. S. House Committee on Ways and Means（2009b）pp. 10-11.
40）U. S. House Committee on Ways and Means（2009b）p. 10.

供されない階層が医療保険を購入するための公設保険市場における公的保険の参入問題とは異なったスタンスを示した。

　また、共和党のハーガー議員（カリフォルニア州選出）は、オバマ民主党政権は、現在の（雇用主提供医療保険等による：引用者）医療保障を享受している人々はそれを維持できるという原則を提示しているので、民主・共和両党の共同の法案が可能であると考えているが、これまでの議会公聴会で、（公設保険市場に：引用者）公的保険が参入すると（競争によって保険料が低下して民間保険の収益が悪化して、雇用主提供医療保険の分野の民間保険の保険料が上昇するので：引用者）120 百万人の雇用主提供医療保険がなくなるという証言（先に検討した 3 月 11 日の議会公聴会でメディケアやメディケイドにおける診療報酬単価の抑制策によって民間保険にコスト転嫁されるという実証研究が紹介されている：引用者）を聞いたとして、あらためて、セベリウス長官に、公的保険の拡大と上記の雇用主提供医療保険の維持が両立するのかと質問した[41]。

　それに対して、セベリウス長官は、その 2 つは両立すると明言した。さらにハーガー議員が、公的保険に政府助成金が投入される場合には民間保険は競争できるかと質問し、セベリウス長官は、「公的保険と民間保険の共存の事例として、カンザス州をはじめとして 30 州の公務員医療保険制度で州公務員及び家族に対して並列的に公的保険と民間制度が競争的な選択肢として提供」されており、また、「多くの州では、CHIP 制度（低所得層の未成年向けの医療保障制度：引用者）でも同様の制度設計になっている」と具体例をあげた上で、「（公的保険と民間保険に：引用者）公平な機会が提供されることが重要であり、運用開始時のルール設定の問題であり、オバマ民主党政権は議会と協力して、公平な機会均等の条件を確保することに責任を持つ」と答えた[42]。

　これらの議論に続いて、合計で 32 人の議員から網羅的な質問や提言が出され、セベリウス長官はすべてに答える形で公聴会が進められた。全体の論点をまとめると以下の 4 点になる。

41）U. S. House Committee on Ways and Means（2009b）p. 12.

42）U. S. House Committee on Ways and Means（2009b）p. 12.

136　　　第 3 章　「取り残される階層」の生活基盤の確保

　第 1 は、「選択の自由」にかかわる論点である。同長官は、「すべてのアメリカ人には（医療保障を獲得する：引用者）義務の規定を設ける予定であるが、それを、雇用主提供医療保険や民間の個人保険（あるいはメディケアやメディケイド等：引用者）」のいずれかで獲得することになるであろう」と答えて、「医療社会主義」的な制度設計を否定した[43]。

　第 2 は、医療保障の拡大には費用の支援だけではなく、医療サービスの提供システムの拡充と整備が必要であるという問題提起に対して、同長官は、非都市部や大都市圏内の貧困地域等における医療人材（「かかりつけ医」と看護師等）の増員策、「かかりつけ医」の診療報酬単価の引き上げ、IT 技術の活用によるリモート診療等の対策をあげた。

　第 3 に、医療費抑制策について興味深いやり取りがあった。共和党のブラディ議員（テキサス州選出）から、「政府が運営するシステムにおける医療の合理化の中で、……診療報酬単価は実際のコストに応じて物価調整されるのではなく、MedPAC（メディケアの監督機関：引用者）による医療の適正基準に基づいて決定されており、……このような、医療管理の仕組みによって、（アメリカ全体の：引用者）医療の質が悪化する」という批判が出たのに対して、セベリウス長官も、「私も診療報酬単価の大幅な削減は受け入れがたく、もしそうなれば、医療システムに破壊的な影響があり、医療サービス提供者を失うことになるので……オバマ民主党政権は連邦議会と協力しながら、長期的に高齢者及び障害者がメディケアの下で自分が選択して必要な医療サービスを受けることができるようにする」と答えている[44]。

　第 4 に、具体的な医療問題として、小児肥満等の予防医療や乳がんの予防策、飲酒の抑制、適度の運動、禁煙、食生活等の対策や、膵臓がん等のがん研究支援について提起されるのに対して、同長官は、「全米一律の仕組み」ではなく地域主導（コミュニティ医療センター、訪問介護ネットワーク）の解決策の支援や、メディケアにおける相談業務等の改善や、医療

43）U. S. House Committee on Ways and Means（2009b）p. 15.
44）U. S. House Committee on Ways and Means（2009b）pp. 16-17.

情報や事務作業の IT 化のための方策を提示した。

本節で取り上げた 2 つの議会公聴会では、民主・共和両党から医療保障改革について網羅的に議論された。特に、アメリカ自由主義の根幹にかかわる「選択の自由」を束縛するリスクも問われて、オバマ民主党政権のセベリウス長官が明確に否定する場面は印象的であった。

総じて、50 百万人近くの無保障者に対する医療保障を提供するという政策目標には、民主党も共和党も超党派で支持を表明していた。その上で、全米規模の医療保障システムの制度設計について、主要な論点が提起されていた。第 1 に、オバマ民主党政権と民主・共和両党で共有する政策目的として「5 千万人の無保障者」に医療保障を提供するシステムの構築、第 2 に、その医療保障システムの主軸として雇用主提供医療保険とその租税優遇措置の維持、第 3 に、従来からの主軸である雇用主提供医療保険から除外される人々に対して適正な医療保険を購入できる公設保険市場の設置と公的保険参入問題（Public Choice）、第 4 に、それでも取り残される人々に対するメディケイド等の公的支援の拡充である。実際には、本章第 5 節でみるように、4 番目の「メディケイド拡大」という政策手段が最大の政策効果（無保障者の減少）をもたらした。

次節では、これらの課題への対策、政策手段である 2010 年 ACA の制度設計を検討したい。

3.4 医療保障の拡充策——2010 年 ACA の主要規定

2010 年 3 月に成立した 2010 年 ACA（Patient Protection and Affordable Care Act）の目的は医療保障の拡大であり、その主要な政策手段が個人及び小規模企業のための公設保険市場の創設、メディケイドの拡大である[45]。しかし、同法の成立後に、それらの政策手段についての違憲訴訟が個人や州政府や他の関係者から起こされ、連邦最高裁の判決によって、

---

45) Congressional Research Service（2013）p. 1. なお、2010 年 ACA の全体像とその成立後の成果と課題については長谷川千春（2021）が、また、医療保険に関する規制については中浜隆（2017）と同（2018）が大いに参考になる。

138　　　第3章 「取り残される階層」の生活基盤の確保

国民全体に対する「個人の医療保障獲得義務」の規定や、すべての州政府に「メディケイド拡大」を強制する（実施しない場合のメディケイド補助金の停止）規定は違憲とされたが、「医療保障を獲得しない個人」への罰金規定[46]や、「メディケイド拡大」を実施する州政府への優遇的な補助金は維持された[47]。

公設保険市場と保険購入者の支援策

2010 年 ACA の主要規定[48]の第 1 は、すべての州で公設保険市場[49]を開設して、適格要件を満たす個人及び小規模雇用主に対して、標準化した民間医療保険（連邦議会で争点となった公的保険を排除：引用者）を提供することである（運用開始が 2013 年 10 月、保険商品は 2014 年 1 月 1 日から有効)[50]。

なお、公設保険市場の適格医療保険（Qualified Health Plans：QHP）は、基礎医療サービスの給付（essential health benefits：EHB）と自己負担上限等の規定[51]を満たすものである。基礎医療サービス給付（EHB）には、10 の給付カテゴリーがあり、①外来診療、②緊急医療、③入院、④妊娠

---

46) なお、「個人の医療保障獲得」の罰金規定については、罰金を支払えば同規定が免除される（無保障を選択できる）という仕組みになっており、オバマ・ケアと伝統的なアメリカ自由主義の調和点の模索とみることもできよう。

47) Congressional Research Service（2013）pp. 7-8. なお、「メディケイド拡大」を実施する州政府への優遇的な補助金については、加藤美穂子（2021）第 4 章が詳しく分析している。

48) Congressional Research Service（2013）pp. 1-7. なお詳細な説明については以下の文献を参照されたい。中浜隆（2018）、長谷川千春（2021）、加藤美穂子（2021）第 4 章。

49) 州政府は州営の「保険市場」（state-based exchange：SBE）を開設できるが、州政府が開設しない場合には連邦政府の運営する「保険市場」が開設される（federally-facilitated exchange：FFE）。2016 年時点で、34 州が FFE、12 州及びワシントン DC が SBE である。残りの 4 州は SBE であるが連邦政府が提供する IT システムを使用している。

50) Congressional Research Service（2013）p. 2.

51) 適格医療保険では被保険者の自己負担が制限される。①予防医療に関する保険者免責額の禁止（無料で予防医療を提供：引用者）、②年間自己負担額の制限（2016年時点で単身者保険 6,850 ドル、家族保険 13,700 ドル)。

出産・新生児ケア、⑤精神医療・薬物依存症、⑥薬剤、⑦リハビリ、⑧検査、⑨予防・慢性病管理、⑩小児科である。また、保険料については、年齢と家族規模と地理的要因と喫煙のみを決定要因とする（既往歴による排除を禁止する：引用者）。

　公設保険市場で医療保険を購入できる個人の適格要件は、①当該州の居住者・就労者等（各州の規定）、②服役中ではない、③アメリカ国籍（合法移民も含む）である。さらに、公設保険市場の保険料税額控除の適格要件を満たせば、［コラム2　公設保険市場の保険料税額控除］にみるように、保険料税額控除という個人所得税制上の仕組みを通して、保険料の支援を受けることができる。

［コラム2　公設保険市場の保険料税額控除］

　公設保険市場における保険料税額控除について、議会調査局の「保険料税額控除（2015年）」というタイトルの報告書*に基づいて検討しよう。

　第1に、保険料税額控除の適格要件は、上述の公設保険市場で購入できる要件を満たす個人の中で、所得がFPLの100〜400%の範囲である**。ちなみに、2015年におけるFPL 400%は、単身者が46,680ドル（仮に1ドル100円の為替レートで換算すると466.8万円：引用者）、2人家族が62,920ドル、4人家族で95,400ドル、6人家族で127,880ドルである。

　第2に、保険料税額控徐額は、所得や家族数によって算定される。表3-4で加入者の保険料負担の上限（2015年）をみると、年間所得がFPLの100〜133%未満の加入者の保険料負担の上限は所得の2.01%である。例えば、所得がFPL 100%の単身者の場合には保険料負担上限が月額20ドルとなるので、実際の保険料からその20ドルを差し引いた金額が、税額控除の仕組みを通して支援される。また、所得がFPL 400%で家族が4人の場合には、保険料負担上限が月額760ドルになる（家族の人数に応じてFPLが大きくなる：引用者）ので、実

140　　　第 3 章　「取り残される階層」の生活基盤の確保

表 3-4　公設保険市場の保険料負担上限 (2015 年)

（ドル）

所得 （対 FPL 比率）	保険料負担の上限 （対所得比率、%）	家族数（人）			
		1	2	3	4
100%	2.01	20	26	33	40
132.99%	2.01	26	35	44	53
133%	3.02	39	53	66	80
150%	4.02	59	79	99	120
200%	6.34	123	166	209	252
250%	8.10	197	265	334	402
300%	9.56	279	376	473	570
350%	9.56	325	439	552	665
400%	9.56	372	501	631	760

出所：Congressional Research Service（2015b）の Table 3 より作成。

表 3-5　保険料税額控除とシルバー保険 (2015 年)

（億ドル）

保険種類	事例	年間 所得	対 FPL 比率	保険料負担の 上限（対所得比率）	加入者保険料 負担（月額）	年齢	保険料（シル バー保険）	税額 控除
単身 保険	A	17,505	150%	4.02%	59	21	168	109
	B	17,505	150%	4.02%	59	64	506	447
	C	40,845	350%	9.56%	168	21	168	0
	D	40,845	350%	9.56%	325	64	506	181
3 人家族 の保険	E	29,685	150%	4.02%	99	40	538	439
	F	29,685	150%	4.02%	99	60	1,022	923
	G	69,265	350%	9.56%	538	40	538	0
	H	69,265	350%	9.56%	552	60	1,022	470

備考：シルバー保険（保険給付率 70%）のプランのうち、2 番目に低い保険料プランを基
　　準保険料としている。また、事例 E～H は、同年齢の成人 2 名と 19 歳の子で構成され
　　る 3 人家族モデルである。
出所：Congressional Research Service（2015b）の Table 4 より作成。

際の保険料から 760 ドルを差し引いた金額が、税額控除額となる。

　第 3 に、表 3-5 で、所得と家族数に年齢を加えて検討すると、単身
者で所得が FPL 150% の場合には保険料負担上限は所得の 4.02% で
あり、月額 59 ドルであるが、年齢によって保険料が異なり、21 歳で
は月額 168 ドル、64 歳では月額 506 ドルになるので、その月額保険
料から上記の保険料上限 59 ドルを差し引くと、税額控除の月額は 21
歳（事例 A）では 109 ドル、64 歳（事例 B）では 447 ドルになる。

　同様の計算をすると、所得が FPL 350% の 21 歳の単身者（事例 C）
では税額控除額はゼロとなり、他方、所得が FPL 350% の 60 歳の 3
人家族保険（事例 H）では税額控除は月額 470 ドルとなる。全体とし

て、年齢が高くて家族数が多いほど保険料が高くなるので税額控除が大きくなり、さらに所得が低いほど保険料負担上限が低くなる。同表では事例F（所得がFPL 150％、60歳、3人家族）が最大の税額控除923ドルの支援を受けることになる。

> * Congressional Research Service（2015b）.
> ** この経済要件の中の「FPLの100％以上」という規定は、後述の連邦最高裁判決によって州政府の側に低所得層の成人をメディケイドの適格者とする「メディケイド拡大」を実施しないことを選択する裁量が保証されたことによって、「メディケイド拡大」を実施しない州に居住する貧困層の成人にとっては、「不都合な事態」となっている。すなわち、FPL 100％未満の階層はメディケイドの適格性がないにもかかわらず公設保険市場での助成が受けられない。Congressional Research Service（2013）p. 2.

「メディケイド拡大」の義務化と違憲判決

もう一つの重要な改革が「メディケイド拡大」である。後述のように、無保障率の低下（有保障者の拡大）という政策効果では、上の「公設保険市場の開設と保険料支援」よりも大きな成果があった。「メディケイド拡大」とは、従来はメディケイドの適用外としていた「妊婦・高齢者・障害者でない低所得層の成人」を適格とすることであり、それぞれの州に対してその実施を求めるという規定が立法化された[52]。

すでに本書第2章第3節でみたように、メディケイドというアメリカ型福祉国家の主柱の一つである医療扶助制度は、州・連邦の政府間関係の中で州政府側の主体性を尊重する形で分権的に運営されていた。その分権的かつ多様な制度設計と運営の仕組みは以下の通りである[53]。

第1に、メディケイドに参加・実施する州に対して連邦政府が設定する

52）メディケイド拡大については、先学の緻密な実証研究である加藤美穂子（2021）の第4章「メディケイド補助金：2010年オバマ医療改革法を中心に」があるので、それに依拠して検討を進めたい。

53）加藤美穂子（2021）243-244頁。

基本ルールは、「最小限のものであり、各州政府は、制度の中枢部分（受給の適格要件、サービスの種類・給付額・給付期間、診療報酬等）についてそれぞれに多様な形で、州プログラムを設計・運用できる枠組み」になっている。

第2に、連邦法と連邦規則による基本ルールには、「すべての州政府が必ず遵守すべき適格要件や給付内容」に関する Mandatory ルールと、「Mandatory ルールが定めるよりも寛大な適格要件や給付内容を実施する」ことを「州政府が裁量的に選択（州政府の側の主体性：引用者）」できる Optional ルールがあり、Optional ルールによる寛大な制度や運用を実施する場合でも、Mandatory ルールの事業と同様に、そのメディケイドの寛大化による追加的な受給者やサービスに対しても連邦補助金が交付される。

さらに第3に、「上記の連邦ルールの一部を免除するウェーバー（Weaver）と呼ばれる制度」があり、特定の連邦ルールの免除を求めたい州政府は、連邦医療・福祉省にウェーバーの申請を行い、それが承認された場合に実施できる州独自の取り組みについても連邦補助金が交付される。

オバマ・ケアによる「メディケイド拡大」が実施される前に、このようなメディケイドにおける州政府と連邦政府の柔軟な関係と仕組みが重要な与件として存在していた。さらに、同法の立法や立法後の違憲訴訟のプロセスを通して、アメリカ自由主義における多様性と「選択の自由」を尊重する国民的なコンセンサスに整合する形で、「メディケイド拡大」が実施され、定着したのである。

2010年 ACA では「メディケイド拡大」を Mandatory ルールとし、その「メディケイド拡大」に関する州政府の費用増加をカバーするために連邦補助率を引き上げた。具体的には、「メディケイド拡大」以外の従来からの給付については各州の所得水準に合わせて低所得州の 83% から高所得州の 50% という連邦補助率であるが、「メディケイド拡大」の給付については一律に高い連邦補助率（2014-16 年度 100%、2017 年度 95%、2018 年度 94%、2019 年度 93%、それ以降は 90%）が設定された[54]。

そして、Mandatory ルールの「メディケイド拡大」を実施しない州政

54）加藤美穂子（2021）255-256 頁。

府に対して、「メディケイド拡大」の部分への奨励的な連邦補助金だけではなく、従来からのすべてのカテゴリーに対する補助金も含めて、すべてのメディケイド補助金を交付しないという罰則規定も盛り込まれていた[55]。

しかし、2010 年 3 月の ACA 成立後に、この「メディケイド拡大」に関する規定に対して違憲訴訟が起こされた。最終的に 2012 年 6 月の連邦最高裁の判決では、「メディケイド拡大」を違憲としなかったが、それに付随する罰則規定は違憲とされた。その結果、2010 年 ACA が求める「メディケイド拡大」を実施するか否かは、州政府の選択に任せることになった[56]。ちなみに、州政府が自主的に「メディケイド拡大」を選択した場合には、2010 年 ACA の規定による特別の奨励的な連邦補助率による手厚い財源支援が提供される。

このようなプロセスを経て、オバマ・ケアの前から存在していたメディケイドの分権的かつ多様な制度設計に、さらに、オバマ・ケアの連邦政府による手厚い支援策によって「メディケイド拡大」が、州政府の側の主体的な政策決定に基づく形で、加わることになった。それ故に、改革後のメディケイドはさらに多様化した。

例えば、「健常な成人（非高齢者）」の適格要件における経済基準も各州で多様に設定されている。2014 年の実施開始の時点で、「メディケイド拡大」の実施州であるカリフォルニア州とニューヨーク州では「要扶養未成人の有る成人（家族内の未成人を扶養）」の経済要件は FPL の 133% 未満であり、「要扶養未成人の無い成人」の経済要件も 133% 未満である。連邦ルールの Optional ルールに基づいて実施する「メディケイド拡大」の部分において設定される経済要件であり、上記の奨励的な連邦補助率も適用されるはずである。他方、「メディケイド拡大」の非実施州であるテキサス州とフロリダ州では「要扶養未成人の無い成人」の経済要件は FPL の 0%（すなわち適用外という意味：引用者）であり、「要扶養未成人を有する成人」の経済要件についてもテキサス州が FPL の 15%、フロリダ州が FPL の 30% であり、低所得層の中でもかなりの困窮者だけが適格となる

---

55) 加藤美穂子（2021）256 頁。

56) 加藤美穂子（2021）256 頁。

144 第 3 章 「取り残される階層」の生活基盤の確保

基準である[57]。

　次節では、オバマ・ケア（2010 年 ACA）の医療保障の「入手可能性」
を拡大する政策手段（公設保険市場の開設と低所得層への保険料及び自己
負担の支援策、メディケイド拡大）による政策効果について検討しよう。

3.5　無保障率の低下と保険料の上昇

無保障者と無保障率

　後で取り上げる議会公聴会における共和党側からの発言においても、保
険料の上昇に焦点を当てる批判が出てくるが、他方では、主として「メデ
ィケイド拡大」という政策手段によって無保障者が減少して、有保障率が
大きく改善されたことは、民主・共和両党の共通認識になっている。実際
のアメリカの医療保障の構造変化を表 3-6 でみておこう。なお、重複して
医療保障を獲得する場合もあるので同表では有保障者合計の数値が各項目
（雇用主提供医療保険、直接購入、メディケア、メディケイド等）の合計
と一致しないが、人口全体から有保障者を差し引いたものが無保障者であ
る[58]。

　第 1 に、無保障者の推移をみると、2010 年 ACA が成立したその年に
47.2 百万人（無保障率 15.5%）であったのが、オバマ民主党政権期の最後
の 2016 年には 27.3 百万人（8.6%）に減少している。すなわち、同法成立
時からオバマ民主党政権の最後までの期間に無保障者は 19.9 百万人も減
少し、無保障率は 6.9 ポイントも低下している。

57）加藤美穂子（2021）272-273 頁の「表 4-5　メディケイド経済基準、メディケイ
　　ド拡大及び公設市場の実施状況、2014 年 10 月時点」。
58）表 3-6 における「直接購入」とは公設保険市場や保険業者から個人が直接に購入
　　することである。メディケアと軍人医療制度と直接購入でカバーされている個人は、
　　重複している可能性が相対的に高く、雇用主提供医療保険やメディケイドはその可
　　能性が低い。2016 年において、メディケア登録者の 61.8%、軍人医療制度の登録
　　者の 60.7 %、直接購入者の 57.8% が、他の医療保障と重複している（Census
　　Bureau（2017）p. 6.）。

表 3-6　オバマ・ケアによる医療保障構造の改善

	2010		2013		2016	
	千人	%	千人	%	千人	%
人口	304,300	100.0	311,200	100.0	318,200	100.0
無保障者	47,210	15.5	45,180	14.5	27,300	8.6
有保障者	257,100	84.5	266,000	85.5	290,900	91.4
民間保険	200,300	65.8	202,400	65.0	215,900	67.8
雇用主提供医療保険	167,100	54.9	168,100	54.0	173,900	54.7
直接購入	38,720	12.7	37,020	11.9	44,820	14.1
軍人医療	7,905	2.6	8,228	2.6	8,566	2.7
公的制度	90,380	29.7	98,170	31.6	112,700	35.4
メディケイド	51,860	17.0	55,670	17.9	66,360	20.9
メディケア	44,820	14.7	49,420	15.9	54,130	17.0
退役軍人医療	6,266	2.1	6,735	2.2	7,291	2.3

備考：重複して医療保障を獲得している場合もあるので、各項目の合計が小計や合計と一致しないこともある。

出所：Census Bureau, *Health Insurance Historical Tables - HIC ACS*（2008-2022）より作成。

　第 2 に、無保障率を減少させた、すなわち有保障者を増加させた要因は、主として、メディケイドの増加（14.5 百万人、3.9 ポイント）とメディケアの増加（9.3 百万人、2.3 ポイント）と直接購入の増加（6.1 百万人、1.4 ポイント）である。メディケアの増加は高齢化によるものであるが、メディケイドは「メディケイド拡大」の実施によるものであり、直接購入も低所得層向けの公設保険市場及び保険料支援策の効果が大きいと思われる。

　すなわち、第 3 に、高齢化によるメディケアの増加を除けば、2010 年 ACA による「メディケイド拡大」と公設保険市場及び保険料支援の効果が、無保障率の減少に大きく寄与した。ちなみに、連邦医療・福祉省（HHS）によれば、2016 年の公設保険市場における個人の購入者（申込期間が 2015 年 11 月 1 日～ 2016 年 2 月 1 日）は 12.7 百万人であり、その中で 10.5 百万人が保険料税額控除の適格者であった[59]。

　次に表 3-7 で「メディケイド拡大」の州別の効果について検討しよう。2016 年の人口の大きさでみると、全米 318.2 百万人の中で第 1 位がカルフォルニア州（38.8 百万人、12.2%）、第 2 位がテキサス州（27.4 百万人、

59）Department of Health and Human Services, Office of the Assistant Secretary for Planning and Evaluation（2016）.

146 第3章 「取り残される階層」の生活基盤の確保

表 3-7 主要州の医療保障の構造

		2010		2013		2016	
		千人	(％)	千人	(％)	千人	(％)
全米合計	人口	304,300	100.0	311,200	100.0	318,200	100.0
	無保障者	47,210	15.5	45,180	14.5	27,300	8.6
	有保障者	257,100	84.5	266,000	85.5	290,900	91.4
	民間保険	200,300	65.8	202,400	65.0	215,900	67.8
	雇用主提供医療保険	167,100	54.9	168,100	54.0	173,900	54.7
	直接購入	38,720	12.7	37,020	11.9	44,820	14.1
	軍人医療	7,905	2.6	8,228	2.6	8,566	2.7
	公的制度	90,380	29.7	98,170	31.6	112,700	35.4
	メディケイド	51,860	17.0	55,670	17.9	66,360	20.9
	メディケア	44,820	14.7	49,420	15.9	54,130	17.0
	退役軍人医療	6,266	2.1	6,735	2.2	7,291	2.3
カリフォルニア州	人口	36,820	100.0	37,830	100.0	38,760	100.0
	無保障者	6,825	18.5	6,500	17.2	2,844	7.3
	有保障者	29,990	81.5	31,330	82.8	35,920	92.7
	民間保険	22,330	60.6	22,690	60.0	24,430	63.0
	雇用主提供医療保険	18,430	50.0	18,810	49.7	19,860	51.2
	直接購入	4,411	12.0	4,175	11.0	4,927	12.7
	軍人医療	669	1.8	662	1.8	685	1.8
	公的制度	10,700	29.1	11,800	31.2	15,080	38.9
	メディケイド	7,051	19.2	7,678	20.3	10,580	27.3
	メディケア	4,621	12.6	5,150	13.6	5,778	14.9
	退役軍人医療	509	1.4	560	1.5	609	1.6
ニューヨーク州	人口	19,130	100.0	19,400	100.0	19,510	100.0
	無保障者	2,277	11.9	2,070	10.7	1,183	6.1
	有保障者	16,860	88.1	17,330	89.3	18,320	93.9
	民間保険	12,630	66.0	12,620	65.0	12,990	66.6
	雇用主提供医療保険	11,030	57.6	10,960	56.5	10,880	55.8
	直接購入	2,274	11.9	2,086	10.8	2,530	13.0
	軍人医療	158	0.8	167	0.9	177	0.9
	公的制度	6,305	33.0	6,834	35.2	7,654	39.2
	メディケイド	4,058	21.2	4,416	22.8	5,128	26.3
	メディケア	2,826	14.8	3,075	15.9	3,272	16.8
	退役軍人医療	271	1.4	274	1.4	281	1.4
テキサス州	人口	24,780	100.0	25,980	100.0	27,390	100.0
	無保障者	5,875	23.7	5,748	22.1	4,545	16.6
	有保障者	18,900	76.3	20,230	77.9	22,840	83.4
	民間保険	14,260	57.5	15,030	57.9	17,190	62.8
	雇用主提供医療保険	12,080	48.7	12,660	48.8	13,940	50.9
	直接購入	2,444	9.9	2,456	9.5	3,311	12.1
	軍人医療	753	3.0	774	3.0	821	3.0

		2010		2013		2016	
		千人	（％）	千人	（％）	千人	（％）
テキサス州	公的制度	6,682	27.0	7,364	28.3	7,987	29.2
	メディケイド	4,173	16.8	4,514	17.4	4,792	17.5
	メディケア	2,913	11.8	3,275	12.6	3,620	13.2
	退役軍人医療	494	2.0	544	2.1	603	2.2
フロリダ州	人口	18,530	100.0	19,250	100.0	20,290	100.0
	無保障者	3,941	21.3	3,853	20.0	2,544	12.5
	有保障者	14,590	78.7	15,390	80.0	17,750	87.5
	民間保険	10,890	58.7	10,940	56.8	12,660	62.4
	雇用主提供医療保険	8,483	45.8	8,414	43.7	9,107	44.9
	直接購入	2,597	14.0	2,473	12.8	3,567	17.6
	軍人医療	650	3.5	688	3.6	716	3.5
	公的制度	5,974	32.2	6,733	35.0	7,629	37.6
	メディケイド	2,882	15.5	3,344	17.4	3,858	19.0
	メディケア	3,527	19.0	3,923	20.4	4,380	21.6
	退役軍人医療	540	2.9	547	2.8	610	3.0

備考：重複して医療保障を獲得している場合もあるので各項目の合計が小計や合計と一致しない。
出所：Census Bureau の *Health Insurance Historical Tables - HIC ACS（2008-2022）* より作成。

8.6%）、第3位がフロリダ州（20.3百万人、6.4%）、第4位がニューヨーク州（19.5百万人、6.1%）であるが、カルフォルニア州とニューヨーク州が「メディケイド拡大」の実施州であり、テキサス州とフロリダ州が非実施州である。

　第1に、2016年時点の人口に占める無保障者と直接購入とメディケイドの比率をみると、全米では8.6%、14.1%、20.9%であるが、実施州のカルフォルニア州では7.3%、12.7%、27.3%であり、ニューヨーク州では6.1%、13.0%、26.3%である。すなわち、メディケイド拡大の実施州では、全米に比べて無保障率が低く、その原因はメディケイドの比重が高いことである。

　第2に、非実施州のテキサス州では16.6%、12.1%、17.5%である。テキサス州で無保障率が全米よりも8.0ポイントも高く、逆に言えば有保障率が低いのであるが、有保障者の各項目に立ち入って全米の数値との差を算出すると、雇用主提供医療保険がマイナス3.8ポイント、直接購入がマイナス2.0ポイント、メディケイドがマイナス3.4ポイント、メディケアが

マイナス 3.8 ポイントである。すなわち、同州における高い無保障率の原因は、オバマ・ケアのメディケイド拡大を実施していないことに加えて、雇用主が医療保険を提供する業種、職種が少なく、また、メディケア適格者が少ないという基本的な経済社会構造があるといえよう。

第 3 に、フロリダ州では 12.5%、17.6%、19.0% である。フロリダ州の場合も、全米よりも無保障率が 3.9 ポイントも高いが、有保障者の中で雇用主提供医療保険がマイナス 9.8 ポイントであり、テキサス州よりも、雇用主が医療保険を提供する業種、職種がもっと少ないという基本的な経済構造がある。しかし他方で、メディケアについては全米よりも 4.6 ポイント（全米 17.0%、フロリダ州 21.6%）も高く、メディケアの適格者が際立って多く、また、直接購入の比重の高さについてもメディケアの医療保障を補完するための民間保険購入という側面もあると思われる。また、オバマ・ケアのメディケイド拡大を実施していないにもかかわらず、メディケイドの比重は 19.0% であり、テキサス州よりも高く、全米に近い水準であり、それは、フロリダ州における広範な貧困状態の故であろう[60]。

これらのテキサス州とフロリダ州における状況から推測すると、両州でメディケイド拡大が実施されないのは、保守的な政治風土だけではなく、メディケイド拡大によって新規にカバーされるべき低技能・低所得層の勤労者が多すぎることが原因であるかもしれない。

次に表 3-8 で人種別の医療保障構造を検討しよう。

第 1 に、2016 年時点の無保障者 27.3 百万人の中で白人（ヒスパニックを除く）が 11.1 百万人、黒人が 3.8 百万人、アジア系が 1.2 百万人、ヒスパニックが 10.2 百万人を占めているが、それぞれの人種における無保障率は白人（ヒスパニックを除く）が 5.7%、黒人が 9.7%、アジア系が 6.8%、ヒスパニックが 18.0% である。

---

60) 本書第 3 章第 4 節でみたように、実施州のカルフォルニア州及びニューヨーク州と、非実施州のテキサス州及びフロリダ州ではメディケイド登録者の構成が大きく異なっており、成人（非高齢者）の比重に差が出ている（2013 年）。カルフォルニア州が 5.5 百万人（46.7%）、ニューヨーク州が 2.1 百万人（35.2%）であるのに対して、テキサス州が 0.9 百万人（13.9%）、フロリダ州が 0.7 百万人（21.9%）である。Census Bureau（2017）p. 6.

3.5 無保障率の低下と保険料の上昇　　　　　149

表 3-8　人種別の無保障率

	2010			2013			2016		
	人口	無保障者		人口	無保障者		人口	無保障者	
	千人	千人	(%)	千人	千人	(%)	千人	千人	(%)
合計	304,300	47,210	15.5	311,200	45,180	14.5	318,200	27,300	8.6
白人（ヒスパニックを除く）	194,100	21,200	10.9	194,700	19,820	10.2	194,800	11,140	5.7
黒人	37,570	6,854	18.2	38,640	6,604	17.1	39,650	3,840	9.7
アジア系	14,650	2,305	15.7	15,930	2,329	14.6	17,470	1,185	6.8
ヒスパニック	50,050	15,480	30.9	53,270	15,110	28.4	56,670	10,220	18.0
その他	2,981	812	27.2	2,974	754	25.4	3,198	560	17.5

出所：Census Bureau, *Health Insurance Historical Tables - HIC ACS*（*2008-2022*）より作成。

　すなわち、無保障者の数では白人が多いが、無保障率の分母である人口が全体の 6 割を占めているので無保障率は最も低い 5.7% であり、全体の 8.6% よりも 2.9 ポイントも低いのである。他方、ヒスパニックは無保障者数では白人と同水準であるが人口の比重は 2 割弱なので無保障率がとびぬけて高いのである。

　第 2 に、2010-16 年の期間における無保障者の減少を算出すると、全体が 19.9 百万人、白人が 10.1 百万人、黒人が 3.0 百万人、アジア系が 1.1 百万人、ヒスパニックが 5.3 百万人である。

　すなわち、第 3 に、ヒスパニックは 2016 年時点における無保障率が突出して高いが、2010-16 年の期間における無保障者数の減少においては大きな効果が現れている。無保障率も 2010 年の 30.9% から 2016 年には 18.0% へと 12.9 ポイントも低下している。同様のことが、変化幅は小さいが黒人においてもいえる。

　以上の検討から、アメリカの多様な社会構造の中で、人種間の格差をかなり縮小する効果・成果を、オバマ・ケアが生み出したといえよう。しかし、逆からみれば、オバマ・ケアの実施にもかかわらず、2016 年時点（オバマ民主党政権期の最後）においても、27.3 百万人の無保障者が残され、全米の無保障率が 8.6% という高い水準にあり、また、人種間格差も残っていることが注目される。

　［コラム 3　カイザー財団による無保障者調査（2016 年）］にみるように、その原因として、第 1 に小規模雇用主には医療保障の提供義務がなく、第

2 に低所得層の経済力にくらべて雇用主提供医療保険や公設保険市場の保険料が過重になる場合もあり、第 3 にメディケイド拡大を実施しない州（南部や西部）がある。それらの諸要因によって、オバマ・ケアの前にアメリカ社会に広範に存在した低所得層の勤労者世帯の無保障状態（本章の冒頭で紹介した『カイザー報告』）が全米規模で改善される中で、まだ27.3 百万人も取り残されている。また、上述の人種間の医療保障格差は、本書の第 1 章でみたように 21 世紀のアメリカ経済に拡大するサービス業において増加する低技能・低所得の職種にヒスパニックや黒人が多く就労しているという労働編成と、整合している。

[コラム 3　カイザー財団による無保障者調査(2016 年)]

　ここで取り上げるのは、カイザー財団が 2016 年 11 月に公表した、『無保障者問題の入門』という報告書*である。この報告書は、2010年 ACA の主要規定、無保障者の減少について述べた後に、それでも多くの無保障者が取り残された事実とその原因について的確に説明している**。

　第 1 に、2015 年末時点で非高齢層の無保障者は 28 百万人であった。……原因について質問すると、彼らの 46% が、保険料が高すぎると答えた。
　第 2 に、この非高齢層無保障者の 53% が、FPL 200% 以下の所得（成人 2 人と未成人 1 人の 3 人家族の場合には 19,078 ドル）であり、28% が FPL 200 〜 399%（公設保険市場で保険を購入すると保険料税額控除が受けられる範囲内という意味：引用者）である。
　第 3 に、この非高齢層無保障者は多くの場合、家族内に 1 人の就労者がいるが、雇用主提供医療保険へのアクセスに支障がある。2015 年末の時点で非高齢無保障者の 74% は家族の中に 1 人以上のフルタイム就労者がおり、11% には家族の中にパートタイム就労

者がいる。

　すなわち、本章第 2 節で紹介したインタビュー調査にあるように、オバマ・ケアの前にアメリカ社会に広範に存在した低所得層の勤労者世帯の無保障状態が、オバマ・ケアによって全米規模で改善される中で、まだ、部分的ではあるが、残存しているといえよう。

　　第 4 に、2010 年 ACA の規定で雇用規模 50 人以上の雇用主には医療保障の提供義務があるが、この無保障状態の就労者の 49% の雇用主は雇用規模 50 人未満である。
　　第 5 に、（オバマ・ケアの最重要な政策手段である：引用者）「メディケイド拡大」を実施しない州があるので、健常な非高齢成人が取り残される。……2014 年時点で無保障率の高い 16 州はすべて南部および西部であった。

　第 4 節でみたように、テキサス州やフロリダ州というメディケイド拡大を実施しない州における高い無保障率と整合している。

　＊　Kaiser Family Foundation（2016）.
　＊＊　Kaiser Family Foundation（2016）pp. 9-10.

基本的な成果と共和党からの批判

　ここで取り上げるのは、上院の財政委員会で 2017 年 9 月 12 日に開催された、「医療コストと医療保障」というタイトルの公聴会[61]である。2016 年 11 月の選挙を経て 2017 年 1 月からトランプ共和党政権期に入っており、連邦議会では既にオバマ民主党政権第 2 期の 2014 年中間選挙、2016 年同時選挙で上下両院ともに共和党が多数派を占めていた。
　共和党は、「小さな政府」政策の立場からオバマ・ケアを批判するはずである。前項における検討では、全体の無保障率を大きく低下させたが、他方では、27.3 百万人が無保障状態に取り残されて全米の無保障率は

61）U. S. Senate Committee on Finance（2017）.

8.6% であり、医療保障における大きな人種間格差の改善も顕著である。しかし、共和党の批判は限定的であり、公設保険市場等における保険料の高騰が無保障率の低下を阻害している点に集中していた。

ハッチ委員長（共和党、ユタ州選出）は開会演説[62]で、第 1 に 2010 年のオバマ・ケアの成立後、「医療コストは急騰しており、CMS（連邦医療・福祉省の Centers for Medicare & Medicaid Services：引用者）の最近の報告書によれば、医療コストの増加率がアメリカ経済の成長率を上回っているので、8 年以内に対 GDP 比率が 20% になると予測」されており、第 2 に「2011-16 年の期間（2010 年 ACA からオバマ民主党政権期の最終年まで：引用者）に雇用主提供医療保険の家族保険の保険料は 20% も上昇し、それは賃金上昇率の 11% を上回って」おり、第 3 に、「オバマ・ケア（の一環である：引用者）公設保険市場では過去 4 年間に保険料が平均で 2 倍以上に上昇した」ので、「何百万人のアメリカ人にとって医療保険を購入できなくなっている」と批判した。

ところが、第 4 に、ハッチ委員長は、オバマ・ケアの政策手段としての公設保険市場の効果が小さいと批判して、「オバマ・ケアの支持者は有保障者の増加（無保障者の減少：引用者）を大げさに賞賛するが、その内容をみると、2014-16 年の期間（オバマ・ケアの実施から 3 年間：引用者）における有保障者の増加 15.7 百万人の中で 14 百万人は、メディケイドや CHIP（未成人の医療扶助）によるものである」と述べた[63]。同委員長の意図は、それ故に民間保険の規制強化と公設保険市場という仕組みは役に立っていないので、「共和党と民主党が協力して、……保険料を引き下げてミドル・クラスの選択肢を拡大する方向の改革案を構築しよう」と呼びかけることであり、オバマ・ケアによって保険料が高騰したので、それまで有保障者であったミドル・クラスも無保障者になってしまう事態を防ぐために、オバマ・ケアの前の状態に戻す（規制緩和）というものであった。しかし、本書の問題意識からは、オバマ・ケアの最大の成果として「メディケイド拡大」によって低所得層への医療保障を提供する効果が大きいこ

62）U. S. Senate Committee on Finance（2017）p. 2.

63）U. S. Senate Committee on Finance（2017）pp. 2-3.

3.5 無保障率の低下と保険料の上昇   153

とを、共和党のハッチ委員長も認めていることが注目される。

　さらにいえば、当時のトランプ共和党政権は公設保険市場をはじめとする民間保険への規制を緩和することを主張するが、オバマ・ケアの「メディケイド拡大」の部分は、21世紀のアメリカ社会で低技能・低所得の職種が構造的に増加する状況における必要な政策・制度として定着させるという方向性が読み取れる。

　続いて、当時の議会内少数派であった民主党の筆頭議員であるワイデン議員（オレゴン州選出）の開会演説[64]である。同議員はオバマ・ケアの公設保険市場は、アメリカの医療保障システムの一部であるという趣旨で、アメリカ国民320百万人の中で50百万人がメディケア、160百万人が雇用主提供医療保険であり、（ハッチ委員長が開会演説で述べたようにメディケイドの対象者も多いので公設保険市場で民間保険を購入する部分は大きくないが：引用者）公設保険市場での購入者の8割は、（保険料：引用者）税額控除もあるので、保険料の実質負担は月額100ドル未満であると述べて、以下のように続けた。

　　したがって、共和党が2010年ACAによる医療コストの上昇がもたらす困難と指摘しているのは、公設保険市場の一部の問題である。……トランプ大統領が騒ぎ立てるので注目された（だけである：引用者）。

ワイデン議員も公設保険市場がそんなに大きな存在でないことを認めている。また、同議員は、「メディケイド拡大」を実施しない州では、メディケイドには不適格であるが公設保険市場で保険を購入するほどには所得がない階層の2.5百万人が「医療保障の谷間（coverage gap）」に陥っていると述べた[65]。

　そして、ワイデン議員は、このように共和党のハッチ委員長によるオバマ・ケア批判の前提となる現状認識に異を唱えた後、医療コストあるいは保険料を引き下げるために、民主党と共和党の協力で、市場の透明性や競

────────────

64) U.S. Senate Committee on Finance（2017）pp. 4-5.
65) U.S. Senate Committee on Finance（2017）p. 5.

争環境を整備する改善策に取り組みたいと結んだ。ただし、市場における透明性と競争についても、共和党の側は規制緩和に重点を置いているが、民主党のワイデン議員は、公設市場への公的保険の参入という仕組みを考えているようである[66]。

　最初の証言者であるロイ氏（Foundation for Research on Equal Opportunity の会長）は[67]、（公設保険市場の：引用者）保険料の上昇を防ぐために（オバマ・ケアによる：引用者）規制を廃止することを提言するが、（共和党保守派とは逆方向で：引用者）メディケアのような社会保険にする方向を目指している[校注]。すなわち、オバマ民主党政権と民主党と共和党が2010年 ACA を成立させるために、アメリカ型福祉国家の基本構造（雇用主提供医療保険を中心とする民間保険を主軸としてメディケアとメディケイドで補完する）を前提として、そこから取り残される低所得層の成人のために公設保険市場とメディケイド拡大を実施したのであるが、その前提を覆して社会保険を全面化する方向を提示したのである。

　この公聴会で最初の証言者として果たしたロイ氏の役割は、皮肉なことであるが、2010年 ACA（オバマ・ケア）を成立させた国民的なコンセンサス（アメリカ型福祉国家の基本構造の枠内における改革）を再確認させることであったようにも思われる。

　2番目の証言者であるヘイスルマイア氏（Heritage Foundation：保守系のシンクタンク）は、個人医療保険の市場の状況を説明した後、以下のよ

---

66) U. S. Senate Committee on Finance（2017）pp. 5-6.
67) U. S. Senate Committee on Finance（2017）pp. 8-9.
校注）ここで著者が「社会保険にする方向」としているのは、ロイ氏が証言内で、皆保障（universal coverage）という方針を支持し、メディケア（社会保険）の制度の一部を導入する改革案を提示していることを受けてと思われる（日本の国民年金のような社会保険を意味するものではない）。ただし、本公聴会でのロイ氏の証言は、ACA の規制と税制の影響による個人保険の保険料高騰等の問題に対処するために、ACA の規制緩和（年齢による料率格差を3：1に制限する規制の撤廃、個人への加入義務に代えてメディケアの加入遅延に対するペナルティ制度の導入等）を提言するものである。個人保険市場改革の必要性を強調するものであり、「社会保険を全面化する方向」まで提示していると解釈するのはやや飛躍があり、適当ではないだろう。このような問題自体、アメリカの医療保障システムの複雑さを反映するものである。

うに述べた[68]。

　個人保険の市場には、「保険料助成を得る階層」と「そうでない階層」
がある。……2010 年 ACA は個人保険を、金融サービス商品としての
保険から社会福祉制度に変化させた。……保険料助成を受けるのは低所
得層であり、病状があって、通常は医療サービス提供者のネットワーク
を有する 1 つの保険業者にカバーされている。他方、保険料助成を受け
ないのはミドル・クラス（自営業等）である。オバマ・ケア実施の前は、
個人保険市場は主としてミドル・クラスの「予期しない大きな医療費」
をカバーする保険で成り立っていたので、①包括的な病気をカバーせず、
②保険料を低くして診療時の自己負担が高く、③保険会社や医療サービ
ス提供者の選択肢が多いという保険商品であった。

　すなわち、ヘイスルマイア氏の分析では、従来の個人保険の 3 つの特徴
が、オバマ・ケアによって、「医療サービス提供者のネットワークを有す
る 1 つの保険業者にカバーされる」低所得層を参加させることで消失し、
さらに保険料も高くなったというのである。新規に参加する低所得層には
保険料助成があるので、「高い保険料で診療時自己負担が低い」保険商品
でも良いが、ミドル・クラスには保険料助成がなく、不満が高まったとい
う構図であろう。
　そして、ヘイスルマイア氏は、ミドル・クラス向けの保険市場を低所得
層向けの仕組みから分離して、オバマ・ケアの前の状態に戻し、低所得層
向けの仕組み（社会福祉的な制度）を財政資金で支援するというシステム
を提言した[69]。
　すなわち、アメリカ型福祉国家の基本構造（雇用主提供医療保険を中心
とする民間保険を主軸としてメディケアとメディケイドで補完）を前提と
するオバマ・ケアでは、医療保障の拡大（無保障率の低下）は主としてメ
ディケイド拡大によるものとする現状認識の下、「個人保険市場の保険料

68）U. S. Senate Committee on Finance（2017）p. 10.
69）U. S. Senate Committee on Finance（2017）p. 11.

の高騰によるミドル・クラスにおける困難」という問題（共和党のハッチ委員長の批判）をその中に位置づけて、低所得層向けの個人保険市場（保険料税額控除及び自己負担制限）と、ミドル・クラス向けの個人保険市場を分離して、後者については、保険業者や保険商品の規制を緩和することで保険料を抑制するという提言である。

3番目の証言者であるスラビット氏（連邦医療・福祉省の Centers for Medicare & Medicaid Services の元副局長）は、民主党は有保障率の上昇を重視し、共和党は医療費の抑制を重視しているとした上で、「保険料を適正な水準（保険の入手可能性：引用者）にするには医療コストを重視すべきであるが、他方で、適正な医療サービス水準を確保するにはコスト抑制にも限度がある」と述べた[70]。

そしてスラビット氏は、改善案として、医療サービス提供の連携システムの改善、慢性病の治療コストの抑制、初期診療及び予防医療の重視、診療報酬の合理化、薬剤費の抑制をあげた[71]。すなわち、同氏の証言は、アメリカ型福祉国家の論理を内蔵するオバマ・ケアの制度設計を大きく変更しないで、むしろ、医療サービス提供者や製薬会社による合理的なコスト節減を求めることに重点を置いている。

4番目の証言者のアロンダイン氏（Center on Budget and Policy Priorities というリベラル系の団体）は、上述のスラビット氏の指摘するように、オバマ・ケアの成果について語ることから始めた[72]。

　第1に、新たに20百万人が医療保障を獲得し、有保障率が初めて9割を超えた。第2に、その結果、医療サービスの入手可能性だけではなく、（無保障による経済的困窮の可能性を排除するという：引用者）経済的安定性にも寄与した。例えば、メディケイド拡大によって低所得層にとって慢性病の治療機会が提供され、また、「救急室の医療」（病気が悪化してから救急室に運び込まれる：引用者）への依存が減少した。

70）U. S. Senate Committee on Finance（2017）p. 12.

71）U. S. Senate Committee on Finance（2017）p. 13.

72）U. S. Senate Committee on Finance（2017）pp. 13-14.

アロンダイン氏は、このように、2014年の施行からの成果を述べた上で、オバマ・ケアの基本的な制度を維持するために、個人保険市場については、保険料の上昇は安定化に向かいつつあり、2017年時点では雇用主提供医療保険の水準と並びつつあるとして、医療費の増加速度が低下しており、「2010年ACAによって、メディケアにおける再入院措置やIT技術の導入が進んだので、今年の国民医療費の実績値は、以前のCMSの予測値を下回っている」と述べた[73]。

　以上みたように、2017年の議会公聴会では多数派の共和党議員と保守系の証言者は個人保険市場における保険料が急騰したことを理由にオバマ・ケアを批判するが、根本的には、共和・民主両党が、アメリカ型福祉国家の大枠を前提として、無保障者問題を解決するという国民的コンセンサスを基盤とし、部分的な修正・改善の必要性を、公設保険市場における保険料の高騰に焦点を当てて、議論しているという構図である。

3.6　高い医療費と再保険制度

　前節で検討した2017年の「医療コストと医療保障」というタイトルの公聴会（上院財政委員会）では、一方で、共和党のハッチ委員長は、保険規制の強化による保険料の高騰で「何百万人のアメリカ人」にとって医療保険を購入できなくなったと、オバマ・ケアを批判し、他方で、民主党のワイデン議員は、メディケイド拡大による有保障者の増大をオバマ・ケアの成果とした上で、もう一つの政策手段である公設保険市場の一部で保険料高騰が問題になっているだけだと反論した。

　その議会公聴会でスラビット氏（元CMS副局長）は、民主党は有保障率の上昇を重視し、共和党は医療費の抑制を重視しているとした上で、保険料を適正な水準（保険の入手可能性：引用者）にするには医療コストを重視すべきであり、同時に、適正な医療サービス水準を確保するにはコスト抑制には限度があると述べている。そして同氏は改善案として、医療サー

---

73) U.S. Senate Committee on Finance（2017）p. 14.

ビス提供の連携システムの改善、慢性病の治療コストの抑制、初期診療及び予防医療の重視、診療報酬の合理化、薬剤費の抑制をあげた。

すなわち、それらのコスト抑制策は必要であるが、それは「適正な医療サービス水準の確保」という枠内で実施されるべきというのである。極めて合理的な論理であり、徹底的なコスト抑制策を実施するためにも、その限界を設定することが必要である。再度引用するが、2009 年の議会公聴会におけるオバマ民主党政権のセベリウス医療・福祉長官の、「私も診療報酬単価の大幅な削減は受け入れがたく、もしそうなれば、医療システムに破壊的な影響があり、医療サービス提供者を失うことになる」という発言と同じ趣旨である。その「適正な医療サービス水準の確保」という基準を前提として、本章末の補論「アメリカの高い医療費の原因」で取り上げる 2018 年の議会公聴会では、医療サービス提供システムの改善・効率化や競争的市場の維持という改善策も議論されている。また、その公聴会では、「医療コストは高いが、アメリカの医療システムは世界最高であり、……医療産業を支えている」という発言もある。

その 2018 年公聴会の証言者の「医療産業を支える」という発言は、アメリカの医療・医学の先進的な研究と実用化に重点があるのかもしれないが、本書の問題意識からみれば、第 1 章でみたように、アメリカの労働編成でサービス産業が絶対的にも相対的にも増大しており、その中で医師等の職種だけではなく、医療補助職や介護職も大きな比重を占めて、アメリカ国民に Job を提供していることも重要である。具体的には、前出表 1-1（第 1 章）では、2016 年に財生産部門 19.8 百万人の中で製造業が 12.4 百万人であるのに対して、サービス部門 102.4 百万人であり、その中で教育・保健が 22.6 百万人である。また、前出表 1-2（第 1 章）では、2015 年に医療職（医師、医療技師）が 8.0 百万人、医療補助職が 4.0 百万人、介護職等が 4.3 百万人である。

この豊富な人的資源の投入と確保が、上記の「適正な医療サービス水準の確保」という基準を満たすための不可欠な条件となるはずである。このような労働集約的な構造の医療産業から医療サービスを購入する医療保障システムは、一方で医療サービス提供システムの合理化・効率化を図ると

しても、他方で高額医療のリスクを制御しなければ、民間保険の保険料は高騰するか、あるいは破綻することになる。

　周知のように、アメリカ自由主義を背骨とするアメリカ型の経済社会や福祉国家において、市場メカニズムのリスクを制御する公的な装置が不可欠な役割を果たしている。第1章第2節で取り上げた、「ニューディールの教訓」の議会公聴会でも指摘されたように、1930年代のニューディール政策の一環として設立された預金保険制度（連邦政府が運営）が民間銀行の預金を保証する仕組みとして、リーマン恐慌の時に金融不安による破壊的なパニックを防止した。そのリーマン恐慌の緊急対策の中でも、AIG（金融商品の再保険業者）を連邦政府が財政資金で救済した。また、アメリカの年金システムの2階部分である雇用主提供年金について受給権付与済の年金給付の再保険メカニズムとして、PBGC（Pension Benefit Guaranty Corporation：連邦政府が運営）が大きな役割を担って、アメリカ型の福祉国家の基本構造を支えている[74]。

　同様に、公設保険市場に参入する民間保険業者にとって、想定外の医療コストが発生した時に再保険メカニズムがバックアップする仕組みになっていると、保険数理的に保険料を安定させることが可能になるはずである。実際に、2014年の公設保険市場の開設時から2016年（オバマ民主党政権期の最後）までは再保険制度が存在したが、その時限が近づくに伴って保険料が上昇したと、同政権の最後の『大統領経済諮問委員会報告』で指摘されている[75]。

74）PBGCについては次の文献を参照されたい。吉田健三（2012）第4章。

75）Council of Economic Advisers（2017）pp. 215-216.

第3章補論　アメリカの高い医療費の原因

　ここで取り上げるのは、上院の医療・教育・労働・年金委員会で2018年6月27日に開催された、「医療コストの削減策」というタイトルの公聴会[76]である。アレクサンダー委員長（共和党、テネシー州選出）は開会演説[77]で、連邦医療・福祉省のCMSやHealth Data Officeの推計や予測に依拠して、アメリカの医療費が高水準であり、しかも膨張しているとした上で、「医療費が低下しないと、医療保険料も低下しない……2016年においてアメリカの医療費の対GDP比率は17.9％であり、2026年までに20％近くまで上昇すると予測」されており、「アメリカの家族が支払う一人当たり医療費（医療保険料を除く）は2000年に705ドルであったのが2016年（オバマ民主党政権期の最後：引用者）には1,095ドルに増加している（高い保険料に加えて診療時の自己負担も増加しているという意味であろう：引用者）」と述べた。

　最初の証言者であるヴァンダービルト大学医学部（テネシー州ナッシュビル）のマイク学部長（医療経済学者）は、「医療コストの増加要因は患者の人数だけではなく構成変化もあり、例えば、メディケアがカバーする65歳以上の人数が増えると、その医療内容も変化する」と述べた上で、「医療コストは高いが、アメリカの医療システムは世界最高であり、……医療産業を支えており、（それを前提として：引用者）医療サービス提供者にとって創造的なインセンティブのある形で医療単価の抑制策を実施すること」を提言した[78]。

76）U. S. Senate Committee on Health, Education, Labor, and Pensions（2018）.

77）U. S. Senate Committee on Health, Education, Labor, and Pensions（2018）, pp. 1-3.

78）U. S. Senate Committee on Health, Education, Labor, and Pensions（2018）, pp. 6-8.

第3章補論　アメリカの高い医療費の原因　　　161

　2番目のハーバード大学医学部のジャ教授は3つの提言をする[79]。第1は、「アメリカの医療システムの効率化のための第1歩は価格の透明性」であり、第2として競争原理をあげて、「医療業界は統合が進んでおり、他の業界よりも競争が少ない」と述べる。第3に、管理システムの効率化のために（医療サービス提供者が作成する：引用者）保険業者への書類の統一化が必要であるとする。

　3番目のHCCI（Health Care Cost Institute：大手保険業者に加入する40百万人分のデータを使って調査研究を行う非営利組織）のブレナン氏は、「雇用主提供医療保険の支出の伸びの主たる要因は、医療サービスの消費量ではなく、医療サービスの単価の上昇」であり、「単価の上昇は、同一サービスの価格上昇と、高価格の医療サービスへのシフトによるものである」と述べた[80]。

　4番目の証言者であるジョージタウン大学のハイマン教授は、市場の競争に焦点を置いて、特に薬剤分野に焦点を当てるべきと述べた[81]。

　以上の検討から次のようにまとめられる。第1に、アメリカの医療支出が絶対的にも相対的にも大きいことの原因は、国民一人当たりの医療サービスの消費量ではなく、高い医療価格である。

　第2に、医療価格を抑制するためには、2番目の証言者であったジャ教授の提言が有効であると思われる。価格の透明性や、競争的な市場や、（その市場で競争する：引用者）保険業者の書類形式の統一化である。

　なお、本章第3節で検討した議会公聴会におけるオバマ民主党政権のセベリウス医療・福祉長官の発言、「私も診療報酬単価の大幅な削減は受け入れがたく、もしそうなれば、医療システムに破壊的な影響があり、医療サービス提供者を失うことになる」という発言を思い出すと、同政権も、国際的にみて割高なアメリカの医療価格を全面的に否定せずに、競争メカ

---

79) U.S. Senate Committee on Health, Education, Labor, and Pensions (2018), pp. 14-15.

80) U.S. Senate Committee on Health, Education, Labor, and Pensions (2018), p. 25.

81) U.S. Senate Committee on Health, Education, Labor, and Pensions (2018), pp. 32-34.

ニズムや医療サービス提供の合理化によるコスト抑制策の必要性と有効性は認めるが、過度な抑制策は否定している。

第4章　軍事力の高度化と再編
──対テロ戦争と軍縮

4.1　「世界の警察官」から「リーダーとしての最強国」へ

　オバマ大統領は、2013年の有名な演説「もはや世界の警察官ではない」（本書第2章第5節で紹介）において、極めて正直な表現で、アメリカはイラク・アフガニスタンの「軍事行動で疲れた」のであり、今後は、アメリカの国内問題に集中するので、「世界の警察官」の役割を単独で担うのでなく、同盟国及び友好国との国際的な協力に重心を置くと宣言した。その集中すべき国内問題とは、本書第1章第1節でみたように、それぞれの国民が、「働きたいと思ったら、せめて家族を養えるような仕事が見つかること」であり、国民が政府に望むのは、「すべてを政府に解決してもらう」ことではなく、「政府がほんの少しだけ優先順位を変えてくれればとても助かる」ということである。オバマ民主党政権が拡充するアメリカ型福祉国家はアメリカ自由主義を背骨としている。

　このオバマ的なアメリカ自由主義を「世界の警察官」機能に援用すれば、世界中の国々が、それぞれの「国民の勤労によって経済社会を自立的に運営」できるような、平和な国際秩序を求めて、それぞれの国々による自立的な国防努力を前提として国際的な仕組み[1]を構築することになり、その中では、アメリカは「世界の警察官」ではないにしても、最強国としてのリーダーシップが求められると考えられる。逆からみれば、アメリカ以外の国々が国際的な仕組みに参加するには、自立的で自助の国防及び外交努

---

1)「それぞれの国々による自立的な国防努力を前提として国際的な仕組みを構築する」とは、たとえば、本章第2節で取り上げるように、核兵器レベルの技術的進歩（アメリカ国内に配備する迎撃ミサイルでヨーロッパへの核攻撃に対応できる）が不可欠な前提条件となって、そのバックアップの下で、それぞれの同盟国・友好国が自助的な軍事負担を担うという仕組みが一例である。

164　　　第 4 章　軍事力の高度化と再編

力が求められるのである。アメリカ側からみれば、「小さな政府」的な世界秩序に対応する「リーダーとしての最強国」への移行とみることもできる[2]。

　本書第 1 章第 2 節で取り上げた 2015 年の議会公聴会における長老の元国務長官（キッシンジャー、シュルツ、オルブライト）による歴史的な視点からのアドバイスにおいても、同様の基本認識が共有されていた。シュルツ氏（1980 年代のレーガン共和党政権の国務長官）は、「相手に照準を当てて撃つ覚悟」を持って「力（軍事力）」を示すことが、21 世紀の世界構造におけるアメリカの役割を果たすための外交や国際交渉には不可欠として、軍事力の維持を提起した。オルブライト氏（1990 年代のクリントン民主党政権の国務長官）は、その「21 世紀の世界構造におけるアメリカの役割」は、「自由と民主主義の理念」を軸とする外交・国際協力を主たる政策手段とすべしとしてオバマ民主党政権の軍縮基調を支持した。その公聴会を開催した上院軍事委員会のマケイン委員長（共和党）が、キッシンジャー氏（1970 年代のニクソン・フォード共和党政権の国務長官）のエピソード（ベトナム和平のためのハノイ訪問）を紹介したが、それが、「21 世紀的な世界構造」への転換の起点と考えられる。

　そのキッシンジャー氏の証言において、「21 世紀に流動化する世界状況」の中で、「アメリカの軍事力は、有利な国際バランスの維持と、不安定要因であるライバルの抑制と、経済成長及び国際貿易の防衛のために重要な役割を果たし続けるべきである」と述べる前に、「現在の国際秩序の原理は国家主権の尊重、領土侵略の否定、自由貿易、人権主義であり、それは、西洋諸国が創造した」ものであり、「西洋諸国が科学技術の発展によって領土的に拡大する歴史過程に伴って（世界に：引用者）広がった」が、第 2 次大戦後の数十年の期間ではアメリカがその国際秩序の「保証人」となったと、述べた[3]。

2）このオバマ民主党政権による「世界の警察官」から「リーダーとしての最強国」への移行は、意外かもしれないが、次のトランプ共和党政権の「アメリカ第一主義」の軍事・外交戦略にも繋がっているようにも思われる。渋谷博史（2023）の序章を参照されたい。

3）U. S. Senate Committee on Armed Services（2015b）pp. 132-133.

この発言は、一方で 21 世紀の新しい状況におけるアメリカの「保証人」としての役割を強調すると同時に、他方で、アメリカ自由主義も含めて西欧諸国の理念の「限界」を示唆すると、理解できる。「西欧諸国が科学技術の発展によって領土的に拡大する歴史過程」とは、近代科学による強大な軍事力をもって帝国主義が拡大する過程である。それは、「国家主権の尊重、領土侵略の否定、自由貿易、人権主義」を「人類普遍の原理」とする西欧文明を、「非文明国」に普及する「文明開化」といえるかもしれないが、「非文明国」と位置付けられる国々からみれば、「領土侵略」や「国家主権や信教の自由の否定」となったはずである。

キッシンジャー氏の発言から読み取れる、「西欧的な国際秩序の相対性」は、オバマ大統領も共有しているように思える。本書の第 1 章第 1 節で引用した就任演説（2009 年 1 月）で、「アメリカはキリスト教徒、イスラム教徒、ユダヤ教徒、ヒンズー教徒さらには無神論者で構成され、世界中の言語と文化も内包」しており、（それ故に対外的にも：引用者）「アメリカが新時代に自分の役割を果たす」時に、「イスラム世界に対しては相互の理解と敬意をもって対応したい」と述べている。

このような世界認識をもって、21 世紀の世界状況の中で模索されるアメリカの新しい役割に整合する形で、アメリカの軍事力の再編と高度化が進められる。それは第 1 にイラク及びアフガニスタンにおける対テロ戦争から撤退しながら、第 2 に 2010 年予算コントロール法（Budget Control Act：BCA）等による財政規律を求める抑制的な圧力下で軍事力の再編と高度化を進めるのであり、第 3 に、後出表 4-6 にみるように、ベトナム敗戦後の長期的な軍事支出の相対的な縮小傾向を加速させているのが、オバマ軍事財政の最大の特徴となる。

なお、念のために再確認しておくが、オバマ民主党政権は財政再建とオバマ・ケアの財源を捻出するために軍縮を進めるとしても、第 1 章でみたように、21 世紀的な世界状況の中で最強国アメリカが果たすべき役割に必要な軍事力の水準を軍縮の下限とするものであった。また、対テロ戦争からの撤退という側面においても、後述のように、イラク及びアフガニス

タンにおける「自由と民主主義」を理念とする現地政府の統治能力を育成、支援するための軍事及び経済支援を織り込む形であった（ちなみに、第3節のコラム4にみるように、それは失敗している）。

4.2　ミサイルと対テロ戦争

ここで取り上げるのは、オバマ民主党政権が発足した2009年に下院軍事委員会と上院軍事委員会で開催された3つの公聴会である。第1は、政権発足直後の「新政権の国防省における政策の重点」という公聴会[4]（下院軍事委員会、1月27日）であり、第2は、「ヨーロッパにおけるミサイル防衛に関する大統領の決定」という公聴会[5]（上院軍事委員会、9月24日）であり、第3は、「アフガニスタン」というタイトルの公聴会[6]（上院軍事委員会、12月2日）である。オバマ民主党政権の軍事政策における主要分野について議論されている。

オバマ民主党政権の軍事政策

オバマ民主党政権が発足した直後の2009年1月27日に下院軍事委員会で「新政権の国防省における政策の重点」というタイトルの公聴会が開催された。

開会演説で、スケルトン委員長（民主党、ミズーリ州選出）は、「本日の公聴会に出席しているゲイツ国防長官が、（前のブッシュ（子）共和党政権から引き続いて：引用者）オバマ民主党政権でも留任することに感謝する」とした上で、「新政権への移行に際して、アメリカの戦略的な枠組みを根本的に再検討する作業に着手」すべきであり、「アフガニスタン南部における困難な状況の打開には一層の軍隊と兵器の投入が重要であろう」が、「軍事力だけではなく、外交的な手段と、（アフガニスタン国内の：引用者）統治や経済の改善も必要である」と述べた[7]。

---

4) U.S. House Committee on Armed Service（2009）.

5) U.S. Senate Committee on Armed Services（2009b）.

6) U.S. Senate Committee on Armed Services（2009a）.

このように、民主党のスケルトン委員長は、軍事的な戦略やアフガニスタンへの総合的な支援の再検討の方向を示した上で、「アメリカの財政的困難の故に難しい選択が必要」であり、「オバマ民主党政権は、(軍事：引用者) 戦略との「tradeoffs」(財政資源における選択：引用者) を、連邦予算案と「Quadrennial Defense Review」(4 年に一度の国防計画見直し：引用者) の作業の中に織り込むのかを委員会に示してほしい。一方、連邦議会の側も軍事力 (の限界：引用者) を認識しなければならない」と述べた。すなわち、当時のリーマン恐慌対策等による財政制約の中で軍事支出の節約のためにも、対テロ戦争の収束に集約する方向性を示したのである[8]。

次に登場するのが、当時の議会内少数派である共和党の筆頭議員であるマッキュー議員 (ニューヨーク州選出) である。同議員は、ゲイツ国防長官が示している、「国家安全保障においてバランスを取る」という方向性に賛意を表した上で、「(アメリカの：引用者) 軍事力は、通常兵器から宇宙・サイバーの分野までの十分な軍事的優位を確保すべきだ」、また「アメリカ軍はすべてを担うことは不可能であり、同盟国に適正な負担」を求めるべきであり、「アフガニスタンではタリバンやアルカイダ等の反政府勢力が復活しているのでアメリカ軍の増強に加えて NATO 諸国による軍事作戦の強化」も求めるべきだと述べた[9]。すなわち、共和党のマッキュー議員の「バランス」は、NATO 等の同盟国に相応の負担を求めながら、アメリカ軍の側では中東戦争の通常軍事力だけではなく、宇宙・サイバー分野における軍拡も進めるということである。

そして、ゲイツ国防長官の登場である。同長官は、中東問題ではアフガニスタン作戦への集中という方向性[10]を提示した上で、「イラクと同様にアフガニスタンでも軍事手段だけでは解決しない (国際機関や NGO 等による貧困対策や麻薬取引対策も必要という意味：引用者)」とするが、他方で、「現在の兵力では不足であり、タリバン支配地域が拡大している」とも述

---

7) U.S. House Committee on Armed Service (2009) pp. 1-2.

8) U.S. House Committee on Armed Service (2009) pp. 2-3.

9) U.S. House Committee on Armed Service (2009) p. 4.

10) イラクとの「駐留米軍地位協定」(Status of Forces Agreement：SOFA) が 1 月 1 日に発効して、2011 年末を期限とするアメリカ軍の撤退が決定していた。

べている[11]。

そして、もう一つの重要課題として兵器購入について論を進めて、同長官は、「我々は、納税者の資金を使って財サービスを購入し、（アメリカ軍を：引用者）運営している」という財政面の原則を確認した上で、2010年度予算（2009年9月までの議会審議を経て同年10月から執行：引用者）では、全体的な調整による効率化とコスト削減を目的として「厳しい選択（hard choices）」を行うために、国防省内に「兵器調達チーム」を創設すると述べた[12]。おそらく、1950年代の共和党のアイゼンハワー大統領が危惧したような軍産複合体の利益のための不必要あるいは無駄な兵器購入や軍事支出を、「厳しい選択」を通して合理化、整理して、軍縮基調の中で軍事再編と高度化を実現するという構想であろう。

言い換えれば、ゲイツ国防長官は、「納税者への説明責任」を根拠とする軍事支出の合理化の要請に加えて、当時の経済状況（リーマン恐慌：引用者）と財政危機という要因によって、国防省にも「厳しい選択」が迫られることを強調したのである[13]。同長官は、国家安全保障（リスク管理）の観点から許容できる大枠の中で、財政規律や調達システム改革を徹底することを明確に示した。逆からいえば、その国家安全保障の大枠を再検討、再構築した上で、財政規律や調達システム改革の必要性と整合させる作業が求められるはずである。

ヨーロッパにおけるミサイル防衛

上院軍事委員会で2009年9月24日に開催された「ヨーロッパにおけるミサイル防衛に関する大統領の決定」というタイトルの公聴会の開会演説で、レビン委員長（民主党、ミシガン州選出）は、先週の木曜日（公聴会の1週間前：引用者）にオバマ大統領が、「ゲイツ国防長官と統合幕僚本部からのヨーロッパにおけるミサイル防衛の改革案を受け入れた」ことを表明しており、……この決定によって「アメリカの安全保障とともに同地域

11）U. S. House Committee on Armed Service（2009）pp. 5-6.
12）U. S. House Committee on Armed Service（2009）pp. 6-7.
13）U. S. House Committee on Armed Service（2009）p. 8.

4.2 ミサイルと対テロ戦争　　169

の同盟国（allies）及び友好国（partners）の安全も強化される」と述べて、
以下のように続けた[14]。

　　ヨーロッパのミサイル防衛からの撤退であるという批判もあるが、こ
　　の改革案はヨーロッパ地域のミサイル防衛を拡充、強化するものであ
　　る。……（ミサイル防衛の：引用者）新しいシステムは、2011 年に実現す
　　る。……オバマ民主党政権の意図は、ヨーロッパの同盟国の拡大であり、
　　NATO 参加国の範囲を超えて、ヨーロッパ地域全体の防衛である。

　そして、そのミサイル防衛の改革案を裏付けるものとして、具体的に、
単距離及び中距離ミサイルへの防衛のために Standard Missile-3（SM-3）
と Terminal High Altitude Area Defense（THAAD）interceptors の追加
購入、また、Aegis ballistic missile defense（BMD）や SM-3 interceptor
や Patriot（PAC-3）の配備の予算審議を始めると述べた[15]。
　つづいて、当時の議会上院の少数派である共和党の筆頭議員であるマケ
イン議員（アリゾナ州選出）の開会演説を聴こう。同議員は、「東ヨーロ
ッパ諸国がロシアによる新たな侵略に対する警戒を強める時に……オバマ
民主党政権が採用しようとする新しいヨーロッパのミサイル防衛戦略は同
盟国に不安を与え、敵対する諸国を勇気づけるものと思われる」と述べ
た[16]。おそらく、同議員は、オバマ民主党政権による東ヨーロッパのミ
サイル防衛システムの再編について、ブッシュ（子）共和党政権の時代に
決定していたシステムよりも弱いシステムに転換することになるとして、
異議を唱えているのであろう。
　そして、この議会公聴会では、具体的な軍事面について国防省のフロノ
イ国防次官が証言するが、その検討の前に、このヨーロッパのミサイル防
衛システムに関する、2009 年 4 月の G20（ロンドンで開催）におけるオ
バマ大統領とロシアのメドヴェージェフ大統領の会話についての、オバマ

14）U. S. Senate Committee on Armed Services（2009b）p. 2.
15）U. S. Senate Committee on Armed Services（2009b）pp. 3-4.
16）U. S. Senate Committee on Armed Services（2009b）p. 6.

回顧録の記述をみておこう[17]。

　第1に、ロシアによるジョージア侵攻問題について、オバマ大統領が「ジョージアの主権と国際法を侵害している」と指摘したが、メドヴェージェフ大統領は、「イラクにおける米軍とは違って、ロシア軍は解放者として真に歓迎されている」と反論した。

　第2に、(メドヴェージェフ大統領が：引用者)「米軍がアフガニスタンに部隊と装備を輸送する際、ロシアの領空通過を許可する」という提案をした。「これはアメリカにとって、割高で必ずしも信頼性が高いとはいえないパキスタン経由の補給ルートに代わる選択肢」であった。

　第3に、「2009年末に失効を迎える現行の戦略兵器削減条約（START）後を見据えて」、「両国の核保有量の削減交渉をすぐさま始めるよう専門家に指示すべき」というオバマ大統領の提案を、メドヴェージェフ大統領が受け入れた。

　第4に、(オバマ大統領がイラン等の核拡散防止への米ロ協調を求めたのに対して：引用者)メドヴェージェフ大統領は、「核不拡散に関する討議では、ロシアにはロシア独自の優先事項がある」と答えた上で、「アメリカがブッシュ政権時に取り決めたポーランドとチェコへのミサイル防衛システム配備について考え直すよう要求してきた」。

　そして第5に、メドヴェージェフ大統領が (ヨーロッパの：引用者) ミサイル防衛問題を次のSTART交渉に組み込むことを求めたのに対して、オバマ大統領は「ロシアの懸念を和らげる」ために、(START交渉とは切り離して：引用者) ミサイル防衛問題を再考すると述べた上で、イランの核開発の抑止問題が「我が国の下す決定にほぼ確実に影響を与えるだろう」と付け加えた。

すなわち、この重要な外交の対話の中で、イラン核開発とヨーロッパのミサイル計画とSTARTが密接に関連付けられており、実際にアメリカ側のホワイトハウスと国防省・アフガニスタン派遣軍と連邦議会で議論す

---

17) オバマ（2020）下巻、18-20頁。

4.2　ミサイルと対テロ戦争　　　171

る政策選択も、この世界規模の視野の中で行われているのであろう。

　それでは、2009 年 9 月の議会公聴会に戻って、国防省のフロノイ国防次官の証言を聴こう。同次官は、（ブッシュ（子）共和党政権の：引用者）「古い計画では、2017 年までイランの脅威からの防衛が実現しなかったが、この新計画案では、2011 年末までにミサイル防衛システムと数万人のアメリカ軍の配備が可能になる」と述べて、上述のマケイン議員（共和党）の批判に答えた[18]。

　　新計画案は柔軟で適応性の高いミサイル防衛システムである。（ブッシュ（子）共和党政権による：引用者）旧計画では、ポーランドに 10 基の地上配備型迎撃ミサイル（ground-based interceptors：GBIs；長距離弾道ミサイルに対する地上配備の迎撃ミサイル：引用者）を、チェコに 1 基の European midcourse radar を、さらに、他の国に 1 基の TPY-2 radar（核弾道ミサイルに対応するレーダー：引用者）を配備することになっていた。

　　旧計画案の時期から状況が変化している。第 1 は防諜技術の発達であり、第 2 はミサイル防衛技術の進歩である。また、イランの単距離及び中距離ミサイル開発は急速に進んでおり、逆に大陸間弾道ミサイル（ICBM）は遅れている。

　　他方、今後のイランの長距離ミサイルにも備える必要はあるが、2010 年末までにはアメリカ国内に 30 基の GBIs の配備を完了する。さらに過去 5 年間にセンサー技術が発達したので敵国ミサイルを追跡する能力も向上した。

　　国防長官及び統合幕僚本部議長が提案してオバマ大統領が採用した新計画案では、レーダー・ネットワークと SM-3 迎撃ミサイル（イージス艦および地上イージス装置から発射：引用者）を主柱としており、地理的な柔軟性と広がりのあるシステムである。

　　（このミサイル防衛の新計画によって：引用者）ヨーロッパの同盟国と友好国との協力関係が強化され、……アメリカと NATO 諸国の「コスト分担（burden-sharing）」の進展にもつながる。

18) U.S. Senate Committee on Armed Services（2009b）pp. 11-13.

172　　第4章　軍事力の高度化と再編

　この新システムについての議論は既に本年4月（上記のG20における
オバマ大統領とメドヴェージェフ大統領の外交交渉の対話の時期：引用者）
からポーランド及びチェコと議論を始めていた。特にポーランド側は、
（長距離ミサイル向けの：引用者）GBIミサイルを（単距離及び中距離ミサ
イル向けの：引用者）地上配備SM-3ミサイルに替えることに理解を示
した。

　すなわち、ブッシュ（子）共和党政権期のミサイル防衛システムに比べ
て、情報技術やミサイル技術の進歩を取り入れて、アメリカ国内に配備さ
れる30基のGBIsと、東欧（ポーランド及びチェコ）に配備する単距離
及び中距離ミサイルの新しいシステムに切り替えるというのである。
　本節の冒頭で取り上げた、ゲイツ国防長官の「厳しい選択」による軍事
再編、高度化の具体策である。

アフガニスタン増派と撤退戦略

　上院軍事委員会で2009年12月2日に開催された、「アフガニスタン」
というタイトルの公聴会において、レビン委員長（民主党、ミシガン州選
出）は、「昨夜（2009年12月1日：引用者）、オバマ大統領が発表したアフ
ガニスタン及びパキスタン戦略」について議論すると述べて、以下のよう
に続けた[19]。

　　アメリカの目的は、アフガニスタン国軍（Afghanistan National
　Army：ANA）とアフガニスタン国家警察（Afghan National Police：
　ANP）の強化（訓練、装備）と、アフガニスタン政府への自国の安全
　保障の責任の移管である。
　　オバマ大統領はNATO諸国による貢献を要請しており、我々は、ア
　フガニスタン作戦の「アフガニスタン化」だけではなく、「NATO化」
　を求めている。そして、オバマ大統領は、アメリカ軍の派遣軍人の削減
　開始の期限を2011年7月に設定している。（オバマ民主党政権の提案する

---

19) U.S. Senate Committee on Armed Services（2009a）pp. 2-3.

増派の：引用者）目的は、アフガニスタン政府への責任の移管を加速することであるが、私の疑問は、アフガニスタン国軍の側が脆弱なままでアメリカ軍を増派しても、効果があるのか、ということである。（逆から言えば：引用者）アフガニスタンへの責任の移管にとって、不足しているのはアメリカ軍ではなく、アフガニスタン軍ではないのか。

すなわち、民主党の側からも、オバマ民主党政権によるアフガニスタン増派案の目的（「アフガニスタン化」）は正しいが、アフガニスタンの側の準備ができていないのではないかと、疑問が出たのである。

他方、共和党の筆頭議員であるマケイン議員は、オバマ民主党政権が積極的にアフガニスタンへの増派を決定したことは評価するが、撤退開始の期限を 2011 年 7 月に設定したことに反対している。そして、アフガニスタンにおける成功には兵力増加だけではなく、カブール（同国の首都：引用者）に自由主義に基づく友好国を建設することであると述べた[20]。民主・共和両党は、アフガニスタン派遣軍を増強するという目前の問題には賛成するが、その後の国家建設にまで深入りするか否かという本質的なスタンスについては、コンセンサスは形成されていない。

そして、ゲイツ国防長官の証言である。対テロ戦争としてのアフガニスタン作戦の意義について、「アルカイダとタリバンは共生関係にある」ので、「アルカイダ討伐とアフガニスタンの安全保障（タリバンの排除：引用者）とは相互依存的な関係」であり、さらに、「人口 175 百万人の核保有国であるパキスタンとアフガニスタンは部族や宗教で結ばれており、1500 マイルの国境で接している」と述べて、以下のように続けた[21]。

　過激派がパキスタンに拠点をもつと、アフガニスタンへの攻撃に有利になる。また、逆にアフガニスタンの南部・東部の過激派はパキスタン政府の脅威となっている。
　もし、アフガニスタン及びパキスタンにおいてタリバン支配地域が拡

20）U. S. Senate Committee on Armed Services（2009a）pp. 3-5.

21）U. S. Senate Committee on Armed Services（2009a）pp. 5-9.

大して、アルカイダの拠点が拡充されると、インターネット等の手段で過激派の活動が活発化して、世界規模のテロ（ミュンヘン、ロンドン、デンバー等）の危険性が高まるのである。

そして、ゲイツ国防長官は、アメリカ軍の増派は、「タリバンの勢いを止めて、アフガニスタン人がガバナンスを持って安定化できる能力を獲得できる時間と場所を確保する」ことであると述べた。同長官は、この18ヶ月間の増派作戦の主たる目的は、タリバンの弱体化によるアフガニスタン国軍とアフガニスタン政府の統治能力の確立であり、「西欧的な国民国家を建設して、アフガニスタンの全地域にまで浸透させるのではなく」、「アルカイダを打ち負かすためにアフガニスタン（軍と政府：引用者）の能力を確立する」という「限定的なものである」[22]と強調しているのが印象的である[23]。

次に登場するのはクリントン国務長官である。同長官も、「オバマ民主党政権の目的は、期間を限定した軍事行動とその後の（アフガニスタン政府への：引用者）非軍事面における協力である」とした上で、具体的に、「（短期的な軍事介入の拡大の後にも：引用者）アフガニスタン及びパキスタンに対するアメリカと同盟国と友好国による永続的な関与」としてアフガニスタン政府内の政策の立案・実施への支援や、アフガニスタン経済の主力分野である農業における「ケシ栽培から脱却するための支援」を実施すると述べた[24]。

最後に、アメリカ軍の「制服組」のトップである、マレン統合参謀本部議長の証言である[25]。このアメリカ軍の増派の目的は、「アフガニスタン人自身による安定化の能力を形成する」ための「時間的余裕」の期間を作ることであるが、アフガニスタンにおける現状は、「1年前に比べて、タ

---

22) U. S. Senate Committee on Armed Services（2009a）p. 7.

23) U. S. Senate Committee on Armed Services（2009a）pp. 7-8.

24) U. S. Senate Committee on Armed Services（2009a）pp. 11-15. なお、1990年代の冷戦終結後にアメリカ自由主義を世界に普及する形で国際援助策が構築されるプロセスについては、河﨑信樹（2012）が詳細に分析しているので参照されたい。

25) U. S. Senate Committee on Armed Services（2009a）pp. 17-19.

リバンの戦闘員は訓練され、装備も向上」しており、「タリバンは影の政府（shadow governments）を全国土に構築して各地域の住民の支持を強制しており、34 州の中で 11 州を支配している」と述べた上で、アフガニスタン側の「良好な統治と健全な政府」が不可欠であり、そのために、国際関係や経済支援という大きな政策システムの中に、期間を限定しながらの「アフガニスタンへの軍事介入の拡大」を位置付けるという、オバマ民主党政権の戦略を共有することを強調した。

4.3 アフガニスタン増派の決断

　本章の冒頭で述べたように、オバマ大統領は対テロ戦争を収束させて、軍縮基調の中で、21 世紀的な世界構造に対応するための軍事再編を推進したいはずである。実際には、同政権が発足した 2009 年にイラク派遣軍の撤退を進めながら、他方ではアフガニスタン派遣軍を増強することを決断したが、それは、アフガニスタン側の自立的な民主主義的政府の確立という形で対テロ戦争の収束を実現しようと考えたからであり、そのための臨時的な増派作戦という位置づけであった。

　表 4-1 にみるように、主としてイラクにおけるアメリカ軍の軍人及び軍属等の人員は、2009 年度（2008 年 10 月〜 2009 年 9 月）に減少し始め、2010 年度には急減している。2009 年度第 1 四半期（2008 年 10 月〜 12 月）にはアメリカ軍が 148.5 千人、軍属等が 148.1 千人であったのが、2011 年度第 1 四半期（2010 年 10 〜 12 月）には、47.3 千人と 71.1 千人に減少している。他方、表 4-2 にみるように、アフガニスタンにおけるアメリカ軍の軍人及び軍属は 2009 年度第 2 四半期（2009 年 1 〜 3 月）の 38.4 千人と 68.2 千人から 2011 年度第 2 四半期（2011 年 1-3 月）の 99.8 千人と 90.3 千人にまで増加する。

　オバマ回顧録[26]によれば、「米軍は、アフガニスタンで暴力と不安定のサイクルが深まっていくのを防ぐことまで」はできず、「広い範囲で戦闘が増え、それに伴ってアメリカ側の死傷者数が急増」して、アフガニスタ

26）オバマ（2020）下巻、153 頁。

表4-1 イラク及びシリア作戦における兵力

(千人)

	軍人	軍属等				軍人	軍属等		
		小計	アメリカ人	現地人等			小計	アメリカ人	現地人等
2007 年度					2011 年度				
第 4 四半期	165.6	154.8	26.9	128.0	第 1 四半期	47.3	71.1	19.9	51.2
2008 年度					第 2 四半期	45.7	64.3	18.4	45.9
第 1 四半期	161.8	163.6	31.3	132.3	第 3 四半期	46.0	62.7	18.9	43.8
第 2 四半期	159.7	149.4	29.4	120.0	第 4 四半期	44.8	52.6	16.1	36.6
第 3 四半期	153.3	162.4	29.6	132.8	2012 年度				
第 4 四半期	146.9	163.4	28.0	135.4	第 1 四半期	11.4	23.9	11.2	12.6
2009 年度					第 2 四半期		11.0	3.3	7.7
第 1 四半期	148.5	148.1	39.3	108.8	第 3 四半期		7.3	2.5	4.8
第 2 四半期	141.3	132.6	36.1	96.5	第 4 四半期		9.0	2.3	6.7
第 3 四半期	134.5	119.7	31.5	88.2	2013 年度				
第 4 四半期	129.2	113.7	29.9	83.8	第 1 四半期		8.4	2.4	6.1
2010 年度					第 2 四半期		7.9	2.1	5.8
第 1 四半期	114.3	100.0	27.8	72.2	第 3 四半期		7.7	1.9	5.8
第 2 四半期	95.9	95.5	24.7	70.7	第 4 四半期		6.6	1.6	5.0
第 3 四半期	88.3	79.6	22.8	56.9	2014 年度				
第 4 四半期	48.4	74.1	21.0	53.1	第 1 四半期		3.2	0.8	2.4

出所：Congressional Research Service（2021）の Table 3 より作成。

ン側の死傷者も増加しており、「交差射撃に巻き込まれたり、自爆テロの犠牲になったり、反政府勢力によって道端に仕掛けられた高性能爆弾の被害に遭ったりする一般市民が多くなった」。

そして、オバマ民主党政権がアフガニスタンへの増派を決断するプロセスについて以下のように記述している[27]。

　（このような状況下、2009 年の：引用者）8 月の終わり、マクリスタル（国家治安支援部隊（ISAF）の新司令官：引用者）は……綿密な報告書を提出する。……（その結論部分で：引用者）そんな状況を好転させるために、マクリスタルが本格的な対反乱（COIN）作戦を提案していたからだ。……マクリスタルはすでに動員されている兵士に加えて、最低 4 万人の増派を求めていた――これが実行に移されれば、近い将来、アフガニスタンにおける米兵数は 10 万人近くになるだろう。

27) オバマ（2020）下巻、154-155 頁。

4.3 アフガニスタン増派の決断 177

表 4-2 アフガニスタン作戦における兵力

(千人)

	軍人	軍属				軍人	軍属		
		小計	アメリカ人	現地人等			小計	アメリカ人	現地人等
2007 年度					2013 年度				
第 4 四半期	24.1	29.5	3.4	26.1	第 1 四半期	65.8	110.4	33.4	77.0
2008 年度					第 2 四半期	65.7	107.8	33.1	74.7
第 1 四半期	24.8	36.5	5.2	31.4	第 3 四半期	61.3	101.9	32.4	69.4
第 2 四半期	28.7	52.3	4.2	48.1	第 4 四半期	55.8	85.5	27.2	58.3
第 3 四半期	33.9	41.2	4.7	36.5	2014 年度				
第 4 四半期	33.5	68.3	5.4	62.8	第 1 四半期	43.3	78.1	23.8	54.4
2009 年度					第 2 四半期	33.2	61.5	20.9	40.6
第 1 四半期	32.5	71.8	6.0	65.8	第 3 四半期	31.4	51.5	17.4	34.1
第 2 四半期	38.4	68.2	9.4	58.8	第 4 四半期	27.8	45.3	17.5	27.9
第 3 四半期	55.1	74.0	10.0	62.9	2015 年度				
第 4 四半期	62.3	104.1	9.3	94.8	第 1 四半期	10.6	39.6	14.2	25.4
2010 年度					第 2 四半期	9.1	30.8	12.0	18.8
第 1 四半期	69.0	107.3	10.0	97.3	第 3 四半期	9.1	28.9	10.0	18.9
第 2 四半期	79.1	112.1	16.1	96.0	第 4 四半期	9.1	30.2	10.3	19.7
第 3 四半期	93.8	107.5	19.1	88.4	2016 年度				
第 4 四半期	96.6	70.6	20.9	49.7	第 1 四半期	8.9	30.5	10.2	20.3
2011 年度					第 2 四半期	8.7	28.6	9.6	19.0
第 1 四半期	96.9	87.5	19.4	68.1	第 3 四半期	9.4	26.4	8.8	17.6
第 2 四半期	99.8	90.3	20.4	69.9	第 4 四半期	9.8	25.2	9.1	16.1
第 3 四半期	98.9	93.1	23.3	69.8	2017 年度				
第 4 四半期	98.2	101.8	23.2	78.6	第 1 四半期	9.2	26.0	9.5	16.5
2012 年度									
第 1 四半期	94.1	113.5	25.3	88.2					
第 2 四半期	88.2	117.2	34.8	82.5					
第 3 四半期	85.6	113.7	30.6	83.2					
第 4 四半期	76.5	109.6	31.8	77.8					

出所：Congressional Research Service（2021）の Table 1 より作成。

　……マイケル・マレン統合参謀本部議長、デイヴィッド・ペトレイアス中央軍司令官は一様に、マクリスタルの対反乱作戦をそのまま支持した。……ヒラリー・クリントン国務長官とレオン・パネッタ中央情報局（CIA）長官も、すぐに彼らに同調した。……一方で、ジョー・バイデン副大統領とかなりの数の国家安全保障会議（NSC）スタッフたちに言わせると、マクリスタルの提案は、歯止めの効かない軍が無益で法外な費用のかかる国家建設事業にアメリカを引きずり込もうとする試みには

178 　第4章　軍事力の高度化と再編

かならなかった。

その反対論の具体的な内容についてオバマ回顧録に貴重な記述があり、それは、ホワイトハウスの中の本音の激論を示している[28]。

　ジョン・ブレナン国土安全保障・テロ対策担当補佐官は、タリバンはイラクのアルカイダとは違ってアフガニスタン社会の根幹に深く溶け込んでいるので、完全に排除することはできないと再度強調した。また、タリバンはアルカイダに共鳴してはいるが、アフガニスタンの外でアメリカやアメリカの同盟国を攻撃する企ては見られないと指摘する。アメリカの駐アフガニスタン大使で元陸軍中将のカール・アイケンベリーは、カルザイ（アメリカが支援する現地のアフガニスタン政府の大統領：引用者）が政府改革を行う可能性に疑問を呈し、大規模な兵力投入と戦争のさらなる"アメリカ化"によって、カルザイを行動（アフガニスタン政府の改革：引用者）へ駆り立てる圧力がなくなるのではないかと懸念を示した。マクリスタルによる派兵と撤退の実施計画案は長期間にわたるものであり、イラク戦争のときの増派とは違って長期的な占領を目指す計画であるように思われた。そこでバイデン（副大統領：引用者）は、アルカイダはパキスタンにいて、その攻撃はほぼ完全にドローンによって行われているのに、なぜ他国を再建するために10万もの兵を投入しなければいけないのか、という疑問を投げかけた。

しかし、オバマ民主党政権は、マクリスタル案の増派策を選択した[29]。

　……厳しい現実を考えると、マクリスタルの計画を頭ごなしに退けるわけにもいかない。……経験豊かな将軍たちが口をそろえて勧めることを無視するわけにはいかなかった。何しろ彼らはイラクにある程度の安定をもたらし、アフガニスタンでも戦闘の真っただ中にいるのだ。

28）オバマ（2020）下巻、162頁。
29）オバマ（2020）下巻、156頁。

4.3 アフガニスタン増派の決断 179

　ただし、「大きな視野」の中で、その「経験豊かな将軍」による追加派遣案と他の政策課題をバランスさせながら、オバマ民主党政権の政策システムを形成、構築したことを、オバマ大統領は以下のように表現している[30]。

　……大統領の仕事は、軍事行動と国の強化に資するその他すべての事案の費用と効果とを天秤にかけ、狭い見方ではなく広い視野で考えることにある。……私たちの任務は、敵を打倒する必要性だけで決まるわけではない。その過程で国家が疲弊しないようにしなければならない。数千億ドルの資金をミサイルや前進作戦基地に使うのか、あるいは学校や子どもの医療に使うのかという問題は、国家安全保障と無関係ではない。

　この2009年の秋という時期には、一方でアフガニスタン作戦の拡大を議論しているが、他方で、オバマ医療保障改革について民主党リベラル左派による公的性格の強い制度の提案を、中道派や保守派にも受容できるように調整する過程が進行していた。その調和点を模索する過程と、アフガニスタン問題の強硬案の検討と決定が同時に進行していたのである。
　以下のオバマ回顧録の記述が苦しい選択を表現しているように思える[31]。

　……ゲイツ（国防長官：引用者）はすでに現地にいる兵士たちに対して義務感を抱き、兵士たちが任務をやり遂げられるようにあらゆる手立てを与えるべきだという、誠実で立派な気持ちをもっていた。一方で、危険な場所に派遣する若者の数を抑えようとする者たちもまた、兵士たちに対して同じような情熱をもち、愛国心を抱いていたはずだ。

　その結果、オバマ民主党政権は、「結局のところ、……さらなる若者を

30）オバマ（2020）下巻、160-161頁。
31）オバマ（2020）下巻、161頁。

180　　第4章　軍事力の高度化と再編

戦場に送り込むこと」[32]になったのであるが、オバマ大統領は、後悔の気持ちを回顧録で告白する[33]。

　……今なお18万人の米兵が国外で戦争に動員されていて、それが中間選挙に暗い影を落としていた（表4-1及び表4-2にみるように2010年度第3四半期（4-6月）における派遣兵力はアフガニスタンが93.8千人、イラン及びシリアが88.3千人であった：引用者）。イラクからの撤退は最終段階に入っており、最後の戦闘旅団も8月には帰国する予定だったが、アフガニスタンでの夏の戦闘によってアメリカ側の死傷者がまた大きく増える可能性があった。……

　しかし、［コラム4　アフガニスタン作戦の結末と死傷者推計］にみるように、アフガニスタンの側においては、それ以上に多くの死傷者が出たという推計があることを見逃してはならない。

［コラム4　アフガニスタン作戦の結末と死傷者推計］

　周知のように、結局のところ、アメリカ軍が撤退を完了したのは2021年8月末であり、その後、タリバン政権が復活した。アメリカ軍の飛行機に同乗を希望するアフガニスタン人を振り落として離陸する映像はあまりにも印象的であり、歴史に残るであろう。すなわち、オバマ民主党政権が描いた「アフガニスタン作戦のアフガニスタン化」は完全に失敗したのである。
　ここでは、青木健太（2022）『タリバン台頭』*に依拠して、アフガニスタン作戦の経緯をみておこう。

32）オバマ（2020）下巻、171頁.
33）オバマ（2020）下巻、352頁.

コラム4　アフガニスタン作戦の結末と死傷者推計　　181

　第1に、2001年9月11日のアメリカ同時多発テロ事件を受けて、同年10月7日、アメリカと同盟国がタリバン「政権」（同書では「ターリバーン」という表記であるが、本書では「タリバン」に統一する：引用者）に対する空爆を開始し、……同年12月までにタリバンは権力の座を追われ、12月25日には戦後復興のロードマップを定める「ボン合意」がドイツのボンで締結され……暫定政権の首班の選出にはアメリカやパキスタンや国連など外部者の強い意向が働いていた＊＊。

　第2に、暫定政権は、2002年6月成立の移行政権を経て、2004年10月には最初の大統領選挙が行われて正式な政権になるが、並行して諸外国から巨額の援助が流入したことで行政の末端まで汚職が蔓延り、……国民の政治不信（が強まった。：引用者）＊＊＊

　第3に、歴史上、伝統的部族社会であるアフガニスタンにおける急速な近代化は、宗教界や部族長老等の保守層から常に反発を招いてきた。……タリバンは、保守的なアフガニスタン社会の一部の声を代表する存在ともいえる。……法の支配、基本的人権、および民主主義といった自由主義的な価値を外部から押し付ける形で進められた民主的な国家建設は、伝統的部族社会であるアフガニスタンにおいて砂上の楼閣を築こうとするようなものであった＊＊＊＊。

　この「伝統的な部族社会」と「自由主義的な民主国家」の関係については、オバマ大統領も気づいていた。本書第1章でみたように、2009年1月21日の就任演説で、「アメリカはキリスト教徒、イスラム教徒、ユダヤ教徒、ヒンズー教徒さらには無神論者で構成され、世界中の言語と文化も内包」しており、「（それ故に対外的にも：引用者）アメリカは新時代（グローバル化によって世界が縮小する時に、お互いの影響の質も量も強まるとき：引用者）に自分の役割を果たすべき」であり、「イスラム世界に対しては相互の理解と敬意をもって対応したい」と述べている。それにもかかわらず、オバマ民主党政権は、アフガニスタンにおける民主国家の建設という「砂上の楼閣」とも言うべき無謀な提案を採用したことになる。

　本章の冒頭で説明した、「小さな政府」的な国際システムの論理からいえば、非民主的なタリバン政権を排除して、しかも様々な支援を

表 4-3　アフガニスタン作戦の死傷者

(千人)

	死者	負傷者
合計	111.4	116.6
外国人	7.5	39.6
アメリカ軍（2016 年 7 月 26 日まで）	2.4	20.2
アメリカ同盟軍（2016 年 7 月 26 日まで）	1.1	3.8
アメリカ軍契約の軍属等	1.7	15.3
それ以外の軍属等	1.9	不明
NGO 関係者	0.4	0.3
報道関係者	*	不明
アフガニスタン人	104.0	77.0
民間人（2001-15 年）	29.8	37.4
民間人（2016 年 1-6 月）	1.6	3.6
軍人・警察官	30.5	17.0
タリバン等	42.1	19.0

備考：＊は 50 人未満。
出所：Crawford（2016）の Table 1 より作成。

提供するという形で準備を整えたのだから、アフガニスタン人は自立的かつ自助努力で民主的な政府を建設・運営してくださいということになるであろう。しかし、青木健太（2022）によれば、それは「砂上の楼閣」であった。

　しかも、最終的には失敗に終わるアフガニスタン作戦であっても、凄まじいほどの人的被害を伴うものであった。ボストン大学のクロフォード教授の推計[*****]では（表 4-3）、2001-16 年上半期にアフガニスタンにおける死傷者は、合計では死者 111.4 千人、負傷者 116.6 千人であり、その中で外国人は死者 7.5 千人（内、アメリカ軍 2.4 千人、同盟軍 1.1 千人、軍属等 3.6 千人）、負傷者 39.6 千人（内、アメリカ軍 20.2 千人、同盟軍 3.8 千人、軍属等 15.3 千人）であるが、アフガニスタン側では、死者の 104.0 千人は外国人の 14 倍であり、内訳は民間人が 31.4 千人、軍人・警察官が 30.5 千人、タリバン等が 42.1 千人である。負傷者の 77.0 千人は外国人の 2 倍弱である。しかし、アフガニスタン側でも全体を把握できていないと思われる。

　[*]　青木健太（2022）。
　[**]　青木健太（2022）6 頁。
　[***]　青木健太（2022）6 頁。
　[****]　青木健太（2022）8-9 頁。
　[*****]　Crawford（2016）の Table 1.

4.4 対テロ戦争の戦費──イラク撤退とアフガニスタン増派

　上述の凄まじいばかりの人的損害をもたらした対テロ戦争の戦費の検討に入ろう。第1に、オバマ民主党政権が2009年1月に発足するまでは、2001年の9.11テロ事件後のイラク及びアフガニスタンにおける軍事作戦はGWOT（Global War on Terror）と呼ばれていた。2001年9月～2009年2月の期間にはGWOTの独立した予算はなく、国防省の基本予算（base budget）の中で「緊急支出」という扱いであった。そして、2009年2月にオバマ民主党政権は「A New Era of Responsibility: Renewing America's Promise」という文書を発表し、その中で、イラク及びアフガニスタンにおける軍事作戦をOCO（Overseas Contingency Operations）と呼び、2010年度予算要求の中で国防省は基本予算とOCO予算を別建ての形で提出した[34]。

　第2に、第2章の補論でみたように、2011年8月に2011年予算コントロール法（BCA）が成立すると、OCO/GWOT会計が設立され、2011年BCAによる軍事支出の上限（Cap）規定はOCO/GWOT会計には適用しないという仕組みができた[35]。

　第3に、表4-4でOCO/GWOT会計の財政支出（歳出権限レベル）の推移をみると、2008年度（ブッシュ（子）共和党政権期の最後：まだ別建ての会計が設立されていないので基本予算の中で対テロ戦争戦費に該当する部分）は1946億ドルであったのが、オバマ民主党政権期には減少傾向を辿り、2016年度（オバマ民主党政権の最後）には740億ドルになっている。上述のように、一方でイラクから撤退しながらアフガニスタンへの増派というオバマ民主党政権の対テロ戦争の転換の故に、基本的な減少傾向の中で2010年度（1676億ドル）と2011年度（1590億ドル）の微増はあるが、2012年度からはアフガニスタンからの撤退開始の故にその基本傾向が顕著に進行したのである。

　さらに、第4に、表4-4でOCO/GWOT会計の内訳をみると、主力で

34）Congressional Research Service（2019）pp. 3-5.

35）Congressional Research Service（2019）pp. 6-7.

184　　　第 4 章　軍事力の高度化と再編

表 4-4　OCO/GWOT の歳出権限（Appropriation）

(億ドル)

(年度)	合計	国防省	国際支援	国内
2008	1,946	1,869	75	2
2009	1,547	1,457	88	2
2010	1,676	1,624	50	2
2011	1,590	1,588	0	3
2012	1,265	1,151	112	3
2013	930	820	108	3
2014	917	849	65	2
2015	725	630	93	2
2016	740	589	149	2

出所：Congressional Research Service（2019）の Table 1 より作成。

ある国防省の OCO 支出も同様の傾向を辿るが、国際支援（国務省等）は、上述の「アフガニスタン作戦のアフガニスタン化」を促進するために、アフガニスタン撤退が開始される 2012 年度以降は増加しており、オバマ民主党政権第 1 期（2009-12 年度）の合計 250 億ドルにくらべて第 2 期（2013-16 年度）の合計では 415 億ドルになっている。

第 5 に、国防省の予算権限（Budget Authority）の中で OCO/GWOT 支出が占める比重は、ブッシュ（子）共和党政権期最後の 2008 年度に 28.1% であったが、オバマ民主党政権第 1 期には 2009 年度が 21.9%、2010 年度が 23.5%、2011 年度が 23.1%、2012 年度が 17.8% という推移の後、第 2 期では 2013 年度が 14.2%、2014 年度が 14.6%、2015 年度が 11.2%、2016 年度が 10.6% と減少傾向を辿った[36]。上述のイラク撤退とアフガニスタン増派とアフガニスタン撤退開始という経緯と並行して OCO/GWOT 支出が増減した推移と、この OCO/GWOT 支出が国防省支出に占める比重の推移は整合している。

逆からみると、その比重が低下すると、国防省支出における基本予算（Base Budget）の比重が増加するのであり、逆算すればその比重は 2008 年度の 71.9% から 2016 年度の 89.4% に増加している。すなわち、対テロ戦争の OCO/GWOT 支出を削減して、国防省支出の中で、2011 年 BCA

36）Congressional Research Service（2019）の Figure 3. Office of the Under Secretary of Defence（Comptroller）（2020）, Table 2-1.

による支出上限が適用される基本予算の比重を高めたことになる。

　本節でみたように、オバマ民主党政権は対テロ戦争の縮小に伴って戦費の減少を実現している。そして、次節でみるように、同政権の第2期ではアメリカの軍事力の全体を賄う基本予算を抑制する軍縮基調の下で軍事力の再編を進めるのである。

4.5　軍縮と軍事再編

　本節では、アフガニスタン撤退開始後に本格的に推進される軍縮と軍事再編について検討する。最初に取り上げるのは、アフガニスタン増派の決定（2009年12月）の直後の2010年2月に上院軍事委員会で開催された、「2011年度国防省予算」というタイトルの公聴会であり、そこから、オバマ民主党政権による軍事政策では対テロ戦争の収束と全体の軍事再編を体系的に考えていたことが読み取れる。

アフガニスタン作戦後の軍事力高度化

　2010年2月2日（同政権期の第1期）に上院軍事委員会で開催された「2011年度国防省予算」[37]という公聴会において、レビン委員長（民主党、ミシガン州選出）は開会演説で、オバマ民主党政権による核兵器分野の軍縮（NATO諸国の分担とロシアとの協調的な軍縮）を支持した上で、アフガニスタン問題についても、一時的な増派から2011年7月撤退開始の期間におけるアフガニスタン国軍の強化という作戦に焦点を置いて議論するというスタンスを示した[38]。

　国防省の「2011年度国防予算要求」では、基本予算（Base Budget）の5490億ドル、「イラク及びアフガニスタン」戦費の1590億ドルの合

37）U.S. Senate, Committee on Armed Services（2010）. なお、この上院軍事委員会は、戦略や地域や兵器のそれぞれの分野について詳細に議論する公聴会が10回も開催されているが、ここで取り上げるのは第1回（2月2日）である。

38）U. S. Senate Committee on Armed Services（2010）pp. 2-3.

計 7080 億ドルに加えて、さらにオバマ民主党政権が 2009 年 12 月に発表したアフガニスタンへの 3 万人の増派のための（2010 年度予算の追加：引用者）330 億ドルが要求されている。

また、ミサイル防衛についてゲイツ国防長官は報告書で、「（それは：引用者）長期的には財政持続的でなければならず、（そのためには：引用者）同盟国や友好国だけではなく、ロシアとの国際協力も重要である」としている（アメリカの核兵器分野における負担軽減のために、同盟国等の分担や、ロシアとの協調的な軍縮を視野に置くという意味であろう：引用者）。

そして最も緊急な課題は、アフガニスタン国軍がアフガニスタン安定化の責任を担う能力を強化するための訓練である。NATO のアフガニスタン訓練部隊の責任者であるカルドウェル将軍は、オバマ民主党政権による 2011 年 7 月のアメリカ軍撤退開始期限の設定によって、アフガニスタン政府側への圧力が強まっており、アフガニスタン軍の訓練応募者が 11 月の 3 千人から先月（2010 年 1 月：引用者）の 11 千人に増加したと述べている。

他方、共和党の筆頭議員であるマケイン上院議員が、異論を唱えている。同議員は、アフガニスタンの軍事作戦に関して、アメリカ軍の予算を増額することに加えて、「アフガニスタン国軍を強化するための予算の増額も支持する」と述べて、以下のように続けた[39]。

マクリスタル将軍（アメリカ軍のアフガニスタン派遣軍の司令官：引用者）が要請している「2013 年までの 400 千人」（公聴会記録では「400 千人」となっているが、本章第 1 節で引用したオバマ回顧録では「4 万人」となっており、表 4-2 におけるアフガニスタン駐留軍の規模から判断すると、「40 千人」が正しいと思われる：引用者）という規模に対して、この軍事予算（とその前提となるオバマ民主党政権の増派案：引用者）で十分なのか、と心配している。

---

39) U. S. Senate Committee on Armed Services (2010) pp. 8-9.

そして、ゲイツ国防長官の証言が始まる。同長官は、一方で、アフガニスタンへの増派は早期撤退を目的とする期限付き増派策であるとした上で、他方で、21世紀的な軍事力全体の高度化に重点を置く予算要求であることを強調した。その証言の要点は以下の通りである[40]。

第1に、「予算要求」の中の基本予算5490億ドルは前年度に比べて3.4%の増加であるが、物価調整の1.8%があるので、（実質的には横ばいであり：引用者）オバマ民主党政権の抑制的なスタンスが反映しており、また、OCO予算の1590億ドルと（2010年度：引用者）追加予算330億ドルはアフガニスタン及びイラクの作戦の経費である。

第2に、軍事力再編に関して、「これまでは、通常兵器の戦争に備える発想で兵器を調達してきたが、今や、もっと広い視野で軍事力を構築すべきであり、海上・航空・宇宙・サイバースペース、さらには非国家集団のテロ攻撃に備えるべきである」と述べた。また効率性の観点から武器購入の見直しを進めた。具体的には、生産と購入を終了するのは、Navy EPX intelligence aircraft（海軍の監視偵察機）と Third Generation Infrastructure Surveillance Program（第3世代監視プログラムの設備）、Next Generation CGX Cruiser（次世代の誘導ミサイル搭載駆逐艦）、Net-Enabled Command and Control Program（インターネット指揮統制プログラム）、Defense Integrated Military Human Resources System（統合人事管理システム）、C-17 program（長距離輸送機プログラム）、alternate engine for the F-35 JSF（F-35型戦闘機の代替エンジン）である。

続いて、マレン統合参謀本部議長は、アフガニスタン作戦におけるオバマ民主党政権の新戦略（短期決戦の後にアフガニスタン政府に全体の任務を移管）の重要性も述べるが、アメリカの軍事力全体の高度化の必要性、有用性も強調している[41]。そして、対テロ戦争費の2010年度予算の追加と2011年度の予算増額の中でも、具体的に次世代地上戦闘車両やV-22 Osprey や MQ-9 Reaper（無人攻撃機）を要求している。さらに、同議長は、アメリカの軍事力全体の高度化の必要性、有用性も強調するという論

---

40) U. S. Senate Committee on Armed Services（2010）pp. 11-14.
41) U. S. Senate Committee on Armed Services（2010）pp. 21-24.

理の運びである。

　　個々の戦争の対応力は、基本的な軍事力の蓄積を前提として構築される（軍事力の基本的な質と量の基盤を維持することで、個々の戦争に対する対応が可能になるという意味であろう：引用者）。
　　空軍力では制空権確保に必要な戦闘機と弾薬であり、海軍力では世界規模の展開とシーレーンの確保に必要な艦船と人員の維持であり、地上軍事力では戦闘部隊の高度化の加速である。予算要求案には 42 機の F-35 型戦闘機、B-2 型爆撃機と B-52 型爆撃機の高度化、2 隻の Arleigh Burke 級誘導ミサイル搭載駆逐艦、2 隻の Virginia 級攻撃潜水艦、2 隻の Littoral Combat Ships（沿海域の戦闘艦：引用者）、1 隻の強襲揚陸艦の購入あるいは建造が盛り込まれている。さらに、大陸間弾道ミサイル防衛プログラムの 100 億ドルも盛り込まれており、これらの多様な兵器のバランスが重要である。

　上述のように、民主党のレビン委員長は、このオバマ民主党政権の予算要求を支持するが、共和党の筆頭議員のマケイン上院議員の発言にあるように、アメリカ軍のアフガニスタン派遣軍司令官が「2013 年までの 400千人（正しくは 40 千人：引用者）」を要請しているのに対して、この軍事予算（とその前提となるオバマ民主党政権の小規模の増派案：引用者）で十分なのか、と疑問が出ている。それに対して、ゲイツ国防長官とマレン統合参謀本部議長の証言は、撤退後の平時におけるアメリカ軍の高度化に焦点を当てているという構図である。
　以上から、2013 年のオバマ大統領の「世界の警察官ではない」演説は唐突なものではなく、アフガニスタン作戦における増派から「現地化」という展開と並行して、アメリカの軍事システム全体の再編と高度化への準備が始まるという大きなプロセスの一環であったといえよう。
　次に項を改めて、その大きな軍縮及び再編のプロセスにおける重要な文書として、『国家安全保障戦略』（2015 年）を検討しよう。

21 世紀的状況の経済・外交の広い視野における軍事構想

オバマ民主党政権は、2013年9月に「世界の警察官」ではないと宣言したが、2015年2月の『国家安全保障戦略』（National Security Strategy）[42]では、リーマン恐慌と対テロ戦争を克服したので、「アメリカには国際社会を主導する能力」があり、「強く持続的なアメリカのリーダーシップが国際秩序にとって必須」であると強調している。

その序文で、オバマ大統領は、第1に、「アメリカ経済の成長力が国家安全保障の基盤であり、国際的な影響力の重要な源泉」であり、「大不況（リーマン恐慌後の Great Recession：引用者）の時期に比べて、（2015年2月までに：引用者）11百万人の Job を増加させて、失業数も6年前の水準に減らした」と述べて、第2に、オバマ民主党政権の発足時にはイラク及びアフガニスタンに180千人の軍隊が駐留していたが、現在は15千人に減少したことを強調した上で、第3に、「アメリカ軍は、軍事力も技術力も展開力でも史上最高であり、……アメリカには国際社会を主導する能力」があり、「強く持続的なアメリカのリーダーシップが国際秩序にとって必要であり、それが、地球規模の安全保障と繁栄を促進する」と述べている。

そして、そのリーダーシップのあり方について、「アメリカにとって核心的な利害への脅威には単独でも行動するが、もし集団的な行動を動員できれば、一層強くなれる」として、「国際的な侵略やテロや病気（伝染病：引用者）による脅威に対して、アメリカは国際的な連携のリーダーである」と述べた。21世紀の世界構造の中で新たな国際的な連携を形成することを目指しており、具体的な脅威として、イラク及びシリアの「イスラム国」勢力や、アルカイダや、エボラ熱や、ロシアの領土拡大の野望をあげて、それらに対する国際的な連携の重要性を述べた。

最後に、アメリカの国力（の基盤であるアメリカ経済：引用者）を守るための財政政策（財政規律：引用者）を維持するが、他方で議会と協力して、国家安全保障を弱める（2011年予算コントロール法の：引用者）強制削減規定を終了させる（国防省の基本予算への抑制圧力を緩和）と述べている。

42）White House（2015）.

以上のオバマ大統領による「序文」に続く『国家安全保障戦略』の本体
は、序文にあったように経済や外交の分野を含めて包括的な文書であるが、
ここでは、「軍事力の強化」という項目[43]を取り上げる。

第1に、アメリカ軍の規模は縮小するが、軍事編成の各分野における優
越性を維持する。議会と協力して、（2011年予算コントロール法の：引用者）
強制削減規定を廃止して、多様な状況に対応できる軍事力を構築するため
の改革の立法化を行う。

第2に、具体的な分野として、抑止力としての基本的な核兵器の維持や、
サイバー領域、宇宙分野や情報監視システム、監視衛星への投資の増加を
あげ、そのための科学技術開発にも言及し、さらに、優れた人材の確保と
ともに、退役軍人及び家族に対する所得保障や教育支援や就労支援を掲げ
た[44]。

第3に、軍事力は必要な場合に使用すること、すなわち、アメリカ人や
同盟国が危険に陥る場合には軍事行動をすることを原則とする。ただし、
それは、同盟国及び友好国が負担と成果を共有する形であると明言してい
る。すなわち、オバマ民主党政権は軍事行動の基準として、「アメリカ人
や同盟国が危険に陥る」ことと、「同盟国及び友好国」との共同行動とい
う条件を設定したのである。

以上みたように、2015年2月のオバマ民主党政権の『国家安全保障戦
略』においては、世界のリーダーとしてのアメリカの軍事力の行使につい
て抑制的な基調で論じられており、本書第1章第2節で検討した議会公聴
会による現状分析もそれと整合するものであった（2015年1月、20世紀
の3人の元国務長官の証言）。

2011年予算コントロール法と軍事予算

ここで取り上げるのは、2015年1月28日に上院軍事委員会で開催され

43）White House（2015）pp. 7-8.
44）本書第1章第3節で取り上げた『ヒルビリー・エレジー』は、退役軍人への教育
支援を活用して大学に進学できた事例を紹介している。

た、「2011 年予算コントロール法と軍事予算」というタイトルの公聴会[45]
であり、前項でみたような軍事力についての抑制的な構想への流れに抗す
るために国防省からの働きかけという構図である。マケイン委員長（共和
党、アリゾナ州選出）は開会演説で、この公聴会の目的は、2011 年 BCA
の強制削減規定を廃止して「軍事戦略ベースの予算」に戻さないと国家安
全保障が危うくなるという、軍人の側からの率直な証言を聴くことである
と述べている[46]。

　マケイン委員長の意図は、2011 年 BCA の強制削減規定（第 2 章補論で
みたように軍事支出と非軍事支出の裁量支出の部分に対する予算要求が上
限規定を上回った場合に強制的に一律削減する仕組み）が、2013 年の
「Ryan-Murray budget agreement」（2013 年 Bipartisan Budget Act）に
よって緩和されたが、その緩和措置の期限が来るので、2016 年度軍事予
算の審議を始める前に、強制削減措置によるアメリカの軍事力への悪影響
を排除するために、国防省幹部の軍人に連邦議会で軍事情勢の証言をして
もらうことであった。

　その証言の前に、同委員長が世界情勢を簡潔に説明した。ロシアの他国
への侵攻、中東各地のテロリスト勢力の拡大、アジア太平洋地域における
中国の攻撃的な政策展開、北朝鮮のサイバー攻撃である。そして、以下の
ように続けた[47]。

　　アメリカの陸軍と海兵隊が充分な規模を維持できず、空軍の飛行機が
　足りなくなり、時代遅れの飛行機であり、海軍でも艦船が足りなくなる。
　また、陸海空軍の兵士の訓練や装備も不十分になるので、世界中で生じ
　る緊急事態への即応力が低下する。……強制削減規定によって（このよ
　うなアメリカの軍事力の：引用者）低下が「静かに累積的に」進行して、
　国家安全保障を危険にさらしている。

---

45) U. S. Senate Committee on Armed Services（2015c）.
46) U. S. Senate Committee on Armed Services（2015c）pp. 1-2.
47) U. S. Senate Committee on Armed Services（2015c）pp. 2-3.

最後にマケイン委員長は、次の国防長官に内定しているカーター氏による2年前の議会証言（2013年時点では副長官：引用者）を紹介した[48]。［第4章補論　次期国防長官カーター氏の2013年2月の議会証言］にみるように、そのカーター証言の説明は具体的かつ論理明快なので、おそらく、上院軍事委員会の議員にも印象を残していたと思われる。特に、国内では一方で2011年BCA制定の理由・原因（リーマン恐慌による経済悪化や大幅な財政赤字）が改善されつつあり、他方、国際情勢が悪化しているにもかかわらず、強制削減規定を廃止していないのは、「連邦議会における怠慢」であるという趣旨の部分を、マケイン委員長は強調した。最後に、同委員長は、「予算制約に規定される軍事戦略（budget-driven strategy）」ではなく、「軍事戦略に規定される予算（strategy-driven budget）」に回帰する時期であると述べた。

少し深読みをすれば、後述のように陸海空軍の「制服組」（軍人）からの証言ではアメリカ軍の世界展開が強調され、オバマ民主党政権の「世界の警察官」機能から撤退を前提とする新戦略と少し異なる方向性が示されるが、他方、国防省の官僚から副長官、長官に昇進という経歴（国防省の前はハーバード大学教授）のカーター氏は、オバマ民主党政権の新戦略を基本に据えながら、アメリカ軍の高度化を推進するというスタンスである。2015年公聴会の時点では、マケイン委員長も、現役の軍人からの世界展開の残像のある抵抗を警戒して、カーター次期長官の基本とする新戦略に近いのかもしれない。

次は、民主党の筆頭議員であるリード議員（ロードアイランド州選出）の開会演説である。同議員は、国防省の高官たちから常に聞かされているのは、「もし強制削減規定によって軍事予算に制約がかかる事態が続くと軍事戦略が大きなリスクにさらされる」ということであると述べて、以下のように続けた[49]。

　ウクライナやイエメン等の情勢悪化の中で、……軍事政策だけではな

---

48) U.S. Senate Committee on Armed Services（2015c）p. 3.
49) U.S. Senate Committee on Armed Services（2015c）p. 3.

4.5 軍縮と軍事再編   193

く、アメリカ国内の治安やインフラ整備や医療や教育等の重要な分野に対する強制削減措置を緩和するための妥協や選択が求められている。

　民主党のリード議員は、マケイン委員長と同様に軍事支出に対する上限の緩和を求める中で、アメリカ国内の重要な政策分野への上限にも言及しており、ここに民主党と共和党の違いが出ているが、その点については、後に検討したい。

　最初の証言者は陸軍のオディエルノ参謀総長であり、マケイン委員長やリード議員と同様に、中東とロシアと中国と北朝鮮の情勢や、エボラ熱に触れた後、以下のように続けた[50]。「このような状況下に、アメリカは軍事力の削減を続けている。……（2011 年 BCA の影響下の：引用者）過去 3 年間で陸軍の軍人が 80 千人、予備役が 18 千人も削減され」、「回転翼航空機を 800 機も削減し、軍事高度化の予算は 25% も減少して」、歩兵戦闘車両の高度化計画と偵察ヘリコプターの開発計画が停止され、戦闘部隊訓練センターの建設が取り消された。

　次は、海軍のグリナート作戦本部長であり、世界中でアメリカ海軍を必要とする場所を示すために地図[51]を持参して（事前提出資料に含まれており、海軍全体の艦船数は 287 隻であるが就役中は 104 隻であり、太平洋方面 52 隻、中東インド洋方面 37 隻、ヨーロッパ方面 10 隻、残りは南米方面とアフリカ方面：引用者）、「海軍は必要がある場所へは出動する義務があり、必要が生じる時のための即応力を維持する義務もある」と述べて、以下のように続けた[52]。

　昨年 8 月の事例では、空母ブッシュ打撃群（USS George H. W. Bush strike group）がアラビア海から北アラビア湾に配置換えをして、対イラク及びシリア作戦の戦線から 30 時間以内の位置に待機した。……またクリミア紛争の時は黒海方面にトラックを輸送した。フィリピンの台

50）U. S. Senate Committee on Armed Services（2015c）p. 5.

51）U. S. Senate Committee on Armed Services（2015c）p. 21.

52）U. S. Senate Committee on Armed Services（2015c）pp. 13-14.

194 第4章 軍事力の高度化と再編

風被害の時は空母ジョージ・ワシントン打撃群が災害支援を実施した。……

　運用・維持費が削減されてからは、空母打撃群や駆逐艦等の点検整備の作業が遅れるので、就航している空母打撃群や駆逐艦等が寄港するまでの期間が8〜10ヶ月に長期化した。それは、軍人と家族への負担を増大させている。

海軍のグリナート作戦本部長は、アメリカ海軍の世界展開に必要な軍事予算の削減による即応力の低下だけではなく、アメリカの軍人及び家族も苦労していると証言している。それを逆からみると、オバマ民主党政権や、後のトランプ共和党政権が主張するように、地球上のそれぞれの地域における同盟国や友好国がそれぞれに軍事的な負担をすべしという21世紀的な新戦略の根拠にもなりそうである。

　グリナート作戦本部長は、兵器や施設だけではなく、人的資源（戦闘機パイロット、核兵器要員、海軍特殊部隊、サイバー要員、IT専門家、イージス・レーダー要員等）の確保が難しくなってきたことも述べて、以下のように続けた[53]。

　さらに、造船業界への影響があり、大企業だけではなく、部品を生産する小規模企業も廃業するかもしれない。そうなれば、業界の技術者も含めて、海軍力の基盤を再建するには時間を要することになる。

別の見方をすれば、共和党のアイゼンハワー大統領（第2次大戦時の連合軍総司令官）が退任する時に危惧していた「軍産複合体」が生き残っていることを証言したとみることもできる。

　3番目の証言者は空軍のウェルシュ参謀総長である。同参謀総長は、1990年の「砂の嵐」作戦の時には188の戦闘機編隊であったが、現在は54編隊に減少しており、2年以内に49編隊になる。また、1990年の空軍の兵員は511千人であったが、現在では200千人を下回っていると述べて、

53）U. S. Senate Committee on Armed Services（2015c）p. 15.

以下のように続けた[54]。

　数が減った分だけ、出動回数が増加して、フル稼働であり、余力がなくなった。……規模が縮小したので、空軍に求められる任務を達成できないリスクが生じている。……2011 年予算コントロール法（による強制削減規定：引用者）を継続すれば、KC-10（空中給油・輸送機）航空隊やU-2（高高度偵察機）航空隊や Global Hawk block 40（無人偵察機）航空隊や airborne command and control（空中指揮管制）航空隊という（21 世紀の新戦略の主軸となる高度化を体現する：引用者）兵器システムを構築できなくなる。

　そして、ウェルシュ参謀総長は、「高度化しないという選択は、……科学技術面における後れをもたらし、現代空軍力を形成する宇宙分野とサイバー分野の能力の喪失につながる」と述べている。この証言でも従来の軍事システムの更新・維持を述べているが、それ以上に、宇宙やサイバーの分野、最先端の監視システムと空中指揮管制のための予算要求を強調している。
　以上検討したように、2015 年 1 月 28 日に開催された公聴会では、国防省の「制服組」（軍人）から、アメリカの軍事力を維持するには 2011 年予算コントロール法による強制削減規定を廃止するべきであるという証言が続いた。そして、同時にそれぞれにニュアンスと強調度の違いはあるが、オバマ民主党政権の新戦略に整合する兵器や軍事システムの高度化を実現するためにも予算が必要であると主張している。

軍縮基調下の高度化推進──2016 年度軍事予算要求

　まず、2016 年度の軍事予算を審議するために 2015 年 3 月 3 日に上院軍事委員会で開催された公聴会[55]を検討することから始めよう。
　マケイン委員長（共和党、アリゾナ州選出）は開会演説で、2016 年度

54）U. S. Senate Committee on Armed Services（2015c）pp. 21-22.

55）U. S. Senate Committee on Armed Services（2015a）.

国防省予算要求と付随資料の FYDP（Future Years Defense Programs）
についての証言を予定しており、その準備として世界情勢の公聴会を 6 週
間にわたって開催してきたが、その中で 1 月 29 日の公聴会（本書第 1 章
第 2 節で検討）で元国務長官のキッシンジャー氏が「第 2 次大戦後で最も
多様で複雑な複合的な危機に直面している」と証言したと述べて、以下の
ように続けた[56]。

　　その積み重なる危険の故に、オバマ民主党政権の国防省予算要求額は、
　（2011 年予算コントロール法の：引用者）上限規定を 380 億ドルも上回っ
　ている。……同法が成立してから軍事支出は削減され、他方で、世界情
　勢は悪化し、アメリカへの脅威は強まっている。
　　オバマ民主党政権の軍事予算要求には、多くの重要な優先分野が織り
　込まれており、具体的にはサイバー及び宇宙分野、軍隊の即応力の改善、
　軍事力の高度化であるが、他方で、予算抑制政策の故に、重要な分野の
　縮小・削減という側面もあり、現在の兵器システムの早期償却及び生産
　停止、開発・取得の延期、既決定予算の留保が生じている。

すなわち、マケイン委員長は、1 月の公聴会におけるキッシンジャー氏
の証言を引用して、多様かつ複雑な世界状況に対応する必要性を前提にし
て、オバマ民主党政権の予算要求では不足しており、それは、2011 年予
算コントロール法の制約に規定されていると主張している。そして、具体
的な世界情勢をあげている[57]。

　　昨年、ロシアは他の主権国家を侵略して併合することで、戦後ヨーロ
　ッパの国際秩序の原則を犯した（ロシアのウクライナ侵攻とクリミア併
　合：引用者）。また、中東地域でテロリストが勢力を拡大している。イ
　ランの核開発や北朝鮮のサイバー攻撃、中国の軍備高度化もある。

56）U. S. Senate Committee on Armed Services（2015a）pp. 1-2.

57）U. S. Senate Committee on Armed Services（2015a）p. 2.

4.5 軍縮と軍事再編   197

　以上の情勢分析を前提として、マケイン委員長は、2011 年予算コント
ロール法の廃止を求めて、以下のように続けている[58]。

　　2016 年度予算の 6110 億ドルへの増額を求める（前国防長官のゲイツ
　　による）案に賛成であるが、それは上限ではなく下限である（マケイン
　　委員長はそれ以上の増額を求めるという意味：引用者）。

　次に、民主党の筆頭議員であるリード議員（ロードアイランド州選出）
の開会演説である。同議員は、「オバマ民主党政権の 2016 年度予算要求は
2011 年予算コントロール法の強制削減規定による上限を 380 億ドルも超
過するもの」であるが、「（根本的な問題として：引用者）同法によって（国
防省の：引用者）予算が不安定」になっているので、軍事計画の作成が困
難になっていると述べた[59]。同議員は、それ故に、オバマ民主党政権の
予算要求における強制削減上限の 380 億ドル超過を強く支持するとして、
共和党のマケイン委員長と同様に、積極的に「多様かつ複雑な世界情勢」
に対応するための軍事力の維持・拡大を主張している[60]。
　その軍事力の内容について検討を進めるために、カーター国防長官の証
言を聴こう。同長官は、まず、3 つの重点を示した。第 1 は軍人及び家族
の安全と幸福であり、第 2 はオバマ民主党政権の軍事政策であり、第 3 は
軍事力を技術と産業の変化の中で最善な状態で維持して、新しい世代にも
魅力的なものとすることである[61]。
　本書の問題意識からみると、3 つの重点の順番は、本当は、逆であるか
もしれない。すなわち、技術及び生産基盤に依拠する高度化によって強化
されるアメリカの軍事力をもって、オバマ民主党政権の世界政策を支える
ことが、国防長官の任務であり、そのためには、物的基盤だけではなく、
それを操作・運用する人的資源を確保するための待遇改善策も不可欠とい

58）U. S. Senate Committee on Armed Services（2015a）pp. 2-3.
59）U. S. Senate Committee on Armed Services（2015a）pp. 3-4.
60）U. S. Senate Committee on Armed Services（2015a）p. 4.
61）U. S. Senate Committee on Armed Services（2015a）p. 6.

う論理がみえてくる。

そして、カーター国防長官は、「強制削減規定」という仕組みよりも、（国防省の側の主体的な：引用者）改革で節約を実施できると述べて、以下のように続けた[62]。

　　具体的には、不必要な設備や兵器の償却であり、……軍事戦略の再構成の一環として、軍事力の再編が必要である。……時代遅れの装備と不充分な即応力と役に立たない戦術論の軍隊では、実際の戦闘に投入できない。
　　この予算要求案には、……新技術の装備やサイバー分野や宇宙空間分野、それらを基礎とする戦略が織り込まれている。

カーター国防長官は、2011年予算コントロール法による機械的な削減・抑制という手法を廃止することと、アメリカの軍事力の高度化を結び付けている。軍事力の高度化と再編成という構造変化を実現するプロセスは、対テロ戦争が収束して、2011年予算コントロール法の束縛を緩和する中で進める。逆からいえば、高度化と再編成と同時に、古い設備や兵器の償却も進めながら財源を捻出する作業を、国防省の側が主体的に進めるということであろう。

つづいて、「制服組」のトップであるデンプシー統合参謀本部議長の証言である。同議長は、「アメリカ軍は今でも最強」であるが、（世界の：引用者）脅威は増大し、軍事資源（財源、軍人、兵器等：引用者）は減少し、「強制削減規定」があり、アメリカ軍の優越性が低下していると述べて、以下のように続けた[63]。

　　それは、軍事面だけではなく、世界秩序におけるアメリカのリーダーシップにも影響している。……宇宙空間やサイバー空間において敵国は急速にレベルアップしている。また、非国家組織のテロ集団も勢力を増

---

62) U.S. Senate Committee on Armed Services (2015a) p. 8.
63) U.S. Senate Committee on Armed Services (2015a) p. 23.

している。……ヨーロッパでは、ロシアが、NATO や EU の東ヨーロッパへの影響力を削減しようとしている。……私の 40 年間の軍人経験の中で世界情勢が最も不安定な時代である。その対応に必要な軍事資源が足りないので、予算の議論に参加する。

過去数年間、連邦議会は、国防省に対して効率化を求めてきた。オバマ民主党政権の（今回の 2016 年予算要求案：引用者）がその回答であり、……国防にとっての下限の要求額である。……

国防省のカーター長官とデンプシー議長の証言に続いて、さまざまな論点について質疑応答があるが、その中で興味深い部分を取り上げよう。

民主党のリード議員が、ヨーロッパの NATO 諸国や湾岸地域の同盟国が軍事支出の増額の努力を怠っていると指摘したのに対して、カーター長官は、NATO 諸国は努力しており、ウクライナ問題（ロシアの侵攻とクリミア併合）に対してアメリカだけでは対応できないと述べている[64]。この同盟国への負担要求は、トランプ共和党政権期には「アメリカ第一主義」の中でも大きな論点となるが、すでに、オバマ民主党政権期に民主党の側からも提起されていたのである[65]。

軍事再編のための厳しい予算審議——大統領拒否権と修正

2016 年度軍事予算権限法（National Defense Authorization Act：NDAA）の審議過程は複雑であった。最初に議会両院を通過した法案に対して、2015 年 10 月 22 日にオバマ民主党政権が拒否権を発動した。そして、両院で修正した法案をオバマ大統領が署名して、成立したのが 11 月 25 日であった[66]。

オバマ民主党政権の 2016 年度予算要求は、軍事支出と非軍事支出の両方で 2011 年 BCA の「裁量支出への上限」を超えていた。当初の 2016 年

---

64) U. S. Senate Committee on Armed Services（2015a）p. 31.

65) トランプ共和党政権期の同盟国への負担増加の要求については次の文献を参照されたい。渋谷博史（2023）の序章。

66) Congressional Research Service（2015a）.

200 第4章 軍事力の高度化と再編

度軍事予算権限法（オバマ大統領は拒否権を発動）では、実質的には、同政権の軍事支出要求額を認めるものであったが、法制度的には、基本予算の380億ドル超過分を、OCO予算（強制削減規定の適用外）に付け替える形であった。しかし、同政権は、他方で非軍事支出には上限規定を適用しながら、軍事支出については実質的に上限超過を認める形に反対して、拒否権を発動した[67]。その膠着状態を解決するために、Bipartisan Budget Act of 2015（BBA）が立法化された。

第1に、2016年度と2017年度については軍事支出と非軍事支出の両方において裁量支出上限を引き上げるが、他方で、OCO予算（2011年BCAでは上限の適用外）の裁量支出に対して「強制力のない目標額」（実質的には上限と思われる）を設定する[68]。

第2に、OCO予算に対する実質的な上限588億ドルは、当初のオバマ民主党政権によるOCO予算要求509億ドルを79億ドルも上回るので、結果的に、2016年度軍事予算の上限は6069億ドルになり、それは当初のオバマ民主党政権の要求額6119億ドルを50億ドルだけ下回ることになる（表4-5）。

第3に、2015年BBAによる上限の引き上げを受けて、上下両院の軍事委員会において2016年度軍事予算法案が修正され、それが両院の本会議の議決を経て、2015年11月25日のオバマ大統領の署名によって成立した。

さらに、大統領拒否権を使ってまでの調整が行われる中で、以下のような再編・調整が進められた[69]。

第1に、燃料購入価格の引き下げ（12億ドル）、同盟軍への支援削減（5億ドル）、管理費用の削減（5億ドル）である。第2に、軍人基本給与の追加引き上げの延期、軍内部の物品販売所への補助金の削減、住宅手当の引き下げ、軍人医療制度への加入者負担金の引き上げ（本人負担の引き上げによって財政支出の削減）、国境警備隊への軍用ヘリコプター貸与の撤

---

67) Congressional Research Service（2015a）p. 2.

68) Congressional Research Service（2015a）の Figure 1. FY2016 National Defense Budget Function Total（Discretionary）.

69) Congressional Research Service（2015a）pp. 4-8.

4.6 軍事支出の抑制と構造変化 201

表 4-5 2016 年度軍事予算案の推移

(億ドル)

	合計	基本予算 （上限）	OCO 予算	基本予算の OCO 予算への付替え
2011 年 BCA の上限（2015 年 2 月 2 日時点）	5,231	5,231		
オバマ民主党政権予算要求	6,119	5,610	509	
10 月の軍事予算法案	6,119	5,227	509	383
2015 年 BBA の軍事予算の上限	6,069	5,481	588	
11 月の軍事予算法	6,069	5,481	497	91

出所：Congressional Research Service（2015a）の Figure 1 より作成。

収、A-10 型地上支援戦闘機の削減である。第 3 に、予算が追加されるの
は、海軍の F/A-18E/F 型戦闘機（12 機、9.8 億ドル）、海兵隊の F-35 型
戦闘機（6 機、8.5 億ドル）、海軍の造船予算（6 艦、10.3 億ドル）、アメリ
カ東海岸のミサイル防衛システム（0.3 億ドル）等である。第 4 に、以上
の調整の結果、軍事予算の中で兵器購入費が増加して、運用・維持費が減
少することになる。

　以上みてきたように、2016 年度の軍事予算の審議・成立の過程で再編
と高度化が進められた。それは、本章全体で検討しているように対テロ戦
争の収束の後に軍縮及び高度化を目指すオバマ民主党政権の軍事政策が貫
徹するプロセスの重要な一環でもあった。
　節を改めて、そのような視点から、オバマ民主党政権期の軍事支出の推
移を検討しよう。

4.6　軍事支出の抑制と構造変化

　まず、オバマ財政の基本構造の中における軍事支出の動向を、前出表
2-5（第 2 章）に戻って再確認しよう。2008 年度（ブッシュ（子）共和党
政権の最後）において連邦財政支出の合計 2 兆 9825 億ドルの中で軍事支
出は 6161 億ドル（20.7%）であったのが、2012 年度（オバマ民主党政権
第 1 期の最終年度）には連邦財政支出の 3 兆 5266 億ドルの中で軍事支出
は 6779 億ドル（19.2%）であり、2016 年度（第 2 期の最終年度）には連

邦財政の合計 3 兆 8526 億ドルの中で軍事支出は 5934 億ドル（15.4%）になっている。

　また、表 4-6 で軍事支出の対政府部門（連邦政府及び州・地方政府）支出比率の推移をみると 2008 年度に 12.5% であったのが 2012 年度には 12.2% とほぼ同水準であるが、2016 年度には 9.7% に減少した。同様に、対 GDP 比率も 2008 年度 4.2%、2012 年度 4.2% と同水準であるが、2016 年度には 3.2% に減少している。すなわち、オバマ民主党政権の第 1 期では軍事支出の相対的な規模はほとんど変化しないが、第 2 期になると顕著に減少したといえよう。

　さらに、表 4-7 で軍事支出（国防省支出に限定）の内容に立ち入ってみよう。

　第 1 に、合計の名目額は 2008 年度 5946 億ドル、2012 年度 6509 億ドル、2016 年度 5654 億ドルであり、オバマ民主党政権の第 1 期には増加したが、第 2 期には減少している。実質額（2021 年ドル）でみると 2008 年度 7470 億ドル、2012 年度 7592 億ドル、2016 年度 6300 億ドルであり、第 1 期における名目額の増加は物価上昇による部分が大きいことがわかる。また、第 2 期の名目額の減少が 855 億ドルであるが、実質額では 1292 億ドルであり、第 2 期における軍事支出の削減は実質的に大きな効果があったこともわかる。

　第 2 に、名目額でみると、第 1 期（2008-2012 年度）の増加の中で主力は軍人人件費と運用・維持費[70]（Operation and Maintenance）と兵器購入費（Procurement）であるが、実質額でみると、上記のように物価調整の部分が大きく、特に兵器購入費は 1449 億ドルから 1448 億ドルへと横ばい状態である。さらに第 2 期では名目額でも実質額でもかなりの減少であり、特に実質額における運用・維持費（3268 億ドルから 2714 億ドルへ）と兵器購入費（1448 億ドルから 1131 億ドルへ）の減少が際立っている。

　次に、オバマ民主党政権期に軍事支出の中で、実質的な抑制・削減の圧力が加えられた兵器購入費について、国防省が 2015 年 2 月に発表した

　70）運用・維持費は、①燃料や消耗品や設備等の物資、②輸送、技術支援、研究等のサービス、③兵器や設備の整備・補修、④軍事医療施設等である。

4.6 軍事支出の抑制と構造変化 203

表 4-6 軍事支出の歴史的推移

(%)

(年度)	対連邦財政支出比率	対政府部門支出比率	対GDP比率
1960	52.2	35.1	9.0
1970	41.8	27.0	7.8
1980	22.7	15.4	4.8
1990	23.9	15.3	5.1
2000	16.5	9.8	2.9
2004	19.9	12.0	3.8
2008	20.7	12.5	4.2
2012	19.2	12.2	4.2
2016	15.4	9.7	3.2

出所：Office of the Under Secretary of Defense (Comptroller) (2020) の Table 7-7 より作成。

表 4-7 国防省支出の内訳

(名目額：億ドル)

(年度)	2000	2008	2012	2016
合計	2,812	5,946	6,509	5,654
軍人人件費	760	1,389	1,523	1,479
運用・維持費	1,059	2,448	2,823	2,432
兵器購入費	517	1,174	1,247	1,027
技術開発費	376	751	704	649
軍事建設費	51	116	146	67
家族住宅費	34	36	23	13
運用基金等	32	48	47	-2
その他	-16	-16	-4	-11

(実質額：2021年度ドル：億ドル)

(年度)	2000	2008	2012	2016
合計	4,536	7,470	7,592	6,300
軍人人件費	1,301	1,816	1,814	1,664
運用・維持費	1,781	3,056	3,268	2,714
兵器購入費	752	1,449	1,448	1,131
技術開発費	553	925	815	715
軍事建設費	75	142	169	74
家族住宅費	50	44	27	14
運用基金等	47	59	55	-2
その他	-24	-20	-5	-11

出所：Office of the Under Secretary of Defense (Comptroller) (2020) の Table 6-11 より作成。

『*Program Acquisition Costs by Weapon System*』という資料[71]を使って、主要兵器の購入計画を検討しよう。オバマ民主党政権が2016年度予算案を提出する時期に、国防省から提出される、主要兵器に関する要望書という位置づけの資料である。

冒頭の序論で2016年度兵器購入及び技術開発の要求額の大枠が示されており、合計の1775億ドルの中で、航空機が488億ドル、指揮統制情報コンピューター・システムが74億ドル、陸上兵器が82億ドル、ミサイル防衛システムが88億ドル、ミサイル・弾薬等が119億ドル、艦船等が256億ドル、宇宙兵器等が71億ドル、科学技術研究が123億ドル、その他が474億ドルである[72]。

---

71) Office of the Under Secretary of Defense (Comptroller) / Chief Financial Officer (2015).

本章で取り上げてきた議会公聴会で、国防長官や軍人に限らず、連邦議会の軍事委員会の議員からも、そして、オバマ民主党政権からも強く求められる、「アメリカの軍事力の高度化」の内実が、この兵器購入費及び技術開発費である。本章の［付録　オバマ民主党政権の2016年度主要兵器購入及び技術開発費要求］にみるように、空軍や海軍で高度な兵器の購入の要求がみられるが、さらに、金額はまだ小さいが宇宙分野における監視・情報システムの開発は注目される。

　次に表4-8における陸軍・海軍・空軍別の増減と、表4-9と表4-10と表4-11における陸海空軍のそれぞれにおける構造変化を合わせてみると、以下のことがわかる。

　第1に、名目額でみると、国防省全体では2008-16年度の期間に5946億ドルから5654億ドルに減少する中で陸軍費は減少し、海軍費と空軍費は微増している。

　第2に、実質額でみると海軍費と空軍費も微減している。しかし、減少幅を算出すると全体が1170億ドル、陸軍費が991億ドル、海軍費が101億ドル、空軍費が125億ドルであり、共同経費（管理運営、医療等）が46億ドルの増加である。すなわち、全体を縮減する中で海軍と空軍に重心がシフトしている。

　そして第3に、実質額で2000年度（20世紀の最後）と2016年度（オバマ民主党政権期の最後）を比較すると、全体では1764億ドルの増加であり、増加幅は陸軍費が543億ドル、海軍費が415億ドル、空軍費が368億ドルであり、共同経費（管理運営、医療等）が437億ドルである。すなわち、実質額ベースでも、対テロ戦争とその後の縮減（2011年BCAによる抑制圧力）を経て、この2000-16年度の期間でみると、全体が大きく増加する中で各軍も拡充され、しかも兵器と軍事システムの高度化が進むのである。［付録　オバマ民主党政権の2016年度主要兵器購入要求］で列挙される21世紀の新型兵器は、当然のことながら、その運用・管理・整

72）具体的な軍事・兵器の高度化を体現する戦闘機やミサイルについては、Office of the Under Secretary of Defense (Comptroller) / Chief Financial Officer (2015) に詳しい説明がある。

4.6 軍事支出の抑制と構造変化　　　　　205

表 4-8　国防省内の陸海空軍別の支出

（名目額：億ドル）

（年度）	2000	2008	2012	2016
合計	2,812	5,946	6,509	5,654
陸軍費	706	2,126	2,136	1,501
海軍費	872	1,525	1,677	1,617
空軍費	821	1,450	1,593	1,503
共通経費	413	846	1,104	1,032

（実質額：2021 年ドル：億ドル）

（年度）	2000	2008	2012	2016
合計	4,536	7,470	7,592	6,300
陸軍費	1,128	2,662	2,492	1,671
海軍費	1,385	1,901	1,943	1,800
空軍費	1,305	1,798	1,845	1,673
共通経費	718	1,109	1,312	1,155

備考：共通経費は管理運営費・医療関係費。

出所：Office of the Under Secretary of Defense
（Comptroller）（2020）の Table 6-13 より作成。

表 4-9　陸軍費の内訳

（名目額：億ドル）

（年度）	2000	2008	2012	2016
合計	706	2,126	2,136	1,501
軍人人件費	287	611	653	589
運用・維持費	257	937	961	643
兵器購入費	92	402	366	176
技術開発費	48	113	89	75
軍事建設費	10	57	56	20
家族住宅費	12	11	6	4
運用基金等	1	-4	-4	-2
その他	-1	-1	8	-4

（実質額：2021 年ドル：億ドル）

（年度）	2000	2008	2012	2016
合計	1,128	2,662	2,492	1,671
軍人人件費	492	800	779	663
運用・維持費	398	1,151	1,107	711
兵器購入費	134	496	425	194
技術開発費	72	139	103	83
軍事建設費	15	70	65	22
家族住宅費	17	14	7	4
運用基金等	2	-5	-5	-2
その他	-2	-2	10	-4

出所：Office of the Under Secretary of Defense
（Comptroller）（2020）の Table 6-22 より作成。

表 4-10　海軍費の内訳

（名目額：億ドル）

（年度）	2000	2008	2012	2016
合計	872	1,525	1,677	1,617
軍人人件費	265	429	466	470
運用・維持費	281	490	573	546
兵器購入費	210	377	421	414
技術開発費	89	186	168	168
軍事建設費	9	20	33	16
家族住宅費	12	5	4	4
運用基金等	11	19	14	*
その他	-3	-1	-2	*

（実質額：2021 年ドル：億ドル）

（年度）	2000	2008	2012	2016
合計	1,385	1,901	1,943	1,800
軍人人件費	452	561	555	529
運用・維持費	456	594	648	609
兵器購入費	305	465	489	456
技術開発費	131	228	194	185
軍事建設費	13	24	38	18
家族住宅費	17	6	5	4
運用基金等	16	23	16	*
その他	-5	-1	-2	*

備考：* は 0.5 億ドル未満。

出所：Office of the Under Secretary of Defense
（Comptroller）（2020）の Table 6-23 より作成。

206　　　　　　　　第 4 章　軍事力の高度化と再編

表 4-11　空軍費の内訳

（名目額：億ドル）

（年度）	2000	2008	2012	2016
合計	821	1,450	1,593	1,503
軍人人件費	208	321	350	352
運用・維持費	270	492	573	531
兵器購入費	188	348	395	382
技術開発費	138	247	250	226
軍事建設費	9	20	18	9
家族住宅費	10	14	9	3
運用基金等	2	9	−1	−2
その他	−5	*	−2	2

（実質額：2021 年ドル：億ドル）

（年度）	2000	2008	2012	2016
合計	1,305	1,798	1,845	1,673
軍人人件費	357	420	418	396
運用・維持費	448	592	650	594
兵器購入費	273	430	459	421
技術開発費	203	304	290	249
軍事建設費	13	25	21	10
家族住宅費	15	17	10	4
運用基金等	3	11	−1	−3
その他	−7	−1	−2	2

備考：* は 0.5 億ドル未満。
出所：Office of the Under Secretary of Defense
（Comptroller）（2020）の Table 6-24 より作成。

備のサービスと人材を必要とする。

　表 4-8 の元資料によれば[73]、現役軍人数は 2000 年度が 1449 千人、2016 年度が 1378 千人であるので、実質ベース（2021 年価格）で現役軍人一人当たりの軍事支出（国防省支出）を算出すると、2000 年度が 313 千ドル、2016 年度が 457 千ドルになる。すなわち、その期間内の対テロ戦争を経て、軍事支出の名目額も実質額も 2000 年度の水準から 2016 年度水準に増加して、その増加幅が「軍事力の高度化」に使われたとみることもできよう。

　また、表 4-6 に戻ってみると、軍事支出の対 GDP 比率は 2000 年度が 2.9%、2008 年度が 4.2%、2016 年度が 3.2% であり、対連邦財政支出比率では 2000 年度が 16.5%、2008 年度が 20.7%、2016 年度が 15.4% である。

　73）Office of the Under Secretary of Defense（Comptroller）（2020），Table 7-6.

すなわち、上記の軍事支出の増加の中で進められた軍事力の高度化のコスト（実質額ベースの増加）が、GDPの増大の中で吸収できる程度にコントロール（制御）されている。2011年予算コントロール法の強制削減規定をめぐる論戦・交渉が、軍事高度化のコストを、アメリカ経済の実質的な成長による連邦財政の拡大の範囲に収める役割を果たしたのであろう。

　本書の冒頭で述べたように、オバマ民主党政権の軍縮は、21世紀的な科学技術を取り入れた軍事高度化を内蔵する形で進められたのであり、それは、議会公聴会「パクス・アメリカーナの教訓」（第1章第2節）でみた21世紀の世界構造における新たなアメリカの役割の不可欠な基盤となる軍事力の構築でもあった。このアメリカ側の軍事再編と高度化は、同盟国や友好国における軍事力の拡充を予定するものであるが、ボルトン（トランプ共和党政権の国家安全保障担当の大統領補佐官）の回顧録の中に、「バラク・オバマは、自国の防衛予算を十分に確保せずNATOに"ただ乗り"している加盟国を批判したが、例によって優雅に意見するのみで具体的な行動は何一つとらずに終わった」という記述があり、それは、「全加盟国が2014年に……合意した内容、すなわち、GDP比2パーセントに引き上げるという目標」であった[74]。

74）ボルトン（2020）、152頁。

第 4 章補論　次期国防長官カーター氏の
2013 年 2 月の議会証言[75]

　カーター氏は当時の副長官であり、2015 年 2 月には国防長官に任命される。

　カーター副長官は、第 1 に強制削減規定の影響について、第 2 に 2013 年度軍事予算の暫定歳出権限法[76]（CR；continuing resolution：2013 年度予算法の未成立の故に前年度の歳出権限を暫定的に認める仕組み）の影響について述べるとして、以下のように続けた[77]。

　　第 1 に、強制削減規定は今から 2 週間後に実施され、連邦予算の他の分野と同様に、2013 年度の軍事予算から 460 億ドルの削減が求められる。
　　第 2 に、現在適用されている暫定歳出権限法では、運用・維持費が不充分であり、必要な訓練ができないので、アフガニスタン作戦以外の地域におけるアメリカ軍の即応力が低下する。
　　また、オバマ民主党政権は、強制削減規定が実施される場合に、軍人数（とその人件費：引用者）を維持する（ことを優先する：引用者）ので、他の分野に制限がかかることになる。……緊急事態への即応力や軍事戦略に対して、悪影響が出る。……もし 2011 年 BCA の強制削減規定が 10 年間も実施されれば、国家安全保障（システムの全体：引用者）を変更することになる。

75）U. S. Senate Committee on Armed Services（2013）.
76）通常であれば、2013 年度予算は年度初め（2012 年 10 月 1 日）までに成立するはずであるが、実際にはオバマ民主党政権と下院多数派の共和党（議長はベイナー議員（オハイオ州選出））が交渉に失敗していた。そこで、Continuing Appropriations Resolution（前年度と同額の歳出権限法）で暫定的に軍事支出を継続することが議論されていた。
77）U. S. Senate Committee on Armed Services（2013）pp. 4-5.

第 4 章補論　次期国防長官カーター氏の 2013 年 2 月の議会証言　209

　そして、カーター副長官の証言は、2015 年の議会公聴会でマケイン委員長が特に強調する部分に進む[78]。

　　強制削減措置（による軍事戦略への悪影響：引用者）の原因は、財政赤字対策の必要性でもなく、世界が平和になったことでもなく、……革新的な軍事技術や戦略の進歩でもなく、（オバマ民主党政権と下院多数派による：引用者）増税かエンタイトルメント支出削減かという政策の選択でもなく、……「政治的な膠着」に巻き込まれているだけである。

　すなわち、2011 年 BCA による強制削減措置を必要ならしめた原因であるリーマン恐慌や大幅財政赤字が改善しているにもかかわらず、それを緩和・廃止しないのは政治の怠慢であるという趣旨であろう。カーター副長官は、その「政治的な膠着」がもたらす実際の弊害について、雄弁に語っている[79]。

　　海軍の運用・維持費が不足するので空母の海外展開を取り消すことになる。……陸軍では、アフガニスタンからの帰還兵の訓練を取り消す。……また、強制削減規定は国防産業に大きな影響を与える。……軍需企業は投資を控え始めており、それは（専門技術を有する：引用者）労働者を失うことにもつながる。

　さらにカーター副長官は、国内の軍人や軍事産業だけではなく、世界の同盟国と友好国や、敵対国に対して、アメリカの軍事戦略についての捉え方にも影響すると述べて、証言を終えている。
　最後にカーター副長官の事前提出資料で実際の節約努力について詳しく述べているので紹介したい[80]。
　第 1 に、短期的な影響としては、①非軍人雇用の停止（44% が退役軍

78）U. S. Senate Committee on Armed Services（2013）p. 6.
79）U. S. Senate Committee on Armed Services（2013）pp. 6-7.
80）U. S. Senate Committee on Armed Services（2013）pp. 10-11.

人)、②46 千人の臨時雇用のレイオフ、③施設管理等の委託業務（多くが小規模企業）について 100 億ドル規模の削減（例えば空軍では 26 州における 55 施設の 189 件のプロジェクトを削減）、④ 2013 年度後半の 25 隻の艦船及び 470 機の航空機の整備作業の取消、⑤陸軍では訓練計画の縮小、⑥陸軍で基地維持サービスを 2012 年度よりも 30% 削減である。

　第 2 に、強制削減規定の実施と暫定歳出権限法の通年適用の場合の追加措置は、①多くの国防省職員（艦船・戦車・飛行機の修理、病院、総務会計事務）の 22 週間にわたる休暇による給与の 20% 削減（40 〜 50 億ドルの節約）、②アフガニスタン派遣予定以外の部隊における訓練及び整備の削減、③空軍では飛行訓練の大幅縮小と兵器整備計画削減（30%）、④海軍がアジア太平洋地域に配備している艦船及び航空機の配備の 3 分の 1 を削減して海兵隊による補完、⑤軍事医療プログラムの予算が 20 〜 30 億ドルの不足、⑥兵器・装備の購入のさらなる 9% の削減である。

　第 3 に、2011 年 BCA によって 2021 年度まで毎年 500 〜 550 億ドルの軍事予算の削減が求められるので、その長期的な影響として、アフガニスタン作戦以後の軍事戦略の転換プロセスが影響を受ける。新しい軍事戦略には 5 本の柱があり、①新技術の導入による軍事システムの高度化、②中東地域を注視しながらではあるがアジア太平洋への重点移行、③世界規模の同盟強化、④直接的な攻撃へのアメリカ軍の即応力の維持、⑤サイバー分野や宇宙空間分野の強化である。

付録　オバマ民主党政権の 2016 年度主要兵器購入及び
　　　技術開発費要求

　国防総省の「*FY 2016 Program Acquisition Cost by Weapon System*」[81)]
という資料を使って、2016 年度に要求した主要兵器（航空兵器、戦車、
ミサイル、空母・潜水艦等）をみておこう。

(1) 航空兵器

①F-35 Joint Strike Fighter（57 機，110 億ドル）：海軍・海兵隊・空
軍の第 5 世代の主力爆撃ステルス戦闘機

②V-22 Osprey（19 機，16 億ドル）：海兵隊・海軍が使用する固定翼
機とヘリコプターの特性切替え可能な垂直離着陸機

③C-130J Hercules（29 機，26 億ドル）：空軍・海兵隊の中型の戦術輸
送機

④MQ-4C Triton / RQ-4 Global Hawk / NATO AGS（3 機，14 億ド
ル）：空軍等の無人偵察機

⑤AH-64E Apache（64 機，14 億ドル）：偵察・接近戦等の多機能ヘリ
コプター

⑥UH-60 Black Hawk（94 機，16 億ドル）：陸軍の多機能ヘリコプタ
ー

⑦E-2D Advanced Hawkeye（5 機，13 億ドル）：海軍・海兵隊の（空
中）早期警戒機

⑧P-8A Poseidon（16 機，34 億ドル）：海軍・海兵隊の哨戒機（対潜水
艦等）

⑨LRS（Long Range Strik）（開発中，20 億ドル）：長距離爆撃機

⑩KC-46A Tanker（12 機，30 億ドル）：空軍・海軍・海兵隊の空中給
油機

81）Office of the Under Secretary of Defense（Comptroller）/ Chief Financial
Officer（2015）.

(2) 情報関連システム（Command, Control, Communications, Computers, and Intelligence（C4I）Systems）の開発のために 74 億ドルを要求。

(3) 地上兵器

① JLTV（Joint Light Tactical Vehicle：559 台，5 億ドル）：陸軍・海兵隊とともに海軍・空軍でも使用する輸送車両の新型

② M-1（Abrams Tank Modification/Upgrades：開発中，4 億ドル）：陸軍の主力戦車である Abrams Tank（1980 年導入）の最新改良型

③ Stryker（62 台、7 億ドル）：装甲車

(4) ミサイル・弾薬関係

① GMD（Ground-based Midcourse Defense：開発中，16 億ドル）：ミサイル防衛システムの主軸；長距離弾道ミサイル攻撃に対する中間軌道迎撃ミサイル

② THAAD（Terminal High Altitude Area Defense：30 基，7 億ドル）：移動式の迎撃ミサイル：短距離及び中距離のミサイル攻撃に対する迎撃

③ Aegis（Aegis Ballistic Missile Defense：40 基，16 億ドル）：海上設置型迎撃ミサイルのシステム；移動可能であり，海上あるいは陸上でも設置できる

④ PAC-3 / MSE Missile（PAC-3/Missile Segment Enhancement Missile：80 基，4 億ドル）：PAC-3（陸軍の誘導型迎撃ミサイル；戦術核ミサイル・巡航ミサイルや空中からの生物・化学兵器等に対する防衛）の改良型

⑤ JDAM（Joint Direct Attack Munition：12294 弾，6 億ドル）：空軍及び海軍の重力爆弾であり，GPS と慣性誘導装置（inertial navigation guidance）を装備

⑥ GMLRS（Guided Multiple Launch Rocket System：1668 弾，3 億ドル）：地対地火砲ミサイル

⑦ Trident II の改良（Trident II Ballistic Missile Modification：12 億ド

付録 オバマ民主党政権の 2016 年度主要兵器購入及び技術開発費要求 213

ル）：Ohio 級潜水艦に搭載する弾道ミサイル

(5) 海上兵力

① CVN 78（Gerald R. Ford Class Nuclear Aircraft Carrier：28 億 ド
ル）：アメリカ海軍の主軸である Gerald R. Ford 級原子力空母

② OR（Ohio Replacement Program, 14 億ドル）：アメリカ海軍の主軸
となる Ohio 級原子力潜水艦の後継型の開発

③ SSN 774（Virginia Class Submarine：2 隻，57 億ドル）：アメリカ海
軍の主軸である Virginia 級原子力潜水艦；垂直発射装置（巡航ミサ
イル）と魚雷発射管を装備

④ Littoral Combat Ship（3 隻、19 億ドル）：沿海域戦闘艦

⑤ DDG 51（Arleigh Burke Class Destroyer：2 隻，35 億ドル）：DDG
51 級誘導ミサイル搭載駆逐艦は垂直発射装置（96 基のミサイル搭載）
と 5 インチ砲を装備

⑥ TAO（X）（Fleet Replenishment Oiler：1 隻，7 億ドル）：燃料・貨
物を海上艦に供給する

(6) 宇宙戦力

① Advanced Extremely High Frequency（開発中、6 億ドル）新型の
軍用通信衛星システム

② GPS（Global Positioning System：1 件，9 億ドル）：軍用及び民間使
用地球規模の GPS システム

③ Evolved Expendable Launch Vehicle：5 件，14 億ドル）：使い切り
方式の打ち上げロケット

④ Space Based Infrared System（開発中、7 億ドル）：弾道ミサイル
早期警戒衛星システム

終章 20世紀アメリカ財政史との
接続の試み

　本書では、オバマ民主党政権の財政やオバマ・ケア（医療保障改革）、及び軍事再編について、オバマ的なアメリカ自由主義を理念とする政策システムという切り口から詳細に検討した。オバマ・ケアは「小さな政府」的な制度設計と運用を基本としており、軍事再編は抑制的な圧力下の軍縮基調の中で進められた。最後に、そのオバマ財政を、20世紀からの大きな歴史の流れに位置付けて、その歴史的な意味を考えてみたい。

　20世紀のアメリカ財政史については既に渋谷博史（2005）『20世紀アメリカ財政史』（全3巻）でその全体像を捉えているので、オバマ財政の歴史的意義の考察の出発点として活用したい。同書の序章（第1巻）と終章（第3巻）から4つの論点を取り出すことから始めよう。

　第1に、そこでは、21世紀初頭の世界状況を「アメリカ・モデルに収斂するかと危惧されるほど」であったと捉えている[1]。

　　20世紀は地球規模で体制選択の競争を行った時代であり、……その中で市場経済・民主主義の経済社会システムが社会主義やファシズムに勝利する過程で、パクス・アメリカーナの基軸国アメリカは、市場経済・民主主義システムが広まるような政治経済環境や軍事条件を提供するだけではなく、市場論理に整合的なアメリカ・モデルを提示した。そして冷戦終焉から21世紀初頭にかけては、アメリカ・モデルのインパクトが一層強まり、福祉国家も含めての経済社会構造が、アメリカ・モデルに収斂するかと危惧されるほどである。

　第2に、20世紀の体制間の競争の中で、アメリカが「パクス・アメリ

1）渋谷博史（2005）第1巻1頁。

カーナの基軸国」としての役割を担うことを決断する時期について、朝鮮戦争後の 1954 年税制改革としている[2]。

　アメリカが、第 1 次大戦や第 2 次大戦に参戦したのも、そのアメリカ的理念を価値基準として市場経済と民主主義の経済社会システムを世界規模で防衛し、普及させることを目的としていた。そして、第 2 次大戦後にアメリカが恒常的に基軸国の役割を引き受けることを確定したのは、……朝鮮戦争後の 1954 年税制改革を通してであり、第 2 次大戦期の重課税水準をほとんどそのままで平時に定着させて、基軸国の軍事力を維持して賄うことを、アメリカ国民が民主主義的な手続きを経て受容した。

　第 3 に、その基軸国アメリカの力の源泉は、市場経済の発展力であり、そこからの税収が軍事力を支えるのであるが、他方で、「資本主義的な市場論理は人間社会にとって破壊的なインパクトをもたらす」こともあるので、何らかの「拮抗力」が必要であり、具体的には、「市場論理の破壊的インパクトから人間社会を防衛する手段としての福祉国家」が不可欠な社会的仕組みとして要請される[3]。

　市場経済が人間社会の価値と幸福を増加させる過程で、そこから「落ちこぼれる」リスクに対する福祉国家が内蔵されていた。おそらく、アメリカ社会における強い市場論理に対して、ガルブレイスのいう拮抗力が働き、あるいは、ポランニ流の表現でいえば「人間社会の防衛」メカニズムが働いたので、市場論理と拮抗力のアメリカ的対抗関係における均衡点は、その時々の諸要因によって移動するが、基本的には「市場論理が人間社会を破壊するのを阻止すべし」という要請と、「拮抗力が行き過ぎて自由を束縛するのを阻止すべし」という制約の対抗関係の上に、福祉国家の枠組みが形成されている。

2）渋谷博史（2005）第 1 巻 3 頁。
3）渋谷博史（2005）第 1 巻 3-4 頁。

終章　20世紀アメリカ財政史との接続の試み　　217

　そして、具体的には、1960年代に民主党リベラル派のケネディ及びジョンソン政権が、共産主義の世界的な展開を阻止するためにベトナム戦争を拡大する時に、国内では「人間社会の防衛」メカニズムとしての「貧困との戦い」や「偉大なる社会」政策を実施して福祉国家を拡充し、「1970年代に入って、共和党保守派のニクソン政権によるベトナム戦争からの撤退の時期になっても、その福祉国家拡充策は継続され、連邦財政の中で福祉関連支出が大きな比重を占めるようになった」が、「1980年代のレーガン政権期以降の抑制は、本来的に存在するアメリカ的な論理のベクトルが復活したとみること」ができる[4]。

　第4に、1990年代の冷戦終結後からアメリカ・モデルを強烈に展開するグローバル化が加速する時期については、それが、「地球規模で市場経済が全体を覆う過程の最終局面」であり、「21世紀に入り、もうすぐ、市場経済や人間社会が拠って立つ絶対的基盤である地球の自然、環境、資源の限界を、もうこれ以上は超えてはならないという警鐘」に気づくべきとしている[5]。

　　21世紀において、……2010年以降のベビーブーム世代の引退と年金給付の始まり……から価値基準の転換が起こらざるをえない……19世紀後半に蓄積した重化学工業の発展力を、第1次大戦で開花させ、20世紀的な現代化が進んだとすれば、その現代化の中で実現した「豊かな社会」における大衆レベルの過剰な消費が、21世紀初頭に大量の非生産的な年金受給者という形を取って現れる。

　すなわち、地球温暖化や異常気象ではなく、ベビーブーム世代が勤労から引退することによる労働資源の制約を、20世紀の民主主義・市場経済・福祉国家のシステムの限界の現れと捉えている。偶然か必然かわからないが、20世紀末からのグローバル化の中で新興国や途上国からの財輸入がアメリカ国内の労働編成の変化を誘導しており、サービス部門の低技能・

――――――――――
　4）渋谷博史（2005）第1巻4頁。
　5）渋谷博史（2005）第3巻306-307頁。

低所得層の累積をもたらしている。アメリカ国内における高齢化と人種構成の変化との関連は今後の研究課題とするとしても、オバマ民主党政権期の医療保障改革（低技能・低所得層への保障の拡充）は、その経済社会構造の変化への不可欠な対策であった。上記の第3の論点であった、「市場論理が人間社会を破壊するのを阻止すべし」という要請と、「拮抗力が行き過ぎて自由を束縛するのを阻止すべし」という制約の対抗関係の上で、オバマ・ケアが国民的コンセンサスを確保しながら、実現したのである。ただし、本書第1章でみたように、高齢者向けの社会保障年金とメディケアの改革はまだ実現していない。

　他方、第1の論点である、冷戦終焉から21世紀初頭にかけて、「アメリカ・モデルのインパクトが一層強まり」、世界中が、「アメリカ・モデルに収斂するかと危惧される」事態は、アラブ世界や旧社会主義国（ロシア、中国等）からの大きな反発を招いている。そして、ベトナム戦争の敗北の記憶が薄らいだ頃に、9.11事件を契機とする対テロ戦争の「泥沼」に再度陥ることで、2013年のオバマの「もはや世界の警察官ではない」演説で、20世紀のパクス・アメリカーナと「基軸国」の役割から21世紀の世界状況（グローバル化、平準化、複雑化）における新しい役割への模索が示された。それが、オバマ民主党政権期の軍縮・軍事再編・軍事高度化の歴史的な意味である。

　20世紀の破壊的ともいえる資本主義的な市場メカニズムの発展力の表現が、2つの世界大戦やパクス・アメリカーナの不必要なほどの軍事力、また、冷静に考えると無駄に思える過剰な大衆消費であったとすれば、21世紀は慎ましい「豊かな社会」に移行するべき時代かもしれない。オバマの抑制的な福祉拡充と軍縮の政策システムがその方向性のベクトルに繋がることを祈りたい。本書第1章の冒頭で引用したように、オバマは、「何も大富豪になりたいわけじゃない……自分でできることを他人にやってもらいたいわけでもありません」、「働きたいと思ったら、せめて家族を養えるような仕事（Job）が見つかること」をのぞむ国民の声を聴いて、政治の原点としていた。

蛇足であるが、宮崎駿監督の名作アニメ『千と千尋の神隠し』の重要な
キャラクターであるカオナシが、欲望に憑りつかれて暴飲暴食した後、突
然その欲望を吐き出して、その後は安らかな暮らしを手に入れる姿が印象
的である。

221

あとがき——19世紀と21世紀のポピュリズム

　私のアメリカ財政研究の原点は修士論文「1890年代のアメリカ財政と「通貨問題」」である[1]。そこでは、19世紀末の大不況期におけるアメリカの農民や労働者の大衆によるウォール・ストリートの金融支配やその背後にあるパクス・ブリタニカの国際金本位システムへの反発を考察した。ワシントンやニューヨークの支配的な政治勢力はそれをポピュリズムと呼んだ。

　そして、博士論文「戦後アメリカ財政の論理」や拙著『20世紀アメリカ財政史』では、20世紀のパクス・アメリカーナの時代を描いた[2]。資本主義的な市場化とアメリカ自由主義的な民主化を推進するプロセスを世界規模で展開しようとする基軸国アメリカの勢いが、20世紀末の社会主義陣営の崩壊から始まる21世紀的なグローバル化の中で加速された。実際に、1990年代にワシントンD.C.の目抜き通りである「Kストリート」を歩いていると、世界銀行（「Hストリート」で国際通貨基金と向かい合っている）の関連機関のオフィスが拡大、増殖する様子が印象的であった。旧社会主義国や非民主的な途上国における市場化と民主化を促進するために国際機関の資金と助言を注ぎ込む仕組みの構築であった。

　しかし、そのグローバル化のブーメラン的な効果でアメリカ国内の製造業とミドル・クラスが圧迫されたのは、本書の第1章でみたとおりである。よく言われるように、21世紀のポピュリズムはトランプ共和党政権の「アメリカ第一主義」となって現れた。19世紀のパクス・ブリタニカに代わって、21世紀の「ワシントン・コンセンサス」の世界展開が、アメリカ国内の製造業とミドル・クラスを解体するという恐怖と反発が「アメリ

　1）渋谷博史（1979）。
　2）渋谷博史（2005）。

カ第一主義」を生み出したのである。

　ところが、そんなアメリカに向かって世界中から移民が押し寄せている。
「安全で安心な暮らし」を求めて、命懸けで押し寄せている。かつて、
1980 年代末に共和党保守派のレーガン大統領は、退任演説で、アメリカ
は「丘の上の輝ける街」であり、……「もしその周りに壁があるとしても、
その壁にはドアがあり、中に入ろうとする意志とハートがあれば、誰でも
入ることができる」「その街は灯台であり続け、自由を求める人々をひき
つける磁石であった」と述べている[3]。

　もちろん、「自由」という御題目だけでは「磁石」にはなれないのであ
り、オバマ的なビジネス感覚に基づく 21 世紀的な新しい科学技術に支え
られる「豊かな社会」におけるアメリカ自由主義という「磁石」に引き付
けられて、世界中から命懸けで移民が押し寄せている。

　われわれ日本人は何を学べば良いのであろうか？

　2024 年 6 月

渋谷博史

　3）河﨑信樹・吉田健三・田村太一・渋谷博史（2018）の 8 頁（渋谷執筆部分）。

参考文献

Boards of Trustees, Federal Hospital Insurance and Federal Supplementary Medical Insurance Trust Funds (2017), *The 2017 Annual Report of the Boards of Trustees of the federal hospital insurance and federal supplementary Medical Insurance Trust Funds.*

Bureau of Labor Statistics (2016), "May 2015 National Occupational Employment and Wage Estimates". (https://www.bls.gov/news.release/archives/ocwage_03302016. pdf)

Census Bureau, *Health Insurance Historical Tables - HIC ACS (2008-2022)* (https:// www.census.gov/data/tables/time-series/demo/health-insurance/historical-series/ hic.html)

Census Bureau (2017) *Health Insurance Coverage in the United States: 2016.*

Center for Medicare & Medicaid Service (2017) *2017 Actuarial Report on the Financial Outlook for Medicaid.*

Congressional Budget office (2017) *Trends in Spending by the Department of Defense for Operation and Maintenance.*

Congressional Research Service (2012) "Health-Related Revenue Provisions in the Patient Protection and Affordable Care Act (ACA)".

Congressional Research Service (2013) "ACA: A Brief Overview of the Law, Implementation, and Legal Challenges".

Congressional Research Service (2015a) "Fact Sheet: Selected Highlights of the FY2016 Defense Budget Debate and the National Defense Authorization Acts (H. R. 1735 and S. 1356)".

Congressional Research Service (2015b) "Health Insurance Premium Credits in the Patient Protection and Affordable Care Act (ACA) in 2015".

Congressional Research Service (2015c) "Medicaid: An Overview".

Congressional Research Service (2015d) "Veterans' Benefits: Pension Benefit Programs".

Congressional Research Service (2016a) "Introduction to Veterans Health Care".

Congressional Research Service (2016b) "Medicare Primer".

Congressional Research Service (2016c) "Social Security Primer".

Congressional Research Service (2017a) "Overview of Health Insurance Exchanges".

Congressional Research Service (2017b) "The Budget Control Act: Frequently Asked Questions".

Congressional Research Service (2017c) "The Budget Control Act and the Defense

224 参考文献

Budget Frequently Asked Questions".

Congressional Research Service (2019) "Overseas Contingency Operations Funding: Background and Status".

Congressional Research Service (2021) "Department of Defense Contractor and Troop Levels in Afghanistan and Iraq: 2007–2020".

Council of Economic Advisers (2014), *The Annual Report of the Council of Economic Advisers 2014.*

Council of Economic Advisers (2017), *The Annual Report of the Council of Economic Advisers 2017.*

Council of Economic Advisers (2020), *The Annual Report of the Council of Economic Advisers 2020.*

Crawford, N. C. (2016) "Update on the Human Costs of War for Afghanistan and Pakistan, 2001 to mid-2016", *Costs of War* (August 2016, Boston University). (https://watson.brown.edu/costsofwar/files/cow/imce/papers/2016/War%20 in%20Afghanistan%20and%20Pakistan%20UPDATE_FINAL_corrected%20date. pdf)

Department of Health and Human Services, Office of the Assistant Secretary for Planning and Evaluation (2016) "Health Insurance Marketplaces 2016 Open Enrollment Period: Final Enrollment Report for the period: November 1, 2015 – February 1, 2016" (March 11, 2016). (https://aspe.hhs.gov/sites/default/files/private/pdf/187866/Finalenrollment2016.pdf)

Department of the Treasury, Internal Revenue Service (2018), *Statistics of Income – 2016 Individual Income Tax Returns.*

Department of the Treasury, Internal Revenue Service (2020), *Statistics of Income – 2016 Corporation Income Tax Returns.*

Government Accountability Office (2015), *Social Security's Future.*

Government Accountability Office (2019), *THE NATION'S RETIREMENT SYSTEM: A Comprehensive Re-evaluation Needed to Better Promote Future Retirement Security.*

Kaiser Family Foundation, Kaiser Commission on Medicaid and the Uninsured (2009) *Snapshots from the Kitchen Table: Family Budgets and Health Care.*

Kaiser Family Foundation (2016) *The Uninsured: A Primer.*

Medicaid and CHIP Payment and Access Commission (2017), *MACStats: Medicaid and CHIP Data Book.*

Obama, B. (2009a), "Address to Joint Session of Congress: Remarks of President Barack Obama: February 24th, 2009". (https://obamawhitehouse.archives.gov/the-press-office/remarks-president-barack-obama-address-joint-session-congress)

Obama, B. (2009b), "President Barack Obama's Inaugural Address: January 21, 2009". (https://obamawhitehouse.archives.gov/blog/2009/01/21/president-barack-obamas-inaugural-address)

参考文献 225

Obama, B.（2013）, "Remarks by the President in Address to the Nation on Syria". （https://obamawhitehouse.archives.gov/the-press-office/2013/09/10/remarks-president-address-nation-syria）

Obama, B.（2017）"Economic Report of the President（January 2017）together with the Annual Report of the Council of Economic Advisers".

Office of Management and Budget（2021）, *Budget of the U. S. Government（Fiscal Year 2022）, Historical Tables.*

Office of Management and Budget（2024）, *Budget of the U. S. Government（Fiscal Year 2025）, Historical Tables.*

Office of the Under Secretary of Defense（Comptroller）/ Chief Financial Officer（2015）*Program Acquisition Costs by Weapon System.*（https://comptroller.defense.gov/Portals/45/Documents/defbudget/fy2016/FY2016_Weapons.pdf）

Office of the Under Secretary of Defense（Comptroller）（2016）, *National Defense Budget Estimates for FY 2017.*（https://comptroller.defense.gov/Portals/45/Documents/defbudget/fy2017/FY17_Green_Book.pdf）

Office of the Under Secretary of Defense（Comptroller）（2020）, *National Defense Budget Estimates for FY 2021.*（https://comptroller.defense.gov/Portals/45/Documents/defbudget/fy2021/FY21_Green_Book.pdf）

U. S. House Committee on Armed Service（2009）, Hearing, *Priorities of the Department of Defense in the New Administration,* 111th Cong. 1st Sess.

U. S. House Committee on Budget（2011）Hearing, *Lifting the Crushing Burden of Debt,* 112th Cong. 1st Sess.

U. S. House Committee on Ways and Means（2009a）Hearing, *Health Reform in the 21St Century: Expanding Coverage, Improving Quality and Controlling Costs,* 111th Cong. 1st Sess.

U. S. House Committee on Ways and Means（2009b）Hearing, *Health Care Reform in the 21st Century: A Conversation with Health and Human Services Secretary Kathleen Sebelius,* 111th Cong. 1st Sess.

U. S. Senate Committee on Armed Services（2009a）Hearing, *Afghanistan,* 111th Cong. 1st Sess.

U. S. Senate Committee on Armed Services（2009b）Hearing, *The President's Decision on Missile Defense in Europe,* 111th Cong. 1st Sess.

U. S. Senate Committee on Armed Services（2010）Hearings, *Department of Defense Authorization for Appropriations for Fiscal Year 2011,* 111th Cong. 2nd Sess.

U. S. Senate Committee on Armed Services（2013）Hearing, *The Impacts of Sequestration and/or A Full-year Continuing Resolution on the Department of Defense,* 113th Cong. 1st Sess.

U. S. Senate Committee on Armed Services（2015a）Hearing, *Department of Defense Authorization for Appropriations for Fiscal Year 2016 and the Future Years Defense Program,* 114th Cong. 1st Sess.

U. S. Senate Committee on Armed Services（2015b）, Hearing, *Global Challenges and the U. S. National Security Strategy*, 114th Cong. 1st Sess.

U. S. Senate Committee on Armed Services（2015c）, Hearing, *the Impact of the Budget Control Act of 2011 and Sequestration on National Security*, 114th Cong. 1st Sess.

U. S. Senate Committee on Banking, Housing, And Urban Affairs, Subcommittee on Economic Policy（2009）, Hearing, *Lessons from the New Deal*, 111th Cong. 1st Sess.

U. S. Senate Committee on Finance（2011a）Hearing, *Budget Enforcement Mechanisms*, 112th Cong. 1st Sess.

U. S. Senate Committee on Finance（2011b）Hearing, *Perspectives on Deficit Reduction: A Review of Key Issues*, 112th Cong. 1st Sess.

U. S. Senate Committee on Finance（2017）, Hearing, *Health Care: Issues Impacting Cost and Coverage*, 115th Cong. 1st Sess.

U. S. Senate Committee on Health, Education, Labor, and Pensions（2009）, Hearing, *Learning From the States: Individual State Experiences with the Healthcare Reform Coverage Initiatives in the Context of National Reform*（Roundtable Discussion）, 111th Cong. 1st Sess.

U. S. Senate Committee on Health, Education, Labor, and Pensions（2018）, Hearing, *How to Reduce Health Care Costs: Understanding the Cost of Health Care in America*, 115th Cong. 2nd Sess.

White House（2015）*National Security Strategy.*（https://obamawhitehouse.archives.gov/sites/default/files/docs/2015_national_security_strategy_2.pdf）

青木健太（2022）『タリバン台頭：混迷のアフガニスタン現代史』岩波書店.

ヴァンス，J. P.（2016）『ヒルビリー・エレジー』光文社（原著：Vance, J. D.（2016）, *Hillbilly Elegy, Harper*；関根光宏・山田文訳；翻訳書は 2017 年、その文庫版は 2022 年の刊行）

オバマ，B.（2020）『約束の地：大統領回顧録Ⅰ』上下、集英社（原著：Obama, Barack（2020）*A Promised Land, Crown*；山田文・三宅康夫等訳；翻訳書 2021 年刊行）.

片山泰輔（2006）『アメリカの芸術文化政策』日本経済評論社.

加藤美穂子（2013）『アメリカの分権的財政システム』日本経済評論社.

加藤美穂子（2021）『アメリカの連邦補助金：医療・教育・道路』東京大学出版会.

河﨑信樹（2012）『アメリカの国際援助』日本経済評論社.

河﨑信樹・吉田健三・田村太一・渋谷博史（2018）『現代アメリカの経済社会：理念とダイナミズム』東京大学出版会.

河音琢朗（2006）『アメリカの財政再建と予算過程』日本経済評論社.

河音琢朗（2016）「財政政策：「決められない政治」とその場しのぎの予算編成」（河音琢朗・藤木隆康編著『オバマ政権の経済政策』ミネルヴァ書房）.

木下武徳（2007）『アメリカ福祉の民間化』日本経済評論社.

渋谷博史（1979）「1890 年代のアメリカ財政と「通貨問題」」『金融経済』第 174 号.

渋谷博史（2005）『20世紀アメリカ財政史』全3巻（『20世紀アメリカ財政史Ⅰ：パクス・アメリカーナと基軸国の税制』，『20世紀アメリカ財政史Ⅱ：「豊かな社会」とアメリカ型福祉国家』，『20世紀アメリカ財政史Ⅲ：レーガン財政からポスト冷戦へ』）東京大学出版会.

渋谷博史（2023）『トランプ財政とアメリカ第一主義』東京大学出版会.

中浜隆（2006）『アメリカの民間医療保険』日本経済評論社.

中浜隆（2017）「オバマ政権の医療保険改革」『国学院経済学』第65巻第3・4合併号.

中浜隆（2018）「アメリカにおけるオバマ・ケアの新規性」『損害保険研究』（80-3）.

根岸毅宏（2006）『アメリカの福祉改革』日本経済評論社.

長谷川千春（2010）『アメリカの医療保障：グローバル化と企業保障のゆくえ』昭和堂.

長谷川千春（2021）「医療保障改革法（PPACA）の10年」『社会保障研究』Vol. 6 No. 2.

バーナンキ，B. S.（2022）『21世紀の金融政策』日本経済新聞出版（原著：Bernanke, B. S.（2022）*21st Century Monetary Policy*, W. W. Norton & Company；高遠裕子訳）.

久本貴志（2014）『アメリカの就労支援と貧困』日本経済評論社.

ブルーダー，J.（2017）『ノマド：漂流する高齢労働者たち』春秋社（原著：Bruder, J.（2017）*Nomadland*, W. W. Norton & Conpany；鈴木素子訳；翻訳書は2018年刊行）.

ボルトン，J.（2020）『ジョン・ボルトン回顧録』朝日新聞出版（原著：Bolton, J. R.（2020）*The Room Where It Happened: A White House Memoir*, Simon & Schuster；梅原季哉・関根光宏・三宅康雄訳）

吉田健三（2012）『アメリカの年金システム』日本経済評論社.

渡瀬義男（2012）『アメリカの財政民主主義』日本経済評論社.

付 記

　本書の著者・渋谷博史先生は、2024 年 6 月 25 日に急逝されました。
　数度の改稿作業を経て脱稿し、編集部へ本書の原稿を引き渡され、校正
刷の出校を心待ちにされていたところの訃報でした。

　著者の想いをかたちにすべく、渋谷先生が長年、研究・研鑽の場とされ、
共に切磋琢磨してこられた「現代財政金融研究会」の有志の皆さま（岡田
徹太郎（香川大学教授）、加藤美穂子（香川大学教授）、河﨑信樹（関西大
学教授）、木下武徳（立教大学教授）、関口　智（立教大学教授）、中浜　隆
（小樽商科大学教授）、長谷川千春（立命館大学教授）、吉田健三（青山学
院大学教授）の各氏：五十音順）と編集担当者によって、渋谷先生が残さ
れた原稿に校閲・校正が施され、渋谷先生の論旨に影響がない範囲で、必
要な修正を行いました。また索引については、小社編集担当者が作成して
います。

　著者の渋谷先生が最後まで追究してこられたアメリカ型福祉国家の本質
が、本書を通じて多くの読者の皆さまに伝わることを願っております。

　2024 年 10 月

勁草書房編集部

索 引

[アルファベット]

ARRA（American Recovery and Reinvestment Act）　15, 16, 124
DI（障害者年金）信託基金　68, 69, 74
Freedom　vi, vii
Job（勤労、仕事）　vi, vii, ix, 7-9, 19, 29, 35
OASI（高齢者・遺族年金）信託基金　68-70, 72, 74

[ア行]

アイゼンハワー，D. D.（大統領、共和党政権）　xi, 194
アフガニスタン　xi, 5, 6, 8, 12, 21, 25, 90, 91, 101, 163, 165-167, 172-176, 178-188, 210
アメリカ型福祉国家　iv, xii, 6, 36, 48, 50, 54, 59, 63-65, 71, 109, 110, 154-156
アメリカ自由主義　ii, iv, vi, xi-xiii, 1, 2, 4, 6, 12, 22, 48, 49, 59, 85, 100, 109, 110, 137, 159, 163, 165, 215, 221, 222
アメリカ第一主義　i, iii, vi, x, 6, 44, 49, 221
アメリカ・モデル　iii, 215, 217, 218
イラク　5, 8, 37, 90, 91, 163, 165, 175, 180, 183, 184, 187
イラン　27, 101, 170
医療価格　161
医療費　136, 157, 160
　国民——　83
　——の上昇　72
医療保険　10, 116, 135, 139
医療保険取引所　124

医療保障　30, 117, 120, 122, 124, 135-137, 144, 149, 152, 155, 156
　高齢者——　56
　——の構造（医療保障システム）　81, 84, 87, 109, 123, 128, 134, 148, 153
　——の谷間　153
　——改革　i, iii, iv, xii, xiii, 2, 5, 10, 11, 21, 22, 29, 30, 41, 43, 48, 50, 51, 61, 63, 64, 71, 122, 123, 128, 130, 132, 133, 179, 215 → オバマ・ケア
ヴァンス，J. D.　35, 37 →『ヒルビリー・エレジー』
ウェルシュ，P. M.　194, 195
ウォール・ストリート　vii, 5
大きな政府　105
オバマ，B.（大統領、民主党政権）　i-iii, vi-xii, 1-4, 6, 8, 10, 12-14, 16-18, 21, 23-26, 28-30, 32, 40-42, 44, 49-54, 56, 59, 61, 63, 64, 71, 72, 74, 80, 88, 89, 92-96, 99, 102, 104, 107, 109, 110, 128, 131, 132, 137, 151, 154, 158, 163, 165, 166, 169, 170-173, 175, 178, 179, 183, 185, 188-190, 192, 194-197, 199, 202-204, 208, 215
オバマ・ケア（2010 年 ACA）　i-xiii, 2, 5, 6, 22, 41, 44, 43, 48-50, 61-64, 67, 78, 81, 82, 84, 86, 87, 98, 109, 113, 122, 131, 137, 138, 142, 143, 148-153, 155-157, 165, 179, 215, 218
オルブライト，M.　21, 25-27, 164

[カ行]

カーター，A.　192, 197-199, 208, 209
『カイザー報告』　110-112, 150

基軸国　iii, 29, 216, 218, 221

キッシンジャー，H.　22, 23, 27-29, 46,
　　164, 165, 196

教育（政策）　11, 20, 44

キング牧師　vi, ix

金融規制改革　17, 18

クリントン，H.　174, 177

軍産複合体　194

軍事支出　12, 44, 46-48, 56, 59, 90, 92,
　　93, 98, 107, 200, 201, 202, 206

軍事政策　166

軍事大国　ix

軍縮　x, xi, xiii, 44, 48, 90, 163, 165, 185,
　　215

軍事力　29, 46, 96, 164, 185, 188, 190, 197
　　――の高度化　iv, xiii, 163, 165, 166,
　　　185, 198, 204, 207
　　――の再編　x-xiii, 165, 166, 185, 198,
　　　199, 207, 215

ゲイツ，R.　166-168, 173, 174, 179, 187

ケネディ，J. F.（大統領、民主党政権）
　　47, 217

公設保険市場　62, 122, 130-135, 137-
　　140, 145, 150, 152, 154, 157, 159

公的保険　124, 126, 128, 133-135, 154

国際競争力　11, 21

国防省　93, 184, 185, 204

個人所得税　54-57

コスト分担（burden-sharing）　171

雇用主提供医療保険　36, 48, 50, 82, 85,
　　109, 111, 116, 117, 119, 120, 122, 123,
　　126, 128, 132-135, 137, 147, 148, 151,
　　152, 155

雇用主提供年金　159

[サ行]

財政赤字　11, 52, 72, 88, 100, 102, 104,
　　106, 107
　　――削減　12, 104

財政刺激策　17

財政支出　12, 52, 53, 59, 61, 72, 77, 79,
　　88, 104, 107, 108, 183

財政収入　54, 55, 58, 77

債務危機　99

サブプライム・ローン　vii, viii

施政方針演説（オバマ）　viii, 9, 11, 18

社会保険（料）　56, 154

社会保障税　54-56, 67

社会保障年金　xii, 2, 48, 55, 56, 61, 63-65,
　　68-72, 74, 80, 88, 99, 102, 104, 105,
　　218

州の実験（室）　129, 130

シュルツ，G. P.　22, 26, 27, 46, 164

純利子　89

『ジョンQ』　111

ジョンソン，L. B.（大統領、民主党政権）
　　47, 217

シリア（問題）　94, 175

人口高齢化　xiii, 53, 61, 63, 71, 72, 74, 78,
　　80, 88, 89, 218

製造業　30, 32, 35

政府の触媒機能　viii

世界の警察官　i, x, xi, xiii, 5, 6, 25, 28,
　　94-96, 163, 189, 192

セベリウス，K.　132-137, 158

選択の自由　122, 136, 137

[タ行]

退役軍人（Veteran）　63, 90, 91

対テロ戦争　i, iv, xiii, 5, 12, 29, 37, 48, 53,
　　64, 71, 90, 93, 98, 163, 175, 183, 185,
　　189, 198

大統領経済諮問委員会（CFA）　14, 15,
　　29
　　――年次報告　42, 159

大統領経済報告（オバマ）　vi, 42

大統領就任演説（オバマ）　6, 8, 18

大砲とバター（軍事と福祉）　iii, x, xii,
　　47, 48, 104

小さな政府　i-iv, xi, xii, 1, 4, 6, 49, 59,

索引　231

98-100, 102, 104, 109, 110, 164, 215

強いアメリカ　27

低技能・低所得（の職種、階層）　x, xii, 30, 32, 35, 40, 82, 109, 112, 121, 122, 134, 148, 153, 218

底辺（貧困）層　35, 40, 82, 109, 111, 122

転位効果　xii

トランプ，D.（大統領、共和党政権） i-vi, x, xi, 6, 16, 23, 42, 44, 48, 49, 51, 89, 100-102, 151, 153, 194, 221

［ナ行］

ニクソン，R.（大統領、共和党政権） 217

ニューディール（政策）　xi, 13-17, 29, 30, 39, 41, 49, 110, 159

人間社会の防衛　iii, 216, 217

年金　56
　　――給付　66, 68

『ノマド』　xii, 30, 38-40, 50, 110

［ハ行］

バイデン，J.（大統領、民主党政権）　i, ii

パクス・アメリカーナ　ii, iii, 3, 4, 13, 21, 28, 44, 46, 47, 215, 218, 221

バーナンキ，B.　16

『ヒルビリー・エレジー』　xii, 30, 35, 38, 40, 49, 111

賦課方式　68

ブッシュ，G. W.（子）（大統領、共和党政権）　5, 30, 48, 51, 53, 54, 59, 72, 92, 105, 169, 172, 184

ブルーダー，J.　38, 39, 110 →『ノマド』

ブレジンスキー，Z. K.　24

ベトナム戦争　xi, 23, 25, 46, 47, 90, 217

ベビーブーム世代　69, 74, 80, 217

法人所得税　54-58

ボルトン，J.　207

ホワイトハウス　178

［マ行］

マケイン，J.　23, 25, 46, 164, 169, 173, 186, 188, 191-193, 195-197

ミサイル防衛（システム）　169, 171, 172

ミドル・クラス（中間層）　x, 10, 19, 38, 95, 112, 152, 155, 156, 221

民間保険　119-128, 134, 135

無保障者（the Uninsured）　i, 29, 30, 32, 41, 43, 116, 118, 119, 121, 124, 127, 129, 132, 137, 144, 149, 150
　　――問題　30, 64, 98, 109, 157

無保障率　144, 147-149, 151, 155

メディケア　xii, 2, 47-49, 55, 56, 61, 63, 64, 71, 74-80, 83-85, 88, 99, 102, 104-106, 109, 125-127, 136, 144, 149, 154, 155, 157, 218

メディケイド（医療扶助）　xiii, 41, 47-49, 60, 61, 63, 71, 79-87, 102, 104-106, 109, 113, 117-119, 121, 125-127, 130, 131, 137, 138, 141-145, 147, 148, 150, 152-155, 157

メドベージェフ，D. A.　169, 170

［ヤ行］

優先順位の変更　x, 2, 12, 51, 54, 59, 97, 98

予算コントロール法（BCA）　12, 25, 59, 87, 98, 105, 106, 108, 165, 183, 190, 191, 195, 197-199, 207, 209

『夜の大捜査線』　iv, v, ix

［ラ行］

ラストベルト　37

リーダーシップ　163, 189

リーマン恐慌　ii, vi, vii, xii, 2, 5, 9, 13, 17, 20, 21, 29, 39, 42, 52-55, 59, 60, 64, 71, 89, 99, 102, 107, 159, 189

ルーズベルト，F. D.（大統領、民主党政権）　13-15, 17

レーガン，R.（大統領、共和党政権）
　　27, 46, 69, 217, 222
　　──税制改革　101
連邦基金　56
連邦債　87, 88, 100-103, 106
連邦財政　2, 13, 44, 48, 51, 52, 55, 56, 60,

　　64, 71, 201
連邦準備制度理事会　16, 18
連邦補助金　85, 86
労働編成　31, 34, 35, 40, 39, 50, 218
ローマー，R.　14-21, 30

著者略歴
渋谷博史（しぶや　ひろし）
東京大学名誉教授　経済学博士（東京大学）
専門は、福祉国家論、アメリカ財政論、アメリカ財政史。
1949年生まれ。1990年東京大学社会科学研究所助教授、92年同教授。2015年より東京大学名誉教授。2024年6月逝去。
主著に、『現代アメリカ財政論』（御茶の水書房、1986年；日米友好基金賞）、『レーガン財政の研究』（東京大学出版会、1992年）、『現代アメリカ連邦税制史』（丸善、1995年）、『20世紀アメリカ財政史』全3巻（東京大学出版会、2005年）、『トランプ財政とアメリカ第一主義』（東京大学出版会、2023年）などがある。共著・共編著多数。

アメリカ「小さな政府」のゆくえ
トランプ、バイデンに継承されるオバマの決断

2024年11月18日　第1版第1刷発行

著　者　渋　谷　博　史
　　　　　しぶ　や　ひろ　し

発行者　井　村　寿　人

発行所　株式会社　勁　草　書　房
　　　　　　　　　　　　けい　そう

112-0005　東京都文京区水道2-1-1　振替　00150-2-175253
（編集）電話 03-3815-5277／FAX 03-3814-6968
（営業）電話 03-3814-6861／FAX 03-3814-6854
本文組版　プログレス・印刷　精興社・製本　中永製本

©SHIBUYA Hiroshi　2024

ISBN978-4-326-50506-7　Printed in Japan

 ＜出版者著作権管理機構　委託出版物＞
本書の無断複製は著作権法上での例外を除き禁じられています。
複製される場合は、そのつど事前に、出版者著作権管理機構
（電話 03-5244-5088、FAX 03-5244-5089、e-mail: info@jcopy.or.jp）
の許諾を得てください。

＊落丁本・乱丁本はお取替いたします。
　ご感想・お問い合わせは小社ホームページから
　お願いいたします。

https://www.keisoshobo.co.jp